Michael Beißwenger

Kommunikation in virtuellen Welten: Sprache, Text und Wirklichkeit

Eine Untersuchung zur Konzeptionalität von Kommunikationsvollzügen und zur textuellen Konstruktion von Welt in synchroner Internet-Kommunikation, exemplifiziert am Beispiel eines Webchats

Umschlagzeichnung: Martin Hellmann

Michael Beißwenger

KOMMUNIKATION IN VIRTUELLEN WELTEN: SPRACHE, TEXT UND WIRKLICHKEIT

Eine Untersuchung zur Konzeptionalität von Kommunikationsvollzügen und zur textuellen Konstruktion von Welt in synchroner Internet-Kommunikation, exemplifiziert am Beispiel eines Webchats

ibidem-Verlag
Stuttgart

Die Deutsche Bibliothek - CIP-Einheitsaufnahme:

Ein Titeldatensatz für diese Publikation ist bei
Der Deutschen Bibliothek erhältlich

∞

Gedruckt auf alterungsbeständigem, säurefreien Papier
Printed on acid-free paper

ISBN: 3-89821-020-0

Printed in Germany

Danksagung :-)

Die Erstfassung dieser Untersuchung wurde im August 1999 von der Neuphilologischen Fakultät der Universität Heidelberg als Magisterarbeit angenommen. Für die hier vorgelegte Publikation wurden Gliederung und Aufbau weitgehend beibehalten. In einigen Punkten der Argumentation wurden allerdings noch kleinere Korrekturen und Überarbeitungen vorgenommen sowie Ergänzungen und Aktualisierungen nachgetragen.

Für freundliche Betreuung bei der Konzeptualisierung des Themas danke ich Herrn Prof. Dr. Dr. h.c. Herbert Ernst WIEGAND sowie Frau Priv.-Doz. Dr. Caja THIMM, für anregende Ermunterung zu meiner Beschäftigung mit der 'Kommunikation in virtuellen Welten' Frau Dr. Angelika STORRER. Für fruchtbringende Gespräche während der Phase der Gedankenfindung danke ich Martin HELLMANN und vor allem Boris KÖRKEL. Während letzterer zeitgleich an einer literaturwissenschaftlichen Studie zu Rainer Maria Rilke arbeitete, die mehr und mehr auch sprachtheoretische Fragestellungen miteinbezog, erwiesen sich für meine sprachwissenschaftliche Untersuchung zum Webchat in einigen Teilen literatur- und dramentheoretische Überlegungen als förderlich, so daß letzten Endes zwar zwei gänzlich unterschiedliche und eigenständige Arbeiten entstanden, die aber ohne den lebendigen Austausch sicherlich nicht zu der Form gefunden hätten, zu der sie jeweils fanden.

Den Teilnehmern des 'Capita selecta'-Kolloquiums im Sommersemester 1999 verdanke ich mancherlei hilfreiche Hinweise und Anregungen, die in die letztendliche Gestalt dieser Arbeit eingeflossen sind. Des weiteren seien an dieser Stelle all diejenigen erwähnt, die mir freundlicherweise Chat-Mitschnitte zur Verfügung gestellt haben, insbesondere Daniela DI BELLA, Oliver FINKER, Kristin HASE, Boris KÖRKEL, Alexandra ROTH, Ines SCHWEBBACH, Svenja SCHELLENBERG und Claudia SCHMIDT. Eine be sondere Erwähnung gilt den Webmastern des *unicum-SpaceChats*, die mir einige nützliche Informationen über die Organisation und Kontrolle des untersuchten Chat-Dienstes gegeben haben.

Inhaltsverzeichnis

1 Einleitung

1.1 Computertechnologie, Computernetzwerke, computervermittelte Kommunikation – Von der Rechenmaschine zur Kommunikation in virtuellen Welten

Seit dem Aufkommen von Computernetzwerken und der damit einhergehenden Etablierung plattformunabhängiger Übertragungsprotokolle zum effizienten und weltweiten Datentransfer ist hinsichtlich der Nutzungsmöglichkeiten von Computertechnologie ein Wandel feststellbar, in dessen Rahmen Computer neben ihrer urspünglichen Konzeption als Medien zur Daten*speicherung* mehr und mehr auch als Medien zum Daten*austausch* in den Blick geraten sind und Bedeutung erhalten haben. Daneben ist seit den frühen 80er-Jahren in der Entwicklung von Computer-Hardware ein Trend zu beobachten, der von Computern als ursprünglich monströsen, kostspieligen und aufwendig zu bedienenden Rechenmaschinen über den ersten IBM-Personalcomputer (PC) mit Intel-Prozessor (1981) bis hin zu immer preisgünstigeren und kompakteren PC-kompatiblen Rechnern führte. Zudem begannen sich diese PCs durch die Entwicklung von immer einfacher zu bedienenden Betriebssystemen und Benutzerschnittstellen sehr schnell von ihrer ursprünglichen, begrenzten und exklusiven Benutzerklientel zu lösen und als Medium zur Vereinfachung von Arbeitsprozessen, sowie zur Datenverarbeitung und -sicherung zunehmend auch das Interesse privater Nutzergruppen anzusprechen[1], was dazu führte, daß heutzutage der Einsatz von Computertechnologie in weiten Teilen des öffentlichen und privaten Lebens zum Alltag gehört und kaum ein spezielles technisches Know-how oder fundierte Informatik-Kenntnisse mehr erfordert. Mit dieser Popularisierung von Computernutzung und deren Einzug in nahezu alle Bereiche der Gesellschaft war es abzusehen, daß Computer – bei Entwicklung entsprechender Programme zu ihrer Vernetzung – früher oder später ein Medium darstellen würden, das sich aufgrund seiner vielseitigeren Einsetzbarkeit als imstande erweisen sollte, zu herkömmlichen Kommunikationsmedien jeder Art (Zeitung, Rundfunk, Fernsehen, Briefverkehr) in ernstzunehmende Konkurrenz zu treten. Erste Ideen, Computer zu vernetzen, um Daten in dezentralen Strukturen zu organisieren, wurden bereits in den 50er-Jahren formuliert, also zu einer Zeit, da die Computernutzung noch mit enormen Kosten verbunden und daher in der Hauptsache Militär- und Wissenschaftskreisen vorbehalten war.[2] Erste Realisierungen eines Zusammenschlusses von Rechnern zu Zwecken des Datentransfers sind denn auch bereits schon in den 60er-Jahren im Rahmen aufwendiger Forschungsprojekte (namentlich der *Advanced Research Projects Agency* (ARPA) des US-Verteidigungsministeriums) zu verzeichnen, blieben jedoch zunächst und in der Folge auf eine kleine Anzahl an Rechnern und sehr spezielle Nutzungszusammenhänge beschränkt.[3] Erst mit der Entwicklung des TCP/IP-Übertragungsstandards (*Transmission Control Protocol/Internet Protocol*), der es (ab etwa 1980) erlaubte, Rechner mit unterschiedlichsten Hardwareprofilen zusammenzuschließen und somit den Weg zu einer prinzipiell universalen Vernetzung von Computern eröffnete, kann von der eigentlichen Geburt des Internets als eines Netzwerks mit der Tauglichkeit zum Massenmedium gesprochen werden. TCP/IP organisiert den Transfer von Daten in kleinen, autonom durchs Netz reisenden "Paketen" und kontrolliert die Wiederzusammenführung dieser Dateneinheiten auf dem jeweiligen Zielrechner. Die Anforderung, Übermittlung und Weiterleitung von Daten erfolgt hierbei auf der Grundlage einer "Client-Server-Architektur" zwischen Rechnern, die, um ein im Netz verfügbares Datenangebot nutzen zu können, auf andere Rechner zugreifen müssen (*Clients*) und Rechnern, die diese

---

1 Zur Geschichte von Computertechnologie vgl. z.B. Rucker 1997.

2 Zur Geschichte von Computernetzen vgl. z.B. Musch 1997.

3 Der erste Austausch von Daten zwischen zwei Großrechnern datiert auf den 1. Oktober 1969 und ist in Schmundt 1998, 134, beschrieben.

Datenangebote bereitstellen und auf Anforderung an die Clients übermitteln (*Server*).

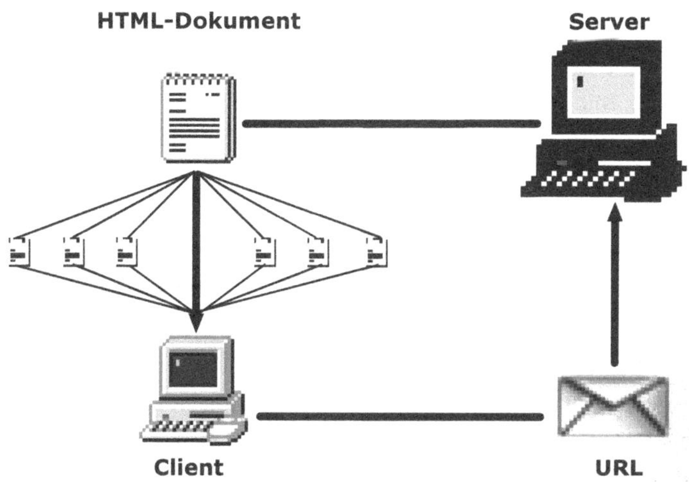

Fig. 1: Datenanforderung und -übermittlung auf der Grundlage der Client-Server-Architektur und von TCP/IP am Beispiel der Übermittlung eines HTML-Dokuments via WWW.

Seinen eigentlichen Aufschwung zu einem global und von einer explosiv ansteigenden Teilnehmerzahl genutzten Medium erlebte die Netzwerktechnologie dann vor allem ab dem Aufkommen des *World Wide Web* (WWW) als eines hypertextuell organisierten Internet-Dienstes, der aufgrund einer einfach handhabbaren Zugangssoftware ("Browser") nur noch minimale Bedienungskompetenz und Nutzungsvoraussetzungen erforderte. Vorsichtige Schätzungen gehen davon aus, daß im Jahr 2001 weltweit über 200 Millionen Menschen an diesem Netzwerk teilhaben werden.[4]

Von linguistischem und kommunikationswissenschaftlichem Interesse ist im Zusammenhang mit Computernetzwerken vor allem die Tatsache, daß sich - vor allem seit deren rapider Ausbreitung in den letzten Jahren - in ihrem Rahmen Netzwerkdienste etabliert haben,

---

4 Vgl. Schmundt 1997, 134.

die eine "direkte, sprachliche Kommunikation zwischen den Benutzern des Internet"[5] ermöglichen, die aufgrund ihrer zunehmenden Nutzung als neue Kommunikationsformen ernstgenommen werden müssen, bei denen der kommunikative Austausch (a) elektronisch vermittelt ist und (b) mit nur geringer Zeitverzögerung vonstatten geht und die mit zum Teil gänzlich eigenen sprachlichen und kommunikativen Phänomenen aufwarten, deren Motiviertheit nicht unabhängig von den äußeren Determinanten ihrer Situiertheit im Internet als einem "neuen Medium" beschrieben werden kann. Die "Neuheit" des Mediums Internet (bzw. des WWW als dessen prominentestem Dienst) und somit auch der von ihm eröffneten Kommunikationsformen läßt sich mit Bickel 1998 begründen, der aufzeigt, daß sich dessen Charakter in einigen entscheidenden Kriterien vom Charakter bzw. den spezifischen situativen Gegebenheiten 'herkömmlicher' Kommunikationsformen unterscheidet:

> "Von der Face-to-face-Kommunikation unterscheidet es [das WWW; M.B.] sich durch die zeitliche und örtliche Trennung, vom Telefon durch die zeitliche Trennung sowie durch akustischen und optischen Kontakt, von den übrigen Medien durch die nicht monologische Kommunikationsrichtung."[6]

Einschränkend hinzuzufügen wäre hier allerdings, daß die "zeitliche Trennung" zwischen den Kommunikanten nicht pauschal für alle Kommunikationsformen im Internet bzw. WWW behauptet werden kann, insofern etwa gerade in der im Rahmen dieser Arbeit zu untersuchenden Kommunikationsform (Web-)Chat die Beiträge zwischen den einzelnen Teilnehmern (meist) nahezu ohne Zeitverzögerung übermittelt werden. Eine kurze, überblicks- und stichwortartige Beschreibung der wichtigsten Formen der Online-Kommunikation sei nachfolgend gegeben. Im weiteren Verlauf dieser Arbeit soll dann nur noch auf die Kommunikationsform Chat am Beispiel eines exemplarischen Vertreters eingegangen werden.

---

[5] Lenke/Schmitz 1995, 118.

[6] Bickel 1998, 215.

E-Mail ("Electronic Mail")

→ Elektronische Post (↔ "Snail Mail"), über die nicht nur Texte, sondern auch ganze Dateien (als "Attachments") verschickt werden können. Voraussetzung dafür ist die Angabe einer eindeutigen Empfängeradresse der Struktur *Benutzerkennung@Rechneradresse*, z.B.: *Michael.Beisswenger@urz.uni-heidelberg.de*.

→ Kommunikationstyp: (in der Regel) "One-to-one" (asynchron)

Mailinglists

→ Diskussionslisten zu jeweils ganz bestimmten (v.a. wissenschaftlichen) Themen. Sendet ein Teilnehmer einen eigenen Beitrag an die Listenadresse, so wird dieser Beitrag per E-Mail allen anderen Subskribenden zugestellt.

→ Kommunikationstyp: "One-to-many" (asynchron)

Usenet ("User's Network")

→ Weltweites und weltgrößtes Informations- und Diskussionssysytem; Rechnerverbund, in dem Foren (auch: "Newsgroups") zu den verschiedensten Themen angeboten werden (weltweit einige tausend Foren). Im Gegensatz zu Mailinglists bleiben die Subskribenden anonym; Beiträge werden nicht den einzelnen Subskribenden zugestellt, sondern im Forum als "Artikel" veröffentlicht, die anschließend von jedem Subskribenden eingesehen und kommentiert werden können. Oft ergeben sich hierbei relativ umfangreiche (wenn auch zeitversetzte) Diskussionen.

Foren-Namen sind jeweils generiert aus mehreren Teilnamen oder Teilnamenkürzeln, etwa: *de.etc.sprache.deutsch* oder *soc.history.medieval*.
Um Foren abonnieren zu können, muß ein spezieller Foren-Server kontaktiert werden (bei der Universität Heidelberg etwa *news.urz.uni-heidelberg.de*).

→ Kommunikationstyp: "One-to-many" (asynchron)

IRC ("Internet Relay Chat")/**Webchat**

→ Durch ein auf einem Server laufendes Steuerprogramm vermittelte Gruppenkommunikation, bei welcher die Übermittlung von Teilnehmerbeiträgen i.d.R. (je nach Auslastung des Servers) nahezu ohne Zeitverzögerung erfolgt. Voraussetzung zur Teilnahme an einer Chatgroup ist die Angabe eines Teilnehmernamens ("Nickname"), meist in Verbindung mit einem Passwort.

Mediengeschichtlich stellt der *Webchat* eine auf die WWW-Benutzeroberfläche modifizierte Variante des (älteren) *IRC* dar.

→ Kommunikationstyp: "Many-to-many" (synchron)

1.2 'Kommunikation in virtuellen Welten' – Zielsetzung und Vorgehensweise dieser Arbeit

"was ist chatten?
chatten ist virtuelles reden. es spielt sich alles im kopf, in deiner phantasie ab. sofern du viel phantasie hast, kannst du sämtliche situationen im chat nachspielen, du kannst dich aber auch 'normal' unterhalten und anregende gespräche führen"

(Zitat von der Homepage einer 19-jährigen Chatterin[7])

Zielsetzung dieser Arbeit ist es, unter einer sprach- und kommunikationswissenschaftlichen Perspektive herauszuarbeiten, (a) wie sich anhand sprachlicher, textueller und semiotischer Auffälligkeiten sowie anhand von Besonderheiten in der Spezifik der Kommunikationsvollzüge und der Äußerungsproduktion die kommunikative Grundhaltung beim Chatten beschreiben läßt (Konzeptionalität von Chat-Kommunikation), (b) wie diese Konzeptionalität gegebenenfalls durch spezifische Eigenschaften des vermittelnden technischen Mediums determiniert ist, sowie, (c) inwiefern sich Chat-Kommunikation als eine "Kommunikation in virtuellen Welten" beschreiben läßt und inwiefern sich das, was im Rahmen dieser "virtuellen Welten" kommunikativ und simulativ erzeugt wird, unter den Aspekten '(Selbst-) Inszenierung' und 'Theatralität' betrachten läßt. Darüber hinaus soll die Frage gestellt werden, in welcher Hinsicht die Metaphorik, mit welcher im Chat auf die in seinem Rahmen vollzogene Kommunikation und auf die Vorstellung von einer Situiertheit *in* ihm bezug genommen wird, eine spezifische Sichtweise der Chatter auf "ihr" Medium wiederspiegelt bzw. befördert, sowie davon ausgehend versucht werden, zu klären, als was sich dasjenige, was metaphorisch als Chat-"Raum" bezeichnet wird, adäquat beschreiben läßt.

Gegenstand dieser Arbeit ist somit die Kommunikationsform *Webchat*, die mit zahlreichen Vertretern im *World Wide Web* (WWW) von unterschiedlichsten Anbietern bereitgestellt wird. Da Anzahl und unterschiedliche (thematische, organisatorische, ...) Ausrichtung der kommerziellen wie nichtkommerziellen Webchats relativ groß sind, soll die vorzunehmende Untersuchung exemplarisch erfolgen, insofern der Gegenstandsbereich bewußt begrenzt wird auf nur ein einziges Exemplar aus der Gattung der Vertreter dieser Kommunikationsform. Eine solche Eingrenzung hat den Vorteil, daß den (anhand von Mitschnitten) untersuchten Manifestationen von Kommunikationsvollzügen einheitliche Organisationsprinzipien und Ausprägungen zugrundeliegen, da sie sämtlich über ein- und dasselbe Steuerprogramm abgewickelt wurden; insofern erlaubt es eine solche Einzeluntersuchung im Gegensatz zu einer breiter angelegten Studie über *mehrere* Chats, von den jeweiligen Unterschieden und alternativen Spezifika zwischen einzelnen Chats (etwa in der Bereitstellung und Koordination des Kommunikationsgeschehens bis hin zur typographischen Darstellung der Teilnehmerbeiträge) zu abstrahieren und sich – aufgrund der durch die Eingrenzung (künstlich) erzeugten Einheitlichkeit des Untersuchungsgegenstandes – direkt demjenigen zuzuwenden, was über Chat-Kommunikation zu ermitteln ist. Da es sich bei der vorzunehmenden Untersuchung um eine sprach- und kommunikationswissenschaftliche Arbeit handelt und nicht etwa um eine Studie über Möglichkeiten der programmtechnischen Interaktionssteuerung in computervermittelten Gruppen, erscheint eine solche Eingrenzung als legitim, zumal die Punkte, die im Zuge der Arbeit herausgearbeitet werden sollen, durch ein Interesse an der spezifischen Ausprägung von kommunikativen Grundhaltungen und textuell hergestellten interaktiven Vollzügen in "neuen Medien" motiviert sind und nicht durch das Anliegen, diesen einen konkreten Chat-Dienst – etwa in Form einer 'Bedienungsanleitung' für potentielle Benutzer – zu beschreiben. Es ist aber auch zu berücksichtigen, daß – eben aufgrund der Eingrenzung des Gegenstandsbereichs – andererseits den im Rahmen der Untersuchung gewonnenen Erkenntnissen nicht mehr als der Status eines auf exemplarischem Wege gewonnenen Modells eingeräumt werden darf; denn relativ dazu, daß durch eine solche

[7] URL (24.2.99): http://members.tripod.de/~billine/chat/index.html.

Eingrenzung die Sichtweise auf den Gegenstand 'künstlich' begrenzt wird, sind auch die daraus erarbeiteten Ergebnisse letztendlich als in einem gewissen Sinne 'künstlich' herbeigeführt zu betrachten. Dies soll keineswegs den Aussagewert dieser Ergebnisse in Frage stellen, sondern vielmehr davor warnen, diese als für die Gesamtheit der im Internet angebotenen Chat-Dienste gültig anzusehen. Selbstverständlich verfolgt diese Arbeit den Zweck, Ergebnisse bereitzustellen, die auch zur Beschreibung und Deutung anderer Chats herangezogen werden können, – dies allerdings stets unter dem Vorzeichen, daß vor der Übertragung der hier herauszuarbeitenden Punkte auf einen anderen Chat-Dienst zunächst dessen spezifische Besonderheiten und Unterschiede zu dem hier untersuchten Dienst geprüft werden und besagte Punkte gegebenenfalls entsprechend modifiziert werden müssen.

Der Webchat, der als Exemplar für diese Arbeit dienen soll, ist der *SpaceChat*, welcher von der Online-Redaktion des Hochschulmagazins *unicum* im WWW unter dem URL http://www.unicum.de/chat/index.html angeboten wird. Das Untersuchungsmaterial, das hierbei der Beschreibung dieses Chats zugrunde gelegt wurde, besteht aus einer Menge von 45 Chat-Mitschnitten unterschiedlicher Länge (zwischen einer und 71 Textseiten; durchschnittliche Länge 11 Seiten), die allesamt zwischen Oktober 1998 und August 1999 zu verschiedenen Tageszeiten von verschiedenen Chat-Teilnehmern aufgezeichnet wurden und insgesamt einen Korpus von etwa 500 Textseiten bilden.

1.3 Technischer Hintergrund von Chat-Kommunikation

Die technische Bereitstellung und Organisation eines Webchats erfolgt über eine CGI-Schnittstelle (*Common Gateway Interface*), die einerseits den beidseitigen Datentransfer zwischen Client und Server steuert und zum anderen mittels "dynamisch" erzeugter Webseiten die an den Server gesendeten Informationen in aufbereiteter Form an die Benutzer zurückübermittelt. Hierbei übernimmt das CGI-Programm die Aufgabe, anhand der Verarbeitung einer notwendigen Anzahl von seitens des Clients übermittelten Aufrufparametern die eindeutige Adressierung der rückzuübermittelnden Daten zu gewährleisten.[8] Besagte "Aufrufparameter" müssen vom Benutzer, will er am Chat teilnehmen, in die Formularfelder einer Anmeldeseite eingetragen und per Bestätigung ([RETURN]) an den Server übermittelt werden.

Abb. 1.1: Technischer Hintergrund I – Die Anmeldeseite (Ausschnitt).

Die Belegungen dieser Parameter – auf HTML-Skriptebene "value" genannt – dienen dem dem Webchat auf Serverseite zugrundeliegenden Programm dazu, jedem Benutzer eine jeweils eindeutige

[8] Vgl. Assfalg/Goebels/Welter 1998, 107f.

"Identität" zuzuweisen und ihn im Verlauf seiner nachfolgenden Chat-Sitzung bei jeder einzelnen Datenübermittlung jeweils erneut und unverwechselbar identifizieren zu können.[9] Diese "Identität" des Benutzers ergibt sich (aus "Sicht" des Programms) aus der Verbindung der Parameter "Benutzername" und "Password", deren Belegung der jeweilige Benutzer selbst wählen kann und die nach Bestätigung der Eingabe an den Server als "Argumente"[10] übermittelt werden. Hinzu kommt eine Anzahl an Umgebungsvariablen, die dem Client vom CGI-Programm zugewiesen werden und die dazu dienen, einerseits die Verbindung vom Client zum Server und andererseits die Verbindung vom Server zum Client für das auf dem Server laufende Steuerprogramm zu definieren und ihre eindeutige Wiederidentifizierbarkeit für nachfolgende Datenübermittlungen sicherzustellen.

Nachdem das Steuerprogramm den Benutzer identifiziert und ihm anhand der o.a. Parameter ein eindeutiges Profil zugewiesen hat, wird dem Benutzer eine Webseite zurückübermittelt, die die eigentliche Chat-Benutzeroberfläche bereitstellt und die unter Rückgriff auf die von ihm festgelegten Parameter vom CGI-Skript "dynamisch" generiert und somit individuell auf sein Benutzerprofil zugeschnitten wird.

Der Terminus "dynamische Webseite" läßt sich am besten dadurch verdeutlichen, daß man ihm zunächst einen Begriff "statische Webseite" gegenüberstellt, der im folgenden kurz definiert werden soll: Unter einer "statischen Webseite" ist ein WWW-Dokument zu verstehen, das innerhalb eines Intervalls I (t_1-t_2) mit t_1 als dem

[9] Der Begriff *Identität* ist in diesem Zusammenhang nicht in einem anthropologisch-soziologischen, sondern in einem abstrakt-mathematischen Sinne zu verstehen, nämlich als eine Menge von wohldefinierten Parametern und Variablen, aus deren Kombination der Gegenstand, auf den sie sich beziehen, eineindeutig beschrieben und zweifelsfrei von anderen zu beschreibenden Gegenständen abgegrenzt werden kann. Die Setzung in Anführungszeichen ist daher bewußt gewählt, um diese Redeweise über *Identität* von dem in nachfolgenden Kapiteln dieser Arbeit gebrauchten anthropologisch-soziologischen Identitätsbegriff abzusetzen.

[10] Schmidt/Diedrich 1998, 226.

Zeitpunkt des letzten und t_2 als dem Zeitpunkt des nächstfolgenden Updatings für jeden zugriffsberechtigten Benutzer mit derselben äußeren Gestalt und demselben Quellcode im WWW-Browser aufgerufen werden kann. Anders ausgedrückt, liegt eine "statische Webseite" als *ein* fixes Dokument auf einem WWW-Server und kann von diesem beliebig oft und von beliebig vielen Zugriffsberechtigten abgerufen werden. Ein Beispiel für eine "statische Webseite" ist eine Homepage in ihrer jeweils aktuellen Version mit zwischen t_1 und t_2 festgeschriebenem HTML-Skript. Dem gegenüber ist eine "dynamische Webseite" dadurch charakterisiert, daß sie erst in dem Moment generiert wird, in welchem sie seitens eines Zugriffsberechtigten angefordert wird. In unserem Beispiel verlangt ein Benutzer, in den Chat zugelassen zu werden, indem er sich für das Steuerprogramm durch Eingabe eines Benutzernamens und eines Passworts identifiziert. Sind diese Angaben des Benutzers eindeutig, so übermittelt ihm der Server ein Dokument zurück, das im Browser die eigentliche Chat-Benutzeroberfläche anzeigt, im Quelltext jedoch Informationen beinhaltet, die speziell auf das Profil des Benutzers zugeschnitten sind. Die Benutzeroberfläche mag zwar von ihrer Gestaltung und Aufmachung bei jedem Benutzer gleich aussehen, wodurch der Eindruck entsteht, es handele sich dabei um eine "statische" Webseite; vergleicht man jedoch die Quellcodes, so zeigt sich, daß jeder Benutzer in Wirklichkeit eine auf sein Profil modifizierte Version dieses Dokuments und insofern eine individuelle Webseite auf seinen Rechner übermittelt bekommen hat, insofern der Seitenquelltext versteckte Formularfelder enthält, in welche die individuellen Identitätsparameter des Benutzers voreingetragen sind. Dieser jeweils individuelle Zuschnitt des Quellcodes der Benutzeroberfläche ist eine unabdingbare Voraussetzung dafür, daß die von den verschiedenen Benutzern an den Server übermittelten Textbeiträge vom Steuerprogramm auseinandergehalten und dem Profil der jeweiligen Benutzer zweifelsfrei zugewiesen werden können, sowie nach Rückübermittlung im Anzeigefeld der Benutzeroberfläche auch eindeutig als Beiträge derjenigen Benutzer gekennzeichnet werden können, von denen sie produziert wurden.

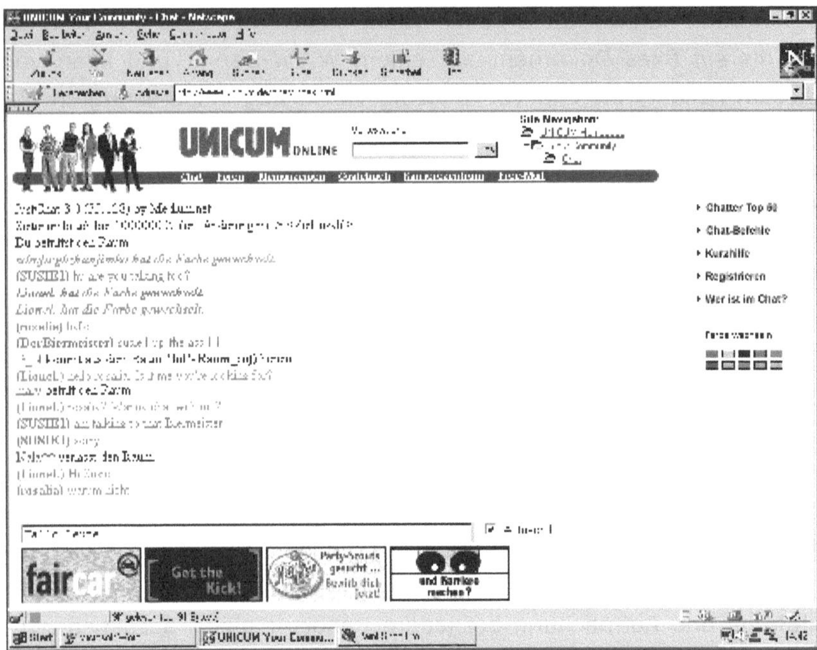

Abb. 1.2: Technischer Hintergrund II – Die Benutzeroberfläche mit Anzeigefeld für die Beiträge der einzelnen Teilnehmer (oben, groß) und Formularfeld für die Eingabe eigener Beiträge (unten, klein).

Die Eingabe eigener Beiträge ist über ein Formularfeld geregelt. Wird ein Beitrag eingegeben und per Bestätigung mit [RETURN] an den Server abgeschickt, so werden die in den versteckten Formularfeldern voreingetragenen individuellen Identitätsparameter des Benutzers jeweils automatisch an den Server mitübermittelt, so daß das Steuerprogramm zu jeder eingehenden Zeichenfolge die Zusatzinformation erhält, welchem Benutzerprofil diese zuzuordnen ist. Beispielsweise sähe das Formular für die Texteingabe seitens eines Teilnehmers *petey* mit dem Password "secret" im HTML-Quelltext des Dokuments, das ihm die Benutzeroberfläche im WWW-Browser anzeigt, folgendermaßen aus:

```
<FORM METHOD="GET" ACTION="http://unicum-chat.deutschland.de:2330/CGI"
NAME="InputForm" onSubmit="return push(this)" onUnload="parent.ClientViewActive = false">
        <INPUT NAME=service TYPE=HIDDEN VALUE=ClientPush>
        <INPUT NAME=nickname TYPE=HIDDEN VALUE="petey">
        <INPUT NAME=dataLine TYPE=TEXT SIZE=60>
        <INPUT NAME=connectionID TYPE=HIDDEN VALUE="915212430660">
        <INPUT NAME=password TYPE=HIDDEN VALUE="secret">
        <INPUT NAME=origin TYPE=HIDDEN VALUE=Dummy>
        <!-- ,SUBST WITH=JCInfoTexté -->
        </FORM>
```

Da von den sechs Formularfeldern fünf für den Browser als "HIDDEN" gekennzeichnet sind, wird im entsprechenden Frame auf dem Bildschirm lediglich das für die Texteingabe zur Verfügung stehende Feld ([TYPE=TEXT]) angezeigt:

Abb.1.3: Technischer Hintergrund III - Das Formularfeld für die Texteingabe.

Die übrigen Felder sind alle bereits voreingetragen; sie enthalten die für den Server notwendigen Zusatzinformationen wie den Benutzernamen ([NAME=nickname] mit der Belegung [VALUE="petey"]) oder das Passwort ([NAME=password] mit der Belegung [VALUE="secret"]).

Über den Parameter "METHOD" in dem das Formular eröffnenden Tag "<FORM ...>" wird dem Client zudem vorgegeben, nach welcher Methode der Inhalt der Formularfelder per HTTP (*HyperText Transfer Protocol*) an den Server übertragen werden soll. Prinzipiell stellt das Abschicken des ausgefüllten Formulars für den Server eine Datenanforderung dar, in diesem Fall die Anforderung, die in das Textfeld eingegebene Zeichenfolge zur Anzeige an die Rechner all derjenigen Teilnehmer zu übermitteln, die zur selben Zeit im gleichen Chat-Raum zugegen sind, und als Beitrag von *petey* zu markieren. Hierbei sollen die Daten nach der Methode "GET" übermittelt werden, der Standardmethode für Client-Server-Anforderungen via HTTP.[11]

[11] Vgl. Assfalg/Goebels/Welter, 98-101.

Mit jedem Abschicken eines neuen Textbeitrags wird das den Chat steuernde serverseitige Programm neu gestartet, indem ihm die Strings (also die Zeichenfolge des Textbeitrags sowie die mitübermittelten Parameter und Umgebungsvariablen) übergeben werden. Insofern besteht während des Chattens keine kontinuierliche Verbindung zwischen Client und Server, sondern die Verbindung wird jedesmal neu aufgebaut, und zwar sowohl seitens des Clients durch Abschicken eines neuen Textbeitrags, als auch seitens des Servers für die (Rück-)Übermittlung der als Textbeiträge der einzelnen Teilnehmer zur Anzeige bestimmten Daten. Die Organisation, Verarbeitung und Aufbereitung der ein- und ausgehenden Datenpakete sowie die Modalitäten, nach denen die einzelnen Clients über die CGI-Schnittstelle mit Daten bedient werden, unterliegt hierbei der alleinigen Kontrolle des serverseitigen Programms.

1.4 Kommunizieren und Interagieren durch Übermittlung von Anweisungen an das Steuerprogramm – Die wichtigsten Chat-"Kommandos"

Hat sich ein Chatwilliger für das Steuerprogramm identifiziert, woraufhin ihm die Teilnahme am Chat per Übermittlung der auf sein Benutzerprofil zugeschnittenen dynamischen Webseiten gewährt wurde, so befindet er sich zunächst einmal im Startraum des Chat-Dienstes, der für alle Teilnehmer jederzeit zugänglich ist und den fixen Namen *unicum* trägt. Für die zu vollziehende Kommunikation bzw. Interaktion stehen den Teilnehmern, sobald sie eingeloggt sind, bestimmte "Kommandos" zur Verfügung, mittels derer sie die Eingabe ihrer Beiträge spezifisch modifizieren bzw. mittels derer sie sich innerhalb des Chats und über andere Teilnehmer orientieren oder den Kommunikations- bzw. Interaktionsverlauf in spezifischer Weise beeinflussen können. Diese "Kommandos" sind zu verstehen als ein Inventar an Anweisungen, durch die dem Steuerprogramm bezeichnet wird, auf welche Weise es die jeweils übermittelten Zeichenfolgen zu interpretieren hat. Lediglich drei dieser möglichen Anweisungen beziehen sich auf Art und Weise der Darstellung bzw. Übermittlung von Äußerungen ('Kommunikationsanweisungen'); die übrigen dienen der Konstitution bzw. Modifikation des Interaktionsrahmens bzw. der eigenen Darstellung im Chat ('Konstitutive Anweisungen'), der Gestaltung der Interaktion ('Interaktionsanweisungen'), der Orientierung ('Orientierungshilfen') und der Administration der Kommunikations-/Interaktionsvollzüge in selbsteröffneten Räumen ('Administrative Anweisungen'). Anweisungen, die nicht zur Klasse der 'Kommunikationsanweisungen' zu rechnen sind, werden nicht als eigener Beitrag angezeigt, sondern evozieren eine standardisiert vorformulierte Meldung seitens des Steuerprogramms, die den übrigen bzw. den durch diese Anweisung betroffenen Teilnehmern den durch ihre Ausführung hergestellten Sachverhalt bezeichnet.

Im folgenden sei eine Übersicht über die zur Verfügung stehenden Anweisungen gegeben. Das Zeichen "↵" am Ende der jeweils beschriebenen Anweisung steht für das Betätigen der [RETURN]-Taste, das notwendig ist, um einen Beitrag bzw. Anweisungen an den Server des Chat-Dienstes und damit an das Steuerprogramm zu übermitteln. Als Beispielchatterin für die angegebenen Verwendungsbeispiele wurde einheitlich eine Teilnehmerin mit dem Pseudonym *sweety* zugrundegelegt.

Kommando	**Erläuterung**	**Beispieleingabe** [E] **Beispielanzeige** [A]
	KONSTITUTIVE ANWEISUNGEN	
/j <Raumname>↵ 1	Weist das Programm an, einen Chat-Raum mit dem angegebenen Namen zu öffnen (mit 'j' = 'join'). Der Teilnehmer befindet sich anschließend in diesem neu eröffneten Raum, besitzt dort Superuser-Status und kann administrative Kommandos anwenden.	[E] /j sweetroom↵ [A] Du gehst in einen anderen Raum: **sweetroom**
/col <Farbcode>↵	Anweisung, die Farbe, in welcher der eigene Nickname angezeigt wird, zu ändern. Die Angabe des Farbwerts erfolgt im Hexadezimalcode ('col' = 'color').	[E] /col FF0000↵ [A] ***Du hast die Farbe gewechselt*** [12]
/weg <Grund>↵	Weist das Programm an, die eigene vorübergehende Abwesenheit unter Angabe des benannten Grundes zu deklarieren.	[E] /weg Telefonieren↵ [A] Du bist jetzt weg: **Telefonieren**[13]

[12] Analog dazu erscheint in der Anzeige der übrigen Teilnehmer die Meldung "***sweety hat die Farbe gewechselt***", wobei bei der Anzeige der Meldung der Farbwechsel nachvollzogen wird: War *sweety* zuvor blau und wechselt ihre Farbe nun zu Rot, so ist der erste Teil der Meldung blau gefärbt und geht zum Ende der Anzeige in Rot über.

[13] In der Anzeige der anderen Teilnehmer erscheint dementsprechend: "**sweety** ist jetzt weg: **Telefonieren.**"

/weg↵	Weist das Programm an, die eigene vorübergehende Abwesenheit für beendet zu deklarieren. → /weg <Grund> ↵	[E] /weg↵ [A] **sweety** ist wieder da.
/q↵	Anweisung, daß man den Chat verlassen möchte ('q' = 'quit').	[E] /q↵ [A] Tschüssie!!!
	KOMMUNIKATIONSANWEISUNGEN	
∅ <text>↵	Texteingabe ohne Auszeichnung; wird als einfache Äusserung interpretiert.	[E] Hallo !↵ [A] (**sweety**) Hallo !
/me <text>↵	"Gibt einen Text für sich selber in Aktion aus"[14]; erlaubt die Beschreibung von Zuständen und Handlungen des eigenen Chat-Charakters aus einer fiktiven Außensicht.	[E] /me setzt sich aufs Sofa↵ [A] ***sweety setzt sich aufs Sofa***
/m <Name><Text>↵	'Flüstern': Der eingegebene Text wird als Privatnachricht an den angegebenen Chat-Teilnehmer interpretiert und nur an diesen übermittelt ('m' = 'message').	[E] /m Keeper na, wie gehts?↵ [A] Du redest zu **Keeper**: ***na, wie gehts?*** [15]
	INTERAKTIONSANWEISUNGEN	
/j <Raumname>↵ 2	Weist das Programm an, daß man in einen (bereits bestehenden Raum) mit dem angegebenen Namen wechseln möchte (mit 'j' = 'join'). Sofern dieser Raum nicht "abgeschlossen" ist, befindet man sich anschließend in diesem.	[E] /j Taverne↵ [A] Du gehst in einen anderen Raum: **Taverne**
/i <Name>↵	Anweisung, dem benannten Teilnehmer eine Einladung in denjenigen Chat-Raum zu übermitteln, in welchem man sich selbst befindet ('i' = 'invite'). Dieser kann der Einla-	[E] /i Keeper↵

[14] UNICUM Chat-Kommandos (Übersicht). URL (31.7.99): http://unicum-chat.deutschland.de:2330/CGI?service=PrintCommandHelp.

[15] In der Anzeige des als Adressat der Äußerung Benannten (in diesem Falle *Keeper*) erscheint dementsprechend: "**sweety** redet zu Dir: ***na, wie gehts?***"

	dung anschließend mit → /a↵ oder → /j <Raum-name>↵ Folge leisten.	A Du lädst **Keeper** ein[16]
/a↵	Weist das Programm an, eine zuvor erhaltene Einladung in einen anderen Raum anzunehmen ('a' = 'accept'). Anschließend befindet man sich in diesem Raum. → /i <Name> ↵	E /a↵ A Du gehst in einen anderen Raum: **Taverne**
/ig <Name>↵	Anweisung, daß man den angegebenen Teilnehmer fortan ignorieren möchte ('ig' = 'ignore'). Dessen Beiträge bekommt man anschließend nicht mehr angezeigt.	E /ig Keeper↵ A Du ignorierst **Keeper**
/he <Name>↵	Anweisung, daß man den angegebenen Teilnehmer (den man bislang ignoriert hat) fortan nicht mehr ignorieren möchte ('he' = 'heed'). Dessen Beiträge bekommt man anschließend wieder angezeigt. → /ig <Name> ↵	E /he Keeper↵ A Du ignorierst **Keeper** nicht mehr
	ORIENTIERUNGSHILFEN	
/wc↵	'Who is in the chat?' - Anweisung, eine Liste aller momentan eingeloggten Chatter und geöffneten Räume anzuzeigen.	E /wc↵ A The minds out there: [Liste aller Teilnehmer und Räume][17]

[16] Analog dazu erhält der eingeladene Teilnehmer (in diesem Fall *Keeper*) die Meldung "**sweety** lädt Dich ein. Du kannst der Einladung folgen mit /a oder: /j sweetroom."

[17] Diese Liste wird wie in folgendem Beispiel (Mitschnitt vom 12.2.99) angezeigt; die Raumnamen und die Namen von 'Superusern' werden dabei fett gesetzt, abgeschlossene Räume stehen zudem in roten Klammern:

The minds out there:

[**sauna**]: **ineli26** Raebchen

[**oasis**]: **populous**

[**unicum**]: Megaman Crusty-the-klick neffel Twix´y hautnah Spitzmaus sunnyboy01 Felice Sahararose RubMon Wüstenrose Peter18 Werni Brassa Jetman honky Ireaser Kicker herbie mundgeruch chatfeever KleineKatze Abdrea Grinsekatze zulu104 sunnyboy1 Frettchen

[**kratzbaum**]: **catfather**

/info <Name>↵	Anweisung, den Info-Text über den benannten Teilnehmercharakter anzuzeigen.	E /info Keeper↵ A [Anzeige Info-Text Keeper][18]
ADMINISTRATIVE INTERAKTIONS-ANWEISUNGEN (können nur von Teilnehmern mit 'Superuser'-Status eingesetzt werden)		
/l↵ 1	Anweisung, den Raum "abzuschließen" (mit 'l' = 'lock'), so daß nur noch Eingeladene Zutritt zu diesem erhalten.	E /l↵ A Du schließt ab[19]
/l↵ 2	Anweisung, einen abgeschlossenen Raum wieder "aufzuschließen" und somit wieder allen Chat-Teilnehmern zugänglich zu machen. → /l↵ 1	E /l↵ A Du schließt auf[20]
/gag <Name>↵	Anweisung, den benannten Teilnehmer dahingehend zu "verzaubern", daß er fortan nicht mehr uneingeschränkt, sondern nur noch per 'Flüstern' (→ /m <Name>) Rederecht besitzt (engl. 'to gag' = jmdn. knebeln).	E /gag Keeper↵ A Du verzauberst **Keeper**[21]

[**Wahnsinn**]: ***Night-Wish** Memory
[**Tümpel**]: **Tartaruga**
[**AUFSTAND**]: **Tech** M.O.T.
[**Eremitage**]: **D'Artagnan**
[**evix**]: **evix**
[**lgg**]: **Einsamer** Weebzy
[**back**]: **GI-Joe** Kaefer
[**tautropfen**]: **tautropfen** berndl
[**Irgendwo**]: **Tom1111980**
[**wepriopsdfsdlöj_und_sein_kind**]: **GeorgeDavid**
[**kloster**]: **daniela23**
[**Exil**]: **W.Goofy** Homer-Simpson MargeSimpson
[**MEIN_REICH**]: **Mona** F.B.

[18] Beispiele solcher Info-Texte siehe unten.

[19] Analog dazu erscheint in der Anzeige der übrigen im Raum befindlichen Teilnehmer die Meldung "**sweety** schließt ab."

[20] Analog dazu erscheint in der Anzeige der übrigen im Raum befindlichen Teilnehmer die Meldung "**sweety** schließt auf."

[21] Analog dazu erscheint in der Anzeige des benannten Teilnehmers (in diesem Fall *Keeper*) die Meldung "**sweety** verzaubert Dich."

/k <Name>↵	Anweisung, einen anderen Teilnehmer aus dem Raum auszuschließen (mit 'k' = 'kick'). Dieser wird anschließend wieder in den Startraum des Chat versetzt.	E /k Keeper↵ A Du lockst **Keeper** weg[22]
/k <Name> <Raumname>↵	Anweisung, einen anderen Teilnehmer aus dem aktuellen Raum in einen bestimmten anderen Raum zu versetzen. Existiert der benannte Raum noch nicht, so wird er geöffnet und der somit ausgeschlossene Teilnehmer in ihn versetzt.	E /k Keeper Du-nervst↵ A Du lockst **Keeper** zu: **Du-nervst**[23]
/su <Name>↵	Anweisung, dem benannten Teilnehmer für den aktuellen Raum ebenfalls 'Superuser'-Status einzuräumen.	E /su Keeper↵ A Du ernennst **Keeper** zum Superuser[24]

Neben den hier beschriebenen Anweisungen, die prinzipiell von allen Chat-Teilnehmern verwendet werden können, existiert noch eine Anzahl an weiteren "Kommandos", die nur denjenigen zugänglich sind, die den Status eines "Administratiors" besitzen. "Administratoren" sind in der Regel Teilnehmer, die aufgrund langer Chat-Erfahrung von einem Webmaster des Chat-Dienstes besondere Privilegien eingeräumt bekommen haben, verbunden mit der Auflage, ein wachsames Auge auf die Gegenstände der im Chat ablaufenden Kommunikationsvollzüge zu haben. Administratoren können im Gegensatz zu den übrigen Teilnehmern jederzeit unbemerkt Einblick nehmen in das Kommunikationsgeschehen jedes beliebigen Chat-Raums, selbst wenn dieser vom jeweiligen Superuser "abgeschlossen" sein sollte. Darüber hinaus stehen den Administratoren Kommandos zur Verfügung, die den oben beschriebenen *administrativen (Superuser-) Anweisungen* entsprechen, allerdings mit dem Unterschied, "daß der

[22] Analog dazu erscheint in der Anzeige des benannten Teilnehmers (in diesem Fall *Keeper*) die Meldung "**sweety** lockt Dich weg."

[23] Analog dazu erscheint in der Anzeige des benannten Teilnehmers (in diesem Fall *Keeper*) die Meldung "**sweety** lockt Dich zu: **Du-nervst**."

Admin diese Superuser-Befehle in allen Räumen und auf alle User anwenden kann."[25] Die Administratoren sollen hierbei jedoch nur in Ausnahmefällen die Funktion einer Art geheimer Chat-Polizei erfüllen; grundsätzlich besteht seitens der Chat-Anbieter die Idee, daß sich die "Chat-Community" weitgehend selbst verwaltet und des autoritativen Eingriffs von Administratoren nur in Notfällen bedarf:

> "In einer Partyunterhaltung rennt ja auch keiner rum und klebt den Leuten, die Blödsinn reden wollen, den Mund zu (obwohl man es ja manchmal möchte ;-)). [...] soweit ich weiß, greifen wir nicht allzu viel ein. Eine gute Chat-Community befreit sich sowieso meistens selbst von den Spinnern, indem sie sie entweder kritisiert oder ignoriert. Ich finde es auch gut, wenn die anderen User selbst 'ihren' Chat verteidigen - besser, als wenn ein Webmaster 'von oben' Autorität üben würde. Wenn jetzt natürlich jemand heftige rechte Parolen oder Pornokram von sich gibt, und ein Webmaster das zufällig mitkriegt, würden wir einschreiten. Aber wer kann schon einen Chat 24 Stunden lang beobachten?"

Neben den Anweisungen zur Kommunikations- und Interaktionssteuerung besitzt jeder Chat-Teilnehmer die Möglichkeit, den von ihm gewählten Teilnehmernamen durch Kombination mit einem Passwort per Registrierung schützen zu lassen. Ein Registriertsein bietet den Vorteil, daß während der eigenen Abwesenheit kein anderer Chatwilliger denselben Namen benutzen kann, sowie die Option, einen "Info-Text" zu dem mit dem selbstgewählten Teilnehmernamen bezeichneten Charakter zu verfassen, der von anderen Teilnehmern jederzeit abgerufen und eingesehen werden kann. Dieser "Info-Text" kann über ein Eingabeformular erstellt und bearbeitet werden, in welches neben dem Teilnehmernamen weitere Angaben zum damit benannten Charakter eingetragen werden können, wie z. B. Alter, Geschlecht, E-Mail-Adresse, URL der eigenen Homepage und eine Kurzbeschreibung der an den Teilnehmernamen geknüpften Figur. Daneben steht ein Formularfeld zur Verfügung, in welches Kontaktinformationen und/oder beliebige weitere Texte eingetragen

---

[24] Analog dazu erscheint in der Anzeige des benannten Teilnehmers (in diesem Fall *Keeper*) die Meldung "**sweety** ernennt Dich zum Superuser."

[25] Hier und in der folgenden Passage zitiere ich aus einer E-Mail vom 2.8.99, in welcher mir ein Webmaster des untersuchten Chat-Dienstes die Kompetenzen und Aufgaben von Chat-Administratoren beschrieb.

werden können, mit welchen der Teilnehmer eine Orientierung über den von ihm entworfenen Charakter ermöglichen möchte.

Abb. 2 zeigt das besagte Eingabeformular[26], daran anschließend seien vier konkrete Beispiele dafür gegeben, wie mit diesem Formular erstellte "Info-Texte" bei Aufruf durch einen anderen Teilnehmer im Chat zur Anzeige gebracht werden. Angaben zu E-Mail-Adressen, Homepage-URLs und Telefonnummern wurden hierbei anonymisiert.

Registrieren

Du willst Dich also in den hohen Kreis der Registrierten? Mit in die TOP-50? Mail empfangen? Das ist eine weise Entscheidung!
Unzutreffendes bitte ändern, wenn eine Angabe nicht gemacht werden soll, sollten entsprechende Felder freigelassen werden, (Nick-)Name und Passwort wären aber wünschenswert...

Du bist StephAir, der
sich als Beispielchatter freuende.

Dein Alter: Er/Sie/Es ist 22 Jahre alt.

Deine eMail-Adresse StephAir@unbekannt.de
☑ Adresse veröffentlichen.

Deine Homepage heißt http://www.StephAir.com/

Ein Kommentar zur Dir selber: Chatten allein macht nicht glücklich?

Deine Freunde (durch Leerzeichen getrennt). Wenn sie reinkommen, dann wirst Du benachrichtigt.

Das neue Passwort (was Du Dir selber aussuchen solltest, wenn es jemand rauskriegt, war es offensichtlich zu leicht zu erraten...)

Dein Passwort: (gut merken!)

Das Passwort nochmal:

Registrieren! | Nochmal von vorn.

Abb. 2: Das Formular zur Erstellung eines "Info-Textes".

[26] Das Original kann eingesehen werden unter folgendem URL (28.5.2000): http://212.162.56.35:2330/CGI?service=RegisterNewStart

(1)

*** **Marienkäfer**, die immer irgendwo herumfliegt...
*** Sie ist am 5.November 1981 geboren.
*** Sie war zuletzt am Samstag, dem 17. Juli 1999 gegen 16 Uhr 57 da.
*** Sie verbrachte hier bis jetzt insgesamt 136 Stunden und 2 Minuten, davon 124 Stunden und 20 Minuten aktiv.
*** Ihre E-Mail-Adresse: M[...]r@[...].de
>>> Hallo ihrs!
>>>
>>> Ich bin die Marienkäfer und ein bissal verrückt...
>>> Nicht schlimm verrückt aber doch etwas.
>>>
>>> Ich liebe Blumen und Seifenblasen und Blätter und
>>> Wiese und alles...
>>>
>>> Ich möchte frei sein, wie Seifenblasen, wie Blätter im Wind
>>> Ich möchte fliegen können... nicht zerplatzen
>>> oder zerdrückt werden, auch wenn es doch alle
>>> nur "gut" mit mir meinen... Ich möchte leben.
>>>
>>> *habdichlieb* @ TomStone
>>>
>>> Love, Peace and Freedom
>>>
>>> eure Marienkäfer... *s*
>>>
>>>
>>> P.S.: *quak* Ich kann Fremdsprachen...*ggg*

(2)

*** **MrText**, der reallifefeindliche
*** Er verabscheut und ignoriert die Umdrehung der Erde um die Sonne, obwohl er doch keinesfalls als allzu alt gelten dürfte.
*** Er war zuletzt am Mittwoch, dem 21. Juli 1999 gegen 14 Uhr 42 da.
*** Er verbrachte hier bis jetzt insgesamt 122 Stunden und 7 Minuten, davon 107 Stunden und 31 Minuten aktiv.
*** Seine E-Mail-Adresse: M[...]t@[...].de
>>> Ich habe Probleme mit der Sonne, weil ich der Erde Umdrehung um sie beharrlich ignoriere. Die Sonne ist nämlich so kleinlich-rachsüchtig, daß sie die Ignoranz eines so winzigen Wesens, wie ich es bin, mit einer Re-Ignoranz erwidern zu müssen vermeint. Ich hasse ignorante Sonnen und schlechte Wetter aber auch ignorante Chatter und eintönige Chatatmosphären. Licht, nur Licht, Licht im Himmel, Licht im Chat! Welcher Quelle es auch entspringen mag. Aber der sehnlichste wenn auch selten erfüllte Quellenwunsch lautet natürlich: Geistesblitze
>>>
>>> Telefonnummer:0[...]32 (Zimmer 322 verlangen)

(3)

*** **Burzel**:
*** - ist älter als er aussiehst
*** - war zuletzt am Samstag, dem 31. Juli 1999 gegen 13 Uhr 19 da.
*** - verbrachte hier bis jetzt insgesamt 906 Stunden und 41 Minuten, davon 857 Stunden und 40 Minuten aktiv.
>>> • seit dem 15. Februar von D@rkman und Evy zum Sir geadelt wurde!
>>> • seit 17. Dezember mit Billine verheiratet ist
>>> • mit claudi hier im Chat in der WG wohnt.
>>> • aufpasst, daß McMike alle Fenster im Chat sauber hält.
>>> • Zimmer hinten links ist an sister untervermietet.
>>> • Zimmer vorne rechts ist ab dem 17.Feb an chrissi untervermietet.
>>>
>>> ————————————————————————
>>>
>>> "... wenn menschen traeumen sind sie goetter,
>>> wenn sie denken sind sie bettler ..."
>>> .
>>> danke@monty
>>>
>>> f73a5b

(4)

*** **SphinX:-)))**, das ungelöste Rätsel, das mit woelkchen bald dasselbe wolkenheim haben wird *megafreu*
*** Es ist uralt.
*** Es war zuletzt am Freitag, dem 23. Juli 1999 gegen 12 Uhr 50 da.
*** Es verbrachte hier bis jetzt insgesamt 1608 Stunden und 21 Minuten, davon 1534 Stunden und 16 Minuten aktiv.
*** Seine Homepage liegt bei
http://www.fortunecity.co█████html.
*** Seine E-Mail-Adresse: s██a@█████.de
>>> Mein Schatz, ich liebe dich! :-XXX
>>>
>>> Wir sind alle Engel mit einem Flügel ....
>>>
>>> um zu fliegen, müssen wir uns umarmen ...
>>>
>>> in diesem Sinne ... LASST UNS FLIEGEN!!!! *umarmeuchalle*
>>>
>>> ICQ-Nr.: 20████8 [27]

---

[27] Beispiele aufgerufen am 31.7.99.

2 Chat-Kommunikation zwischen Mündlichkeit und Schriftlichkeit

2.1 Sprache als Medium der Kommunikation

Intersubjektivität und Dynamizität werden in der Sprachtheorie Wilhelm von Humboldts zu einem zentralen Paradigma von Sprache erhoben: Kommunikation als intellektueller Austausch, als "Verknüpfung von Denkkraft und Denkkraft" vermittels Sprache erscheint als eine existentielle Notwendigkeit, um Gedanken und individuiert-objektivierte Vorstellungsinhalte im Individuum zur Klarheit reifen zu lassen: "Mittelpunkt der Sprache ist das (...) Wechselgespräch"[28], Sprache ist "Organ" des Ausdrucks und zugleich auch "Organ" der Erkenntnis, welche auf dem Wege kommunikativer Begriffsbildung gewonnen wird: "Der Organismus der Sprachen entspringt aus dem allgemeinen Vermögen und Bedürfniss des Menschen zu reden"[29], welches sich daraus motiviert, daß intuitive Bewußtseins- und Vorstellungsinhalte letztendlich nur durch das "Zurückstrahlen aus einer fremden Denkkraft"[30] gänzlich erfaßt und in objektivierbare Begriffe überführt werden können: "Was die Sprache in dem einfachen Akte der Gedankenerzeugung notwendig macht, das wiederholt sich auch unaufhörlich im geistigen Leben des Menschen; die gesellige Mitteilung durch Sprache gewährt ihm Überzeugung und Anregung."[31]

Begreift man Sprache und Ausdrucksfähigkeit also als einen dynamischen Organismus, der in beständiger autopoietischer Re- und Neuproduktion dem Subjekt das Instrumentarium zur Verfügung stellt, die Autarkie individuellen Für-sich-selbst-Seins zu überwinden und in einen existentiell notwendigen intersubjektiven Austausch mit anderen Individuen zu treten, so lassen sich davon ausgehend Standort

---

[28] Humboldt 1963a, 81.

[29] Humboldt 1963, 6.

[30] Humboldt 1995a, 25.

[31] Humboldt 1995b, 48.

und Funktion von Kommunikation in Anlehnung an die Systemtheorie Niklas Luhmanns bestimmen als die "Operationsweise" des Systems der "Gesellschaft": Die Individuen als "psychische Systeme" sind zwar für sich selbst autark, jedoch nicht hermetisch, insofern sie notwendigerweise und auf kommunikativem Wege an das System der Gesellschaft anknüpfen müssen, um die für sie existentielle Vernetzung mit anderen Systemen zu erfahren: "Die jeweils eine Systemart ist die notwendige Umwelt der jeweils anderen. [...] Personen können nicht ohne soziale Systeme entstehen und bestehen, und das gleiche gilt umgekehrt."[32] Das Bewußtsein als Operationsweise des individuen-spezifischen "psychischen" Systems erfährt und sichert seine Existenz und individuelle Sinngebung, indem es an das System der Gesellschaft anschließt und über systemimmanente kommunikative Operationen in Wechselwirkung mit anderen psychischen Systemen die eigene Individualität entweder bestätigt erhält oder in Relation zur intersubjektiven Systematizität der Gesellschaft neu zu bestimmen bzw. ihre jeweilige Situiertheit zu überprüfen gefordert ist. Identität und Erfahrung von Individualität sind also nur möglich vermittels Kommunikation. Kommunikation wiederum ist nur denkbar im Rahmen sozialer Systeme, die ihrerseits wiederum nur durch das Vorhandensein und permanente Gegebensein kommunikativer Operationen gedacht werden können: "Die Gesellschaft besteht nicht aus Menschen, sie besteht aus der Kommunikation zwischen Menschen."[33] Kommunikation vollzieht sich also zum einen *zwischen* Individuen, wirkt jedoch zugleich auch wieder sowohl auf und in ihre Partizipienten als auch auf sich selbst zurück und prozessiert sich letztendlich (als soziales System) selbst. Da ein "Normalfunktionieren" von Kommunikation aufgrund der autarken und individellen Systematizität der Lebewesen, sowie aufgrund komplexer potentiell determinierender Weltsachverhalte ohne das Gegebensein einer komplexitätsreduzierenden und koordinativ-selegierenden Funktion nicht denkbar ist, bedarf es verschiedener *Medien*, die dazu dienen,

[32] Luhmann 1999, 92.

"Unwahrscheinliches in Wahrscheinliches zu transformieren".[34] Eines dieser Medien ist die Sprache, deren Funktion darin besteht, "das Verstehen von Kommunikation weit über das Wahrnehmbare hinaus" zu steigern, und zwar vermittels einer geregelten Zeichentechnik, die es ermöglicht, Komplexität zu reduzieren und Wahrnehmbares durch Überführung in regelgemäß kombinierte Zeichenverbindungen zu spezifizieren.[35]

2.2 Medialität von Chat-Kommunikation

Kommunikation vollzieht sich in sprachlicher Hinsicht stets entweder auf dem Wege der Verschriftung oder der Verlautung als medialer Äußerungstechnik. *Medial* sind diese Äußerungstechniken insoweit, als sie letztendlich nur die jeweils spezifische Form des Gegebenseins einer Äußerung darstellen, die entweder *graphisch* oder *phonisch* realisiert sein kann. Die Entscheidung für eines der beiden Realisierungsmedien kann nur dann frei erfolgen, wenn die Äußerung bei ihrer Übermittlung zwischen Sender und Empfänger nicht eines *Trägermediums*[36] bedarf, das aufgrund seiner technischen Konstitution die mediale Dimension der zu übermittelnden Äußerungen vorschreibt oder zumindest bedingt. So sind beispielsweise in den Trägermedien Telefon und Funk nur phonische Äußerungen möglich, wohingegen papierne Trägermedien (Brief, Zeitung, Buch, Plakat) nur graphische Äußerungen zulassen. Die rein mediale bzw. träger-

[33] Luhmann 1981, 20.

[34] Luhmann 1999, 216-220.

[35] Luhmann 1999, 220f.

[36] Die Bezeichnung *Trägermedium* soll hier für die *Medialität der Übermittlung* (Brief, Telefon, Internet) eingeführt werden, um diese begrifflich von der *Medialität der Äußerung* ('graphisch' oder 'phonisch') zu unterscheiden. Vgl. hierzu Sandbothe 1997, der eine ähnliche Differenzierung vornimmt nach *Medien im engen* und *Medien im engsten Sinne* (Sandbothe 1997, 56f.), wobei ersterer Terminus dem zu vergleichen ist, was Koch/Oesterreicher 1994 *Medium* nennen und zweiterer Terminus dem, was ich in der vorliegenden Untersuchung als *Trägermedium* bezeichnen möchte.

mediale Ebene von Kommunikation zu betrachten, bedeutet somit zugleich, die techniksoziologische Frage zu stellen nach der "Unterstützung, Assistenz oder Vermittlung", die die Technik für die Kommunikation bereitstellt[37], beziehungsweise unter trägermedien-*kritischer* Perspektive das Augenmerk darauf zu richten, inwiefern die zur Vermittlung und Übertragung zwischen Sender und Empfänger notwendige Technik die Kommunikation und deren Vollzug jeweils spezifisch determiniert. Vor allem in Hinblick auf computervermittelte Kommunikation dürfen Fragestellungen dieser Art nicht unberücksichtigt bleiben, da - wie Wagner/Schlese 1997 zu Recht betonen - an deren Zustandekommen die Technik in nicht unerheblichem Maße beteiligt ist.[38]

Koch/Oesterreicher 1994 bezeichnen die Medialität von Äußerungen als dichotomisch *entweder* graphisch *oder* phonisch realisiert[39], wobei im Zeitalter von Multimedia und hier gerade in Hinblick auf das Trägermedium Internet berücksichtigt werden muß, daß mittlerweile - weil technisch möglich - auch Kommunikationsvollzüge denkbar sind, in deren Rahmen Äußerungen abwechselnd phonisch *und* graphisch getätigt werden (also z. B. per Tastatureingabe und gleichzeitigem phonischem Austausch über Mikrophon, wie dies etwa mit *Microsoft NetMeeting* möglich ist). Prinzipiell ist die dichotomische Konzeption der Medien Graphizität und Phonizität als "Aspekte[n] der sprachlichen Variation"[40] oder "Materialisierungsform[en]"[41] jedoch zu befürworten, da sie sich aus der ganzen Geschichte sprachlicher Äußerungsformen belegen läßt und - wie Koch/Oesterreicher anmerken - auch keinen Widerspruch zu der Möglichkeit des Medienwechsels darstellt[42], da ja selbst beim Vorlesen eines schriftlich

---

[37] Wagner/Schlese 1997, 247.
[38] Vgl. ebd., 248.
[39] Vgl. Koch/Oesterreicher 1994, 587.
[40] Koch/Oesterreicher 1994, 587; auch referiert in Sieber 1998, 182.
[41] Nussbaumer 1991, 272.
[42] Koch/Oesterreicher 1994, 587.

fixierten Textes der aktuale Äußerungsvollzug sich nur *einer* der beiden medialen Alternativen, in diesem Fall der phonischen, bedient.

Webchat ist somit in medialer Hinsicht in der Regel *graphisch* realisierte Kommunikation, wobei mittlerweile allerdings bereits Chat-Dienste existieren, über welche auch per Video und Mikrophon (also nonverbal-visuell und sprachlich-phonisch) kommuniziert werden kann. Der hier untersuchte Webchat erlaubt jedoch lediglich *graphisch* realisierte Äußerungen, stellt als Äußerungs- und Rezeptionsmedium also sowohl für Sprachliches als auch für Nonverbales und Parasprachliches nur das Zeichensystem der Schrift zur Verfügung.

Nun wird man dem Phänomen von im Chat erzeugten Texten (*Text* hier i. S. v. einer Menge sich aufeinander beziehender Äußerungen) aber nicht gerecht, wenn man - ausgehend allein von ihrer medialen Spezifik - sie als schriftliche Texte begreift. Denn erstens liefe man dann Gefahr, für die diese Texte konstituierenden schriftlichen Äußerungen eine Degeneriertheit derjenigen Normen zu konstatieren, die man gemeinhin von Formen schriftlichen Sprachgebrauchs erwartet (z.B. Syntax, Grammatik, Orthographie) und folglich Chat als niederen Stil und somit womöglich nicht untersuchenswert abzutun; zweitens genügte man mit einer solchen Sichtweise auf den Chat als schriftlicher Kommunikationsform lediglich dessen medialem und durch das Trägermedium determiniertem Aspekt und ließe dabei die kommunikative Grundhaltung bei der Produktion dieser "schriftlichen" Äußerungen außer acht, würde also Sprachgebrauch beschreiben wollen ohne dabei die sprachgebrauchenden Individuen und die spezifische Motiviertheit des Sprachgebrauchs in der untersuchten Kommunikationsform zu berücksichtigen.

Daher gilt es im folgenden zweierlei zu klären, nämlich:

(i) *Wie vollzieht sich Kommunikation im Chat hinsichtlich der Beziehung zwischen den Kommunikanten, sowie hinsicht-*

lich sprachlicher und graphischer Auffälligkeiten in deren Äußerungen und was bedeutet dies für die Art der hierbei erzeugten Texte?

(ii) *Wie läßt sich davon ausgehend und unter Berücksichtigung der spezifischen Eigenheiten des Trägermediums die kommunikative Grundhaltung bei der Produktion von Äußerungen im Chat bestimmen?*

2.3 Konzeptionalität von Chat-Kommunikation

Chat nimmt unter den Kommunikationsformen bzw. Kommunikations-Trägermedien im Internet insofern eine Ausnahmestellung ein, als er das einzige Trägermedium darstellt, das seinen Teilnehmern eine *synchrone* Kommunikation ermöglicht. Äußerungen von Chat-Teilnehmern werden, sobald sie mit [ENTER] an den Server abgeschickt wurden, in der Regel nahezu ohne Zeitverzögerung an die Rechner aller zur selben Zeit im selben Chat-Raum eingeloggten anderen Teilnehmer weiterübermittelt und zur Anzeige gebracht. Chat ist somit "neben dem Telefon das einzige synchrone, nicht-lokale Mehrweg-Medium".[43]

Im Gegensatz zu E-Mail- oder Usenet-Nachrichten, die erst dann auf dem eigenen Bildschirm erscheinen, wenn sie vom jeweiligen Mail/Foren-Server abgerufen werden, kann man als Chat-Teilnehmer davon ausgehen, daß der andere Teilnehmer, dessen Äußerung bzw. Nachricht gerade in der Anzeige erscheint, zur selben Zeit ebenfalls an einem Rechner sitzt und den Kommunikationsverlauf im Chat verfolgt. Tatsächlich ist dies in der Regel die einzige 'echte' Gewißheit, die man beim Chatten über einen anderen Teilnehmer ohne dessen eigenes Zutun erwerben kann. Doch genau diese Gewißheit ist von essentieller Bedeutung für die kommunikative Grundhaltung beim Chatten, insofern die Synchronizität der Kommunikationssituation den Äußerungsmodalitäten und Produktionskriterien eine Grundhaltung der Mündlichkeit zugrundezulegen scheint, die etwa dem Konzept von Partygesprächen vergleichbar ist und eine relative Nähe der anderen Kommunikanten antizipieren läßt. Diese 'Grundhaltung' läßt sich am ehesten fassen mit Koch/Oesterreicher 1994, die eine *konzeptionelle* Dimension von Kommunikation ansetzen, die – in klarer Trennung von der *medialen* Dimension – "anthropologisch begründbare, universale Kommunikationshaltungen" trägt, die zunächst einmal unabhängig sind von der Form, in welcher die mediale

[43] Lenke/Schmitz 1995, 121.

Realisation des zugehörigen Kommunikationsvollzuges sich - trägermedial bedingt - materialisiert.[44] Auf dieser *konzeptionellen* Dimension lassen sich die Grundhaltungen unterschiedlicher Kommunikationsformen koordinativ auf einem "Kontinuum" zwischen den Polen *Mündlichkeit* und *Schriftlichkeit* einordnen (man beachte hierbei die terminologische Unterscheidung zur *Phonizität* und *Graphizität* als Typologiekriterien zur Einordnung von Kommunikationsformen auf der *medialen* Dimension). Die Leistungsfähigkeit des Modells von Koch/Oesterreicher beruht hierbei nicht zuvorderst auf der strikten Unterscheidung von medialer und konzeptioneller Dimensionalität von Kommunikation, sondern auch darauf, daß die raumzeitliche Situiertheit der Kommunikationsbeteiligten als die Kommunikationshaltung in entscheidendem Maße determinierend in die konzeptionelle Dimension von Kommunikation integriert wird: Als "prominentester Ausdruck des typischerweise gestaffelten Wirklichkeitsbezugs des Menschen"[45] ist es gerade die räumliche und zeitliche Nähe bzw. Distanz der Kommunikationsbeteiligten, die auf der konzeptionellen Ebene das Zustandekommen einer jeweiligen Kommunikationshaltung regiert. Da die Konzeptionalität einer Kommunikationssituation nicht zwingenderweise eine bestimmte Form der medialen Realisierung des zugehörigen Kommunikationsvollzuges determinieren muß, sondern zwischen den beiden Dimensionen lediglich gewisse Affinitäten bestehen, ist dieses Modell dynamisch genug, auch Mischformen zuzulassen. So läßt sich vom Chat - aufgrund o.a. Synchronizität (als *zeitlicher* Nähe) der Kommunikation - zunächst einmal behaupten, er trage Züge konzeptioneller Mündlichkeit, auch wenn eine *räumliche* Nähe der Kommunikationsbeteiligten faktisch nicht gegeben ist. '*Züge* konzeptioneller Mündlichkeit *tragen*' soll hierbei nicht gleichgesetzt werden mit 'konzeptionell mündlich *sein*', da nicht alle der von Koch/Oesterreicher als Paradigmen für das Gegebensein von konzeptioneller Mündlichkeit angeführten Einordnungskriterien tatsächlich und mit Sicherheit auf Chat-Kommunika-

[44] Koch/Oesterreicher 1994, 588.

tion zutreffen. '*Züge* konzeptioneller Mündlichkeit *tragen*' ist daher zunächst einmal als nicht mehr zu verstehen denn als 'Elemente konzeptioneller Mündlichkeit aufweisen', womit die Beantwortung der Frage noch offen gehalten werden kann, wie es tatsächlich um die Konzeptionalität von Chat-Kommunikation bestellt ist.[46] Denn schließlich läßt bereits der Punkt 'zeitliche Nähe' vs. 'räumliche Distanz' vermuten, daß das Gegebensein von konzeptioneller Mündlichkeit nicht ohne weiteres oder zumindest nicht in Reinform behauptet werden kann, obwohl sich sicherlich darüber diskutieren ließe, inwieweit gerade in punkto des Verhältnisses zwischen Lokalität und Temporalität eventuell davon ausgegangen werden könnte, daß das Gegebensein zeitlicher Nähe genügt, um bei den Kommunikanten auch ein Konzept räumlicher Nähe zu evozieren bzw. dem Faktum der räumlichen Distanz einen guten Teil seiner Relevanz zu nehmen (aufgrund der vielfältigen anthropologischen Beziehungen zwischen Raum- und Zeitwahrnehmung). Diese Diskussion soll an dieser Stelle jedoch bewußt ausgeklammert werden, da sie erstens zu weit über das gestellte Thema hinausführt und zweitens bestenfalls zu einer spekulativen Klärung nur dieses einen Punktes beitragen würde. Die Diagnose 'zeitliche Nähe vs. räumliche Distanz' soll hier zwar als Ausgangspunkt für die Frage nach der Konzeptionalität von Chat-Kommunikation dienen, aber nicht das alleinige und ausschlaggebende Kriterium zur Beantwortung der hieraus entwickelten Fragestellung darstellen. Im folgenden soll vielmehr anhand der Untersuchung ausgewählter weiterer Indizien für die konzeptionelle Situiertheit von Chat-Kommunikation aufgezeigt werden, daß sich diese Frage auch auf anderem Wege hinreichend beantworten läßt.

---

[45] Ebd.

[46] Die Problematik dieser Frage liegt zu einem guten Teil sicherlich auch in den metaphorischen Benennungen begründet, mit welchen die Kommunikationsvollzüge im Chat sowohl seitens ihrer Teilnehmer als auch seitens der Chat-Anbieter bezeichnet werden. Schütz 1995 merkt dazu an, daß Chat sich zwar auf schriftliche Kommunikation beschränkt, das Wort "Gespräche" sich jedoch "im eigentlichen Sinne auf mündliche Kommunikation" bezieht. (Schütz 1995, 112). Vgl. hierzu ausführlicher Kap. 3.1.

Der nun vorzunehmenden Untersuchung weiterer Auffälligkeiten sei an dieser Stelle eine Hypothese vorangestellt, die abschließend dann entweder bestätigt, modifiziert oder verworfen werden soll und die sich etwa wie folgt formulieren läßt:

> *Chat-Kommunikation ist zwar in erster Linie konzeptionell mündlich, weist aber auch Phänomene auf, die eher der konzeptionellen Schriftlichkeit zuzurechnen sind. Chat-Kommunikation kann daher nicht eindeutig einem der beiden in Koch/Oesterreicher 1994 für die konzeptionelle Dimension von Kommunikationsformen beschriebenen Pole zugeordnet werden, sondern ist vielmehr als ein konzeptioneller Hybrid anzusehen, der im "Spannungsfeld zwischen Mündlichkeit und Schriftlichkeit"*[47] *anzusiedeln ist (was nach Koch/Oesterreicher 1994 zulässig ist, insofern die konzeptionelle Ebene nicht als dichotomisch aufzufassen ist, sondern als ein Kontinuum, zwischen dessen Polen graduelle Differenzierungen zulässig sind).*

> *Chat-Kommunikation ist zwar prinzipiell konzeptionell mündlich, ihre Situiertheit auf der konzeptionellen Ebene ist aber im Gegensatz zu anderen konzeptionell mündlichen Kommunikationsformen aufgrund trägermedial bedingter Determinanten vom konzeptionell mündlichen Pol in spezifischer Art und Weise in Richtung des konzeptionell schriftlichen Pols verschoben.*

2.3.1 Kommunikationsrituale

Oben wurde darauf hingewiesen, daß die einzige 'echte' Gewißheit, die ein Chat-Teilnehmer im Chat über die anderen Kommunikanten in der Regel zu erlangen imstande ist, diejenige ist, daß der/die andere(n) zu dem Zeitpunkt, zu welchem ihre Äußerungen in der An-

[47] Haase/Huber/Krumeich/Rehm 1997, 52.

zeige erscheinen, ebenfalls von irgendeinem Rechner aus den Kommunikationsverlauf im Chat verfolgen.[48] Dies bedeutet zugleich, daß – in Ermangelung der visuellen Verifizierbarkeit der Aufmerksamkeit des anderen – jeder Beitrag seitens eines Kommunikanten neben seiner inhaltlichen Relevanz für das Fortschreiten der Themenentwicklung auch noch eine funktionale Relevanz besitzt, die in etwa den Stellenwert der Höreraktivitäten beim Vis-à-vis-Gespräch besitzt: Indem ich einen eigenen Beitrag (als "Sprecher") äußere, übermittle ich dem anderen zugleich (als "Hörer") ein aufmerksamkeitsbezeugendes Signal, woraus der andere ersehen kann, daß ich nach wie vor dem Kommunikationsverlauf folge bzw. mich auf das Kommunikationsgeschehen konzentriere. Denn alleine die Tatsache, daß ein anderer Chat-Teilnehmer zeitgleich mit mir im selben "Raum" eingeloggt ist, reicht noch nicht aus, um mir auch dessen ungeteilter Aufmerksamkeit gewiß sein zu können; vielmehr besagt mir diese Tatsache nicht mehr, als daß dieser Teilnehmer zwar eingeloggt ist, aber nicht, ob er gerade auch tatsächlich den Chat verfolgt oder ob er vielmehr nebenher in einem anderen Fenster seines Browsers durchs WWW surft, seine E-Mails liest oder überhaupt an seinem Rechner sitzt, beziehungsweise ob er – selbst wenn ich keine Beiträge von ihm angezeigt bekomme – nicht *doch* am "Chatten" ist,

[48] Die Einschränkung 'in der Regel' steht in diesem Satz, um die Möglichkeit offenzulassen, daß es natürlich trotzdem denkbar (und auch oftmals der Fall) ist, daß Chat-Teilnehmer mit der Zeit mehr Gewißheiten über andere Teilnehmer gewinnen, als dies allein über den Austausch von unter Pseudonymen ("Nicknames") getätigten Chat-Äußerungen möglich ist. So ist es oft der Fall, daß sich aus Chat-Bekanntschaften mit der Zeit *echte* Bekanntschaften entwickeln, daß Chat-Teilnehmer "Chattertreffen" ("Relay Parties") veranstalten [vgl. z.B. Seidler 1994], um sich auch im "wirklichen Leben" (im Chat-Slang: "in real life") zu begegnen oder daß einzelne Teilnehmer neben dem Chat auch beginnen, one-to-one über E-Mail miteinander in Kontakt zu treten, Fotos über E-Mail auszutauschen, miteinander zu telefonieren oder auch ihren Kontakt auf die Gästebücher ihrer privaten Homepages auszudehnen. Um all diese parallel zum Chat genutzten oder potentiell nutzbaren Kommunikationsformen (E-Mail, Telefon, Relay Parties, WWW-Dokumente) hier auszuklammern, soll mit 'in der Regel' deutlich gemacht werden, daß sich die Ausführungen dieses Abschnitts ausschließlich auf die Kommunikationsform Chat beziehen, ohne leugnen zu wollen, daß der Kontakt zwischen Chat-Teilnehmern über die Nutzbarmachung

dies aber in Form von Privatnachrichten ("Flüsterbotschaften") abwickelt und seine Aufmerksamkeit daher - weil bereits in einen anderen Kommunikationsvollzug involviert - anderweitig gebunden ist.

Charakteristisch für Chat-Kommunikation sind daher spezifische Reaktionen auf längere Pausen oder Verzögerungen, in welchen sich einer der anderen Kommunikanten nicht mit einem eigenen Beitrag zurückmeldet, wie die folgenden Beispiele demonstrieren:

(1) (**Arktikus**) Antarktika: och...menno...*stubs*
(**ZOOL**) Wensleigh: noch da ?
Antarktika is jetzt schwer enttäuscht.. *fg*
(**Hausdrache**) ** :oÞ **
ZOOL lockt Dich zu: **schlaf_weiter** [49]

(2) **L.E.N.** kommt aus dem Raum **unicum** herein.
(**L.E.N.**) moin!!
(**SphinX:-)**))) Hi LEN!
(**schlupp,**) he doc
(**schlupp,**) noch da ?
(**dr.hc**) ja
SuperErnie kommt aus dem Raum **unicum** herein.
(**dr.hc**) mir fällt nur nix dazu ein [50]

(3) (**deep-blue**) Hey MAV bist du noch da?
Mav hat die Farbe gewechselt.
Daniel17 geht in einen anderen Raum: **kloster**
(**Mav**) ja
(**Timothy!**) CU@all
DrWeber hat die Farbe gewechselt.
(**mangalore**) nein, ich bin kein Pabstler, keine Angst !
FTN betritt den Raum.
(**deep-blue**) schön! [51]

(4) (**Andra**) ...und wie stellst du dir das vor...
(**wulf**) ... war nur ne idee...
(**wulf**) noch da?
(**Andra**) ja.. weiß nicht was ich dazu sagen soll... [52]

---

anderer Kommunikationsmöglichkeiten außerhalb des Chat mit der Zeit auch noch andere Formen annehmen kann.

[49] Mitschnitt vom 17.11.98.

[50] Mitschnitt vom 22.2.99.

[51] Mitschnitt vom 12.2.99.

Die Vorstellung, die diesem Phänomen zugrunde liegt, nämlich die Erwartung von Hörersignalen ähnlich wie in der Vis-à-vis-Kommunikation, läßt auf ein Zugrundeliegen konzeptioneller Mündlichkeit schließen: Selbst, wenn ein Teilnehmer gerade nichts zum aktuellen Kommunikationsverlauf beizusteuern weiß, wird dennoch von ihm erwartet, daß er sich in regelmäßigen Abständen zurückmeldet, um seine Aufmerksamkeit und sein kontinuierliches Interesse an der Kommunikation zu indizieren. Bleibt ein Teilnehmer über längere Zeit eine solche Rückmeldung schuldig, so kann für dessen "Gesprächs"-Partner der antizipierte Kommunikations-Raum[53] mit einemmal seine ontologische Unverdächtigkeit verlieren, was sich in routinierten Nachfragen der Art "Noch da?" o. dgl. äußert. Die trägermediale (und somit auch prozedurale) Bedingtheit von Chat-Kommunikation birgt somit - ähnlich wie beim Telefonieren - ein hohes Unsicherheitspotential, dem durch eingespielte Aufmerksamkeitsroutinen ("Backchannel Cues") seitens der Kommunikanten beständig entgegengewirkt werden muß, um dem Risiko von Mißverständnissen und Fehleinschätzungen vorzubeugen: Beim Ausbleiben der Backchannel Cues "reagieren wir sofort mit Nachfragen (...), oder unser Kommunikationspartner antizipiert gar unsere Skepsis, und erklärt das Ausbleiben des erwarteten Signals von sich aus. D.h., wir inferieren aufgrund der Unterlassung, daß die Leitung unterbrochen sein könnte, oder daß wir nicht die Aufmerksamkeit bekommen, die unserer Erzählung gebührt, oder daß unser Zuhörer

---

[52] Mitschnitt vom 9.12.98.

[53] Der *Kommunikations-Raum* ist hier - in Abgrenzung zum Chat-Raum - als die Gesamtheit der den Vollzug eines Kommunikationsgeschehens betreffenden Relationen anzusehen, die zum Zeitpunkt des Vollzuges zwischen den an ihm teilhabenden Kommunikanten bestehen. Eine dieser Relationen ist etwa die, daß jeder Kommunikant von seinen Mitkommunikanten dasselbe minimale Verständigungsinteresse erwartet, mit welchem er selbst in die Kommunikation hineingeht; dieses *minimale Kommunikationsinteresse* impliziert unter anderem die Bereitschaft, dem, was im jeweiligen Kommunikationsvollzug geäußert wird, zumindest eine minimale Aufmerksamkeit entgegenzubringen. - Auf den *Kommunikations-Raum* wird in späteren Abschnitten dieser Arbeit noch ausführlicher einzugehen sein (vgl. Kap. 3.2.1ff.).

müde, schlecht gelaunt oder unaufmerksam ist, oder daß die Unaufmerksamkeit einer exkulpierenden Erklärung bedarf."[54]

Insofern kann unterstellt werden, daß ein gewisser Teil von Äußerungen in Chat-"Gesprächen" lediglich dazu dient, ungebrochene Kommunikationsbereitschaft zu demonstrieren, und zwar sowohl, um dem jeweiligen Kommunikationspartner die von ihm erwartete Aufmerksamkeit zu signalisieren, als auch, um beim Fortschreiten des Kommunikationsverlaufs aktiv 'mit am Ball zu bleiben', selbst wenn der jeweilige Kommunikationsvollzug um kein erkennbares Thema kreist. So kann es geschehen, daß Chatten sich mitunter in gegenstandslosem Geplapper erschöpft, und dies umso häufiger, je größer die Teilnehmerzahl im jeweiligen Chat-"Raum" ist:

(**Lausi**) Bist du M oder W?
(**Jack**) kldföjg adfkjgalkdf gjadfg
(**Creator**) Hey kleiner bist du wirklich so klein?
(**Schalalala**) Hat jemand die neue Costa Cordalis Single?
(**kleiner**) wo seid du?
(**Creator**) Ja!!!
(**chiren3**) hi lausi
(**Creator**) Hier!!!
(**Schalalala**) Hi Fucki
beep betritt den Raum.
(**billine**) fiesta fiesta mexicana....
(**kleiner**) beep?
(**Tüddel**) jaja
GDavid betritt den Raum.
Holly1 geht in einen anderen Raum*:* **Trost**
(**Tüddel**) nein ist das schön ohne sch.
(**Tüddel**) huhu GD
(**kleiner**) tüddel?
(**Creator**) beep nicht peep?
(**NewStudent**) hallo beep
(**Tüddel**) *festhalt*
(**Lausi**) ja felice

[54] Hinnenkamp 1998, 73f. (am Beispiel von Telefon-Kommunikation); zur Funktion von Höreraktivitäten in Telefonkonferenzen vgl. auch Schmitt 1999, Kap. 3.2.4. Wie bei Telefongesprächen auch bleiben in Chat-Kommunikation von den in Linke/Nussbaumer/Portmann 1991 angeführten acht Mitteln zur Realisierung von Hörersignalen nur diejenigen beiden erhalten, die sprachlicher Art sind ("Äusserung von Rückmeldesignalen" und "kommentierende Bemerkungen"). Vgl. Linke/Nussbaumer/Portmann 1991, 269.

Indianer betritt den Raum.
(**Tüddel**) *knuddel*
(**Schalalala**) Beep? Hat Verona jetzt schon Rechtschreib-Probleme?
SittingBull betritt den Raum.
(**beep**) hi kleiner
(**Creator**) Ich bin ein KOWBOIE!!!
(**NewStudent**) rächtschreipbroplem
(**Tüddel**) kleiner? [55]

Die Notwendigkeit, beständig die eigene Kommunikationsbereitschaft durch irgendgeartete Äußerungen neu bestätigen und sich somit stets erneut als unübersehbaren Kommunikationsbeteiligten ins Spiel bringen zu müssen führt so nicht selten dazu, daß Chat-Kommunikation in Räumen mit hoher Teilnehmerzahl passagenweise aus nichts anderem mehr besteht als inhaltsarmen Aufmerksamkeitssignalen und spontanen und kaum weniger inhaltsarmen Bezugnahmen auf selbige, wobei solcherlei Bezugnahmen selbst wiederum nichts anderes darstellen als erneute Aufmerksamkeitssignale seitens eines anderen Teilnehmers. So stellen in obigem Beispiel die Äußerungen in den Zeilen 2 und 13 reine Aufmerksamkeitssignale dar. *NewStudent* wiederum referiert mit seiner Äußerung in Z.29 auf die Äußerung von *Schalalala* (Z.25), indem er diese ("...Rechtschreib-Probleme?") - mehr oder weniger originell - illustriert ("rächtschreipbroplem"). Diese Bezugnahme ist vermutlich dadurch motiviert, per Äußerung ein Signal für die eigene Aufmerksamkeit auszusenden und zugleich durch Bezugnahme auf eine vorangegangene Äußerung Interesse am - wie auch immer gearteten - Thema der Kommunikation zu bekunden.

Ebenso häufig und ähnlich rituell eingespielt wie diese Aufmerksamkeitssignale sind in Chat-"Gesprächen" die Begrüßungs- und Verabschiedungssequenzen (siehe nachfolgende Beispiele (1) und (2)), die "ein sehr ausgeprägtes und wichtiges Ritual darstellen"[56]. Nun sind Rituale gemeinhin nie 'sinnlos', auch wenn ihr Vollzug mitunter auf

[55] Mitschnitt vom 17.11.98.

den ersten Blick für Außenstehende recht inhaltsarm erscheinen mag. So grüßt in nachfolgendem Beispiel (1) *Nachtfee* nach Betreten des Chat-Raumes (Z.1) zunächst pauschal in die Runde (Z.8), um anschließend von sechs der anderen Teilnehmer namentlich zurückgegrüßt zu werden (Z.9, 10, 13, 15, 17, 18), woraufhin sie schließlich (Z.25) drei dieser Grüße namentlich erwidert:

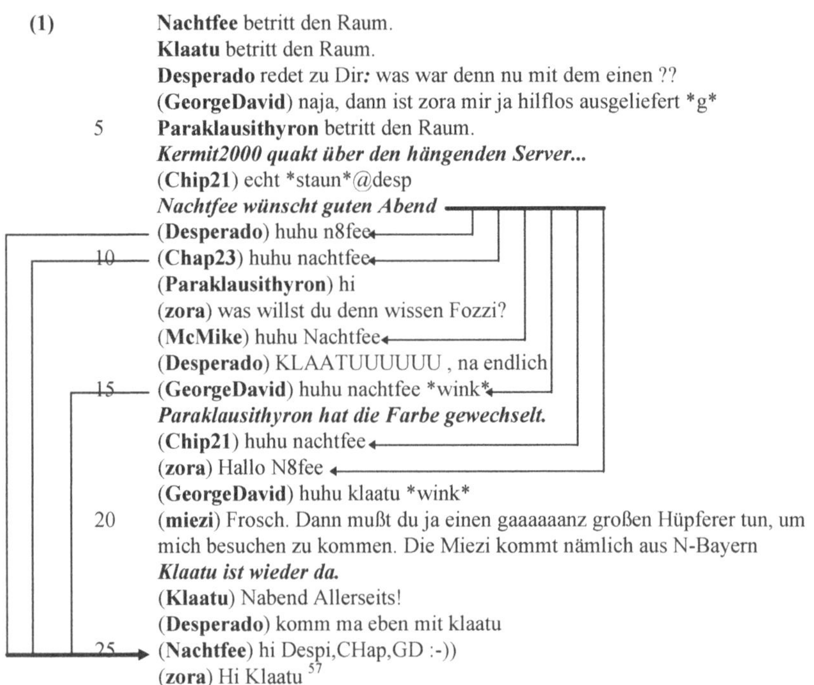

(1)

Nachtfee betritt den Raum.
Klaatu betritt den Raum.
Desperado redet zu Dir*:* was war denn nu mit dem einen ??
(**GeorgeDavid**) naja, dann ist zora mir ja hilflos ausgeliefert *g*
Paraklausithyron betritt den Raum.
Kermit2000 quakt über den hängenden Server...
(**Chip21**) echt *staun*@desp
Nachtfee wünscht guten Abend
(**Desperado**) huhu n8fee
(**Chap23**) huhu nachtfee
(**Paraklausithyron**) hi
(**zora**) was willst du denn wissen Fozzi?
(**McMike**) huhu Nachtfee
(**Desperado**) KLAATUUUUUU , na endlich
(**GeorgeDavid**) huhu nachtfee *wink*
Paraklausithyron hat die Farbe gewechselt.
(**Chip21**) huhu nachtfee
(**zora**) Hallo N8fee
(**GeorgeDavid**) huhu klaatu *wink*
(**miezi**) Frosch. Dann mußt du ja einen gaaaaaanz großen Hüpferer tun, um mich besuchen zu kommen. Die Miezi kommt nämlich aus N-Bayern
Klaatu ist wieder da.
(**Klaatu**) Nabend Allerseits!
(**Desperado**) komm ma eben mit klaatu
(**Nachtfee**) hi Despi,CHap,GD :-))
(**zora**) Hi Klaatu [57]

Versteht man (soziale) Rituale als eingespielte Prozeduren zur Bewältigung grundlegender Notwendigkeiten des Gesellschaftsvollzugs innerhalb einer jeweils spezifisch gegebenen sozialen Interaktionssituation[58], so läßt sich die ungewöhnliche Ausführlichkeit solcher

[56] Lenke/Schmitz 1995, 137.

[57] Mitschnitt vom 24.2.99.

[58] Unter *sozialen Interaktionssituationen* sind hier solche Situationen zu verstehen, in welchen sich zwei oder mehr Individuen aktiv miteinander in Kontakt

Begrüßungssequenzen beschreiben als ein Mittel sozialer Statuszuweisung bzw. -bestätigung. Die explizite (namentliche) Begrüßung eines neu Hinzugekommenen indiziert diesem in solchen Fällen seitens der Äußernden Akzeptanz. Die Äußerung einer solchen Begrüßung trägt ihren Sinn also nicht *nur* in ihrem jeweiligen Wortlaut ("Hallo N8fee" etc.), sondern darüber hinaus auch im Akt des Äußerns selbst, dessen Vollzug dem Angesprochenen soviel bedeuten soll wie "'Ich nehme dich zur Kenntnis, ich ignoriere dich nicht'", wie Lenke/Schmitz paraphrasieren[59].

Nach den Differenzierungen in Feilke 1996 ließe sich in diesem Zusammenhang von *institutionalisierten Routinen* sprechen, deren Eingespieltheit und jeweils situativ evozierte Prozessierung darauf zielt, die sozialen Beziehungen für eine Kommunikationssituation zu klären bzw. zu strukturieren und somit die Teilnehmerkonstellation und infrastrukturelle Grundlage für den spezifischen Vollzug dieser Kommunikation festzulegen.[60]

(2)
(**sonorguitar**) hi laura
(**laura47**) guten morgen
Schwanzus_Longus haut Para eine Dattel an den Kopf
(**Cornflake**) sonor...genau so! *g*
SPOOKY betritt den Raum: **unicum.**
(**Schwanzus_Longus**) SPOOKY *freuundknuddelzuboden*
(**SPOOKY**) Na nu, wer ist denn da da ?`????
(**Lt.Riker**) hallöle SPOOKY
(**PaRaNoiA**) hi spooky
(**SPOOKY**) Hallo Lt.Riker !!
(**SPOOKY**) Hallo para
Sheeply betritt den Raum.
(**Schwanzus_Longus**) da da da da da da
(**sonorguitar**) naja*grinst*
(**Sheeply**) hi
(**Cornflake**) und laura wie gehts ??
(**Schwanzus_Longus**) hi sheepk
(**SPOOKY**) *knuddelfreuzubodenfestknuddel@SL*
(**Cornflake**) hi sheeply [61]

befinden (etwa im Rahmen von Kommunikationsvollzügen oder Handlungszusammenhängen).

[59] Lenke/Schmitz 1995, 137.

[60] Vgl. Feilke 1996, 276-278.

[61] Mitschnitt vom 8.2.99.

Rituale wie diese, die - funktional gesehen - dazu dienen, Ansätze sozialer Strukturen zu stiften bzw. gegenseitige Statuszuweisungen oder Anerkennung explizit plausibel zu machen, verweisen letztendlich auf das konzeptionelle Gegebensein einer Vorstellung von *Nähe*, da ohne (zumindest antizipierte) soziale Nähe nicht ersichtlich wäre, warum Chat-Kommunikation ansonsten *überhaupt* solcher Mittel zu sozialer Organisation bedürfte. Konzeptionelle Nähe wiederum steht in engem Zusammenhang mit dem Gegebensein einer konzeptionell mündlichen Kommunikationshaltung: Ähnlich wie in Partygesprächen, die ebenfalls konzeptionell mündlich sind, werden neu hinzukommende Gäste zumindest zur Kenntnis genommen, wenn nicht sogar durch das Aussenden irgendgearteter Zeichen begrüßt. Wie in Alltagsgesprächen liegt also auch im Chat Begrüßungsäußerungen ein Äußerungskonzept zugrunde, das in der Regel auf eine unmittelbar anschließende, komplementäre Äußerung des/der Adressaten gerichtet ist, also darauf abzielt, eine Äußerungssequenz in Gang zu setzen, in deren Rahmen sämtliche Angesprochenen ihrerseits eine konventionalisierte (bzw. im Sinne von Feilke 1996 *routinisierte*) Reaktion zum Ausdruck bringen.[62] Diese Reaktionen müssen allerdings im Rahmen von Vis-à-vis-Situationen nicht unbedingt sprachlich artikuliert sein, sondern können auch etwa vermittels konventionalisierter körpersprachlicher (mimischer, gestischer etc.) Zeichen realisiert werden. Da im Chat jedoch im Gegensatz zum Party- bzw. Alltagsgespräch nonverbale Zeichensysteme nicht zur Verfügung stehen, müssen Begrüßungsgesten *immer* sprachlich realisiert werden; zudem verhindert das Trägermedium die Gleichzeitigkeit von Teilnehmeräußerungen, wodurch die Begrüßungssequenzen folglich sowohl wortreicher als auch prozedural aufwendiger ausfallen als in der Vis-à-vis- bzw. Partykommunikation.

---

[62] Zu Begrüßungsritualen als Formen konventionalisierter und sequentieller Kommunikationsmuster vgl. Dürr/Schlobinski 1990, 204f.

2.3.2 Produktion und Äußerung von Beiträgen

Bei der "mündlichen Textproduktion" handelt es sich nach Möhle/Raupach 1989 um "relativ spontane Texte [...], die nicht etwa auf einer vom Sprecher zuvor konzipierten schriftlichen Version basieren".[63] Versteht man das, was Möhle/Raupach als "mündliche Textproduktion" bezeichnen, mit Koch/Oesterreicher 1994 als Textproduktion auf der Grundlage einer *konzeptionellen* Mündlichkeit, klammert also Äußerungsformen aus, denen ein Medienwechsel zugrundeliegt (z.B. beim Vorlesen eines graphisch fixierten und somit konzeptionell schriftlichen Textes), so kann diese Aussage als Ausgangspunkt für eine Betrachtung des Produktions- und Äußerungsprozesses im Chat zugrundegelegt werden.

Eingangs wurde behauptet, daß Chat-Kommunikation im Gegensatz zu 'klassischen' Kommunikationsformen konzeptioneller Mündlichkeit trägermedial bedingt paradigmatische Verschiebungen in Richtung einer konzeptionellen Schriftlichkeit aufweise. Diese Hypothese soll nun am Beispiel der Ungleichzeitigkeit von Produktionsphase und Äußerungsakt beim "Chatten" bestätigt werden. Da nämlich "bei der Abfassung eines [konzeptionell; M.B.] *mündlichen* Textes [...] in der Regel [...] die Sprachproduktion weniger stark vom Sprecher 'kontrolliert'" wird, "als dies bei der Abfassung eines [konzeptionell; M.B.] *schriftlichen* Textes geschehen kann"[64], müßte folglich für den Chat, sollte er als ausnahmslos mündlich konzeptualisierte Kommunikationsform gelten, angenommen werden, daß die Äußerung von Teilnehmerbeiträgen zeitgleich mit deren produktiver Verfertigung erfolgt, jedes Graph also, sobald es eingetippt wurde, unmittelbar auf dem Anzeigebildschirm sichtbar wird. Eine solche Organisation von Teilnehmeräußerungen ist jedoch - trägermedial bedingt - im Chat nicht möglich: Da in der Regel mehrere Teilnehmer gleichzeitig Beiträge produzieren, ist - damit die Turns der einzelnen Teilnehmer

[63] Möhle/Raupach 1989, 437f.

[64] Möhle/Raupach 1989, 438; Hervorhebungen von mir.

nicht fragmentiert und somit sinnentstellt angezeigt werden - die technische Abwicklung des Chat-Geschehens nicht anders realisierbar, als daß jeder Turn kompakt und als Ganzes übermittelt und zur Anzeige gebracht wird. Die technische Organisation dessen, was seitens der Teilnehmer als für die Anzeige bestimmt an den Server des Chat-Dienstes übermittelt wird, erfolgt daher in der zeitlichen Reihenfolge des Eintreffens dieser Beiträge, die dann gemäß dieser Reihenfolge einer nach dem anderen zur Anzeige an die angeschlossenen Rechner der einzelnen Teilnehmer zurückübermittelt werden. Somit ergibt sich die spezifische lineare Abfolge der Teilnehmerbeiträge in den Anzeigefenstern der angeschlossenen Rechner nicht nach inhaltlichen Kriterien, sondern rein aus der temporalen Abfolge des Eintreffens der Beiträge beim Server des Chat-Dienstes; die Turn-Verteilung erfolgt also "nach dem Mühlen-Prinzip: Wer zuerst kommt, mahlt zuerst. [...] Dabei können Bruchteile von Sekunden über die Turnreihenfolge entscheiden."[65]

Hieraus ergibt sich, daß Chat-Teilnehmer ihre Beiträge zunächst als Ganzes *produzieren* müssen, um diese dann anschließend - in einem zweiten Schritt - an den Chat-Dienst als *Äußerungsanweisung* zu *übermitteln*. In einem dritten Schritt übernimmt dann das Steuerprogramm des Chat-Dienstes die *Rückübermittlung* und somit den eigentlichen *Äußerungsakt*, indem es den jeweiligen Beitrag zur Anzeige an diejenigen angeschlossenen Rechner zurückübermittelt, für deren Nutzer er bestimmt ist (einschließlich der Rückübermittlung an den Rechner des Produzenten) und mit dem Nickname desjenigen auszeichnet, der sie produziert hat. Diese vier Schritte erfolgen in linearer zeitlicher Abfolge. Zudem zeigt sich, daß die üblichen Komponenten der Textproduktion - *Produktion* und *Äußerung* - dreier weiterer zwischengeschalteter Prozeduren bedürfen (*Hinübermittlung, trägermedialer Verarbeitung/Aufbereitung* und *Rückübermittlung*), damit ein Beitrag als solcher in das Chat-Geschehen integriert werden kann. Dies beruht darauf, daß - aufgrund der geogra-

[65] Wichter 1991, 78f.

phischen Getrenntheit der Kommunikanten - Beiträge, um medial realisiert zu werden, eines zwischengeschalteten Trägermediums bedürfen, das die als Beiträge konzipierten Texte entgegennimmt, verarbeitet und anschließend an den geographisch getrennten Adressaten(kreis) weiterleitet. Der Produktions-/Äußerungsprozeß unterliegt also nicht in allen seinen Schritten der Verantwortung des Produzierenden, insofern die Verarbeitung und die Rückübermittlung der Daten und somit der eigentliche Äußerungsakt seinem Zugriff entzogen ist, da diese Prozeduren das Steuerprogramm des Chat-Dienstes übernimmt (siehe nächste Seite, Fig.2). So hat der Produzent eines Beitrages beispielsweise keinerlei Einfluß darauf, *wann* sein als Äußerungsanweisung an den Server abgeschickter Beitrag tatsächlich in der eigenen Anzeige und in der Anzeige der Adressaten erscheint. Zu Tageszeiten, zu welchen der den Chat steuernde Server aufgrund hoher Teilnehmerfrequenz stark ausgelastet ist, kann es zwischen der Übermittlung der Äußerungsanweisung seitens eines Teilnehmers und der Rückübermittlung des Beitrags durch den Server bisweilen zu Verzögerungen kommen; in manchen Fällen gehen Beiträge aufgrund einer Überlastung des Servers sogar verloren.

Die Tatsache, als Chat-Teilnehmer zeitweise überhaupt keine neuen Äußerungen mehr angezeigt zu bekommen (aufgrund Überlastung des Servers), wird im Chat-Slang als "Hängen" bezeichnet. In solchen Fällen ist der betroffene Teilnehmer zwar zeitgleich mit den anderen zur selben Zeit im Chat eingeloggten Teilnehmern noch der Kommunikation zugeschaltet, hat aber nicht mehr die Möglichkeit dem weiteren Kommunikationsgeschehen zu folgen, eben aufgrund der Tatsache, daß zwar die Produktion und das Absenden der Äußerungsanweisung von Beiträgen in der Verantwortung der jeweiligen Produzenten liegt, andererseits aber die Weiterverarbeitung und Rückübermittlung (Äußerung) dieser Beiträge allein vom Server abhängig ist.

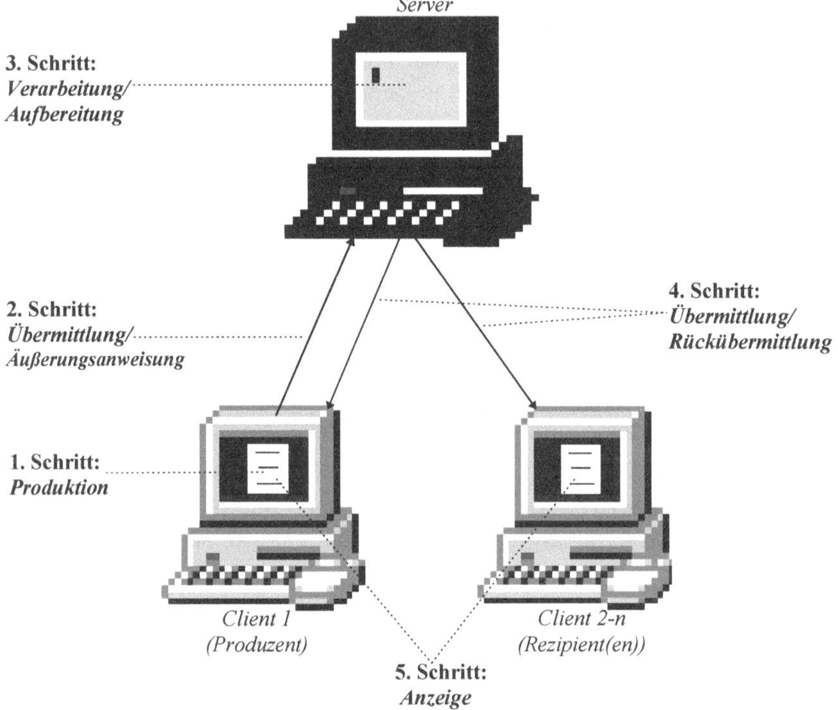

Fig.2: Produktion und Äußerung von Chat-Beiträgen

Somit kann es geschehen, daß - je nach Auslastung des Servers - die einzelnen Beiträge nicht nur nach dem "Mühlen-Prinzip" auf den Bildschirmen der Teilnehmer zur Anzeige gebracht werden, sondern auch, daß die einzelnen Teilnehmer die Beiträge zu unterschiedlichen Zeitpunkten zugestellt bekommen. Im folgenden Ausschnitt reagiert Teilnehmer *Findalf* auf die Tatsache, daß er "hängt" (Z.2, 10), indem er den Chat verläßt (Z.29) und sich unmittelbar anschließend wieder neu einloggt (Z.30), um dem Kommunikationsgeschehen wieder folgen zu können. Gleichzeitig scheint auch Teilnehmer *K-Bär* Probleme mit Verzögerungen in der Übermittlung seiner Beiträge zu haben (Z.12: "nix geht hier..."), insofern er in Z.14 bemerkt, daß er eine seiner zuvor angezeigten Äußerungen bereits "vor 10min geschrieben" habe:

Antarktika fragt sich,ob Findalf DSA spielt?*g*(Magier..)
(**Findalf**) *häng*
(**Arktikus**) Haus: aha...na...da werde ich wohl wenn überhaupt nur ganz kurz mal druntergucken, ob da irgendwie ein wenig Schnee liegt
dr.hc kommt aus dem Raum **unicum** herein.
(**K-Bär**) hi anti
(**K-Bär**) Anti: spielst du dsa?
(**K-Bär**) hi leute
..von Arktikus läßt sich Antarktika immer gern festhalten...
(**Findalf**) *hängematterauskramundaufspannumbequemerzuhängen*
Arktikus sieht SPOOKY umherfliegen und denkt an eine ganz dumme Sache *lach*
(**K-Bär**) nix geht hier...
(**K-Bär**) auwei, wahrscheinlich alles voller östreicher hier...
(**K-Bär**) oh gott das hi anti hab ich vor 10min geschrieben...
(**Antarktika**) K-Bär :yep,seit kurzem
(**Findalf**) *abhäng*
(**Antarktika**) K-Bär : was hastn gegen Ösis???
(**Findalf**) ...gonna try reload...
(**SPOOKY**) Arktikus, an welche dumme Sache denkst du *gelbenaugenanstarr*
(**Arktikus**) Antarktika: *knuddel*...bin ja immer gerne bei Dir...*flauschigerknuddek*
(**K-Bär**) östereich ist ein schönes Land
(**K-Bär**) ösis sind..naja
(**Arktikus**) SPOOKY: an meine Flugstunden bei Dir *ggg*
(**Hausdrache**) K-Bär: *Ich bin kein Österreicher!
(**Antarktika**) Arktikus:ich freu mich echt schon total aufs Frühjahr..*warumbloß?*fg*
(**Arktikus**) K-Bär: sei vorsichtig was Du nun erzählst :-))
(**Hausdrache**) K-Bär: Zum Skifahrenn ja!
(**K-Bär**) eieiei, dann bist du aber sehr jung..rollenspiele hab ich mit so 14 gespielt
Findalf verlässt den Raum.
Findalf betritt den Raum.
(**Arktikus**) Antarktika: weil dann die Sonne scheint?? *schmunzel*
(**Antarktika**) K-Bär: und die Leute dort?ned so dein Fall?*g*
(**K-Bär**) Hausdrache: wenigstens einer...
(**SPOOKY**) Arktikus, magst du nochmals welche haben ?
(**ZOOL**) Hirsch Fin
(**Findalf**) rehi[66]

Es zeigt sich also, daß die Abhängigkeit der Realisierung von Äußerungen vom Trägermedium weitreichende Konsequenzen für den Verlauf und die Entwicklung der Kommunikation haben kann, insofern die Reihenfolge der Turns nicht vorhersehbar ist und unter Um-

[66] Mitschnitt vom 17.11.98.

ständen die Turns von den einzelnen Beteiligten zu unterschiedlichen Zeitpunkten rezipiert werden, was dazu führt, daß oft auch erst mit entsprechender Verspätung auf angezeigte Turns durch eigene Beiträge reagiert werden kann.

Ein weiterer Punkt, der hinsichtlich der Produktion und Äußerung von Chat-Beiträgen das Zugrundeliegen konzeptioneller Mündlichkeit als problematisch erscheinen läßt, ist die Tatsache, daß - wie oben bereits angedeutet - auch diejenigen Komponenten der Produktions-/ Äußerungsprozedur, die ein Chat-Teilnehmer selbst verantwortet, nicht parallel, sondern zeitlich versetzt erfolgen, insofern ein Turn zunächst als Ganzes in einem separaten Eingabeformular verschriftet wird und erst *hernach* - als Ganzes - per Bestätigung mit [ENTER] als Äußerungsanweisung an den Server abgeschickt wird.[67] Hierdurch (und durch die lineare Organisation der Anzeige) ergibt sich für die Kommunikationstypik beim "Chatten" im Gegensatz zur Vis-à-vis-Kommunikation ein relativ streng schematisiertes Set möglicher Turn-takings, insofern jeder Teilnehmer prinzipiell zu jeder Zeit uneingeschränktes Äußerungsrecht besitzt und weder Overlaps noch ein Unterbrechen des Turns eines anderen (also ein harter Turn-Wechsel) möglich sind.[68] Da Äußerungen immer als Ganzes angezeigt werden, besteht prinzipiell zu keinem Zeitpunkt eines Kommunikationsvollzuges das Risiko, einen anderen Teilnehmer mit der Realisierung eines eigenen Turns zu unterbrechen, womit einerseits

[67] Hieraus ergibt sich auch, daß ein Beitrag seitens seines Produzenten zwischen *Produktion* (1. Schritt in Fig. 2) und *Äußerungsanweisung* (2. Schritt) gegebenenfalls noch einmal einer Revision unterzogen werden kann. Vgl. hierzu Klemm/Graner 2000, die dies im Rahmen einer exemplarischen Untersuchung der Chatterkommunikation vor dem Bildschirm beschreiben: "Zunächst wählt Martin [= einer der beiden beobachteten Chatter; M.B.] für seine Antwort eine recht derbe Anrede [...], erkennt aber während des Schreibens ins Eingabefeld, dass dies wohl doch 'zu fies' sei [...], sucht nach einer harmloseren Variante [...]. [...] Martin muss die Äußerung zunächst in die Eingabezeile eingeben und kann dabei die Angemessenheit seiner Beiträge testen, bevor er sie unwiderruflich in den Chat-Raum abschickt. Im Gegensatz zum Gespräch von Angesicht zu Angesicht sind Äußerungen im Chat durch diesen Zwischenschritt reflektier- und korrigierbar." (Klemm/Graner 2000, 165f.].

[68] Vgl. auch Storrer 2000.

die aus der Vis-à-vis-Kommunikation bekannte Notwendigkeit einer Sensibilität für günstige Interventions- und Sprecherwechselchancen entfällt, andererseits aber dadurch auch das Sich-Verständigen aufwendiger wird, insofern eine Ökonomie des Verständigungsprozesses mühsamer realisierbar ist und die Herstellung von Kohärenz zwischen einzelnen, sich aufeinander beziehenden Turns sich mitunter schwieriger gestaltet als beim Vis-à-vis-Gespräch: "Je nach Tippgeschwindigkeit der Teilnehmer und der Übertragungsgeschwindigkeit der Leitungen kommt es letztlich zu einer teilweise zufälligen linearen Anordnung aller Gesprächsbeiträge. Insbesondere kann es vorkommen, daß die Antwort eines Teilnehmers A auf einen Beitrag von B erst sichtbar wird, nachdem B schon einen erneuten Beitrag geliefert hat, so daß unklar sein kann, auf welchen Beitrag von B sich A's Antwort bezieht."[69]

Die nachfolgenden Beispiele demonstrieren, wie in vielen Fällen aufgrund der nicht nach inhaltlichen Kriterien organisierten Reihenfolge der Anzeige von Beiträgen die referentielle Zuordnung eines Turns zu einem der zuvor angezeigten Turns nicht eindeutig vorgenommen werden kann:

(1) (**wulf**) dest: von wo aus chattest DU denn? von unter dem natriumdampfbad?
(**destille**) nein, aus der jodkammer; ich bin doch so blaß
wulf chattet aus dem giftschrank
(**destille**) das ist mein lieblingsplatz[70]

(2)

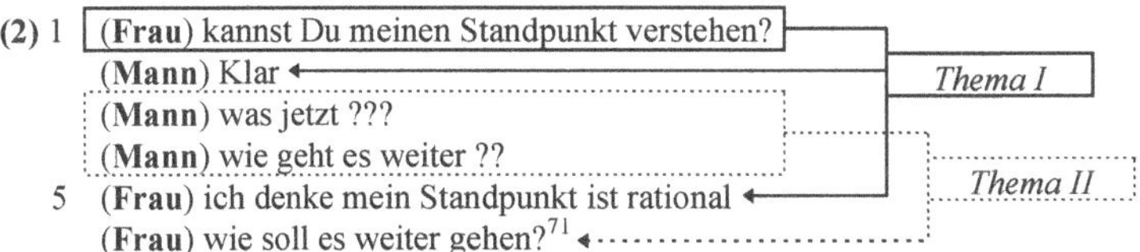

In Beispiel (1) läßt sich von *destilles* Aussage über ihren "lieblingsplatz" zwar vermuten, daß diese sich auf ihre zuvor getätigte Aussage, sie befinde sich in der "jodkammer", bezieht; da zwischen diesen

[69] Lenke/Schmitz 1995, 130f.
[70] Mitschnitt vom 10.12.98.
[71] Mitschnitt vom 21.11.98.

beiden Turns jedoch *wulf*s Äußerung, er chatte "aus dem giftschrank", angezeigt wird, könnte *destille* mit ihrem "lieblingsplatz" theoretisch auch auf den "giftschrank" bezug zu nehmen beabsichtigt haben.

In Beispiel (2) zeigt sich, daß sogar verschiedene, aufeinanderfolgende Themen eines Kommunikationsverlaufs einander in der Anzeige überlappen können, obwohl sie von den einzelnen Teilnehmern sicherlich nicht parallel, sondern zeitlich nacheinander abgearbeitet wurden: Aufgrund unterschiedlicher Tippgeschwindigkeit und unterschiedlicher Reflexionszeiten zwischen der Rezeption eines neu angezeigten Turns und reaktiver Produktion eines auf diesen bezug nehmenden eigenen Turns kommt es zu einer Verzahnung der Kommunikationsthemen in der Anzeige, die der Abfolge ihrer Abarbeitung seitens der Teilnehmer vermutlich nicht entspricht.

Theoretisch wäre es sogar denkbar, daß ein Chat-Teilnehmer einen originellen Beitrag vorproduziert, diesen aber nicht sofort verschickt, sondern erst das weitere Chat-Geschehen so lange mitliest, bis sich im Kommunikationsverlauf eine besonders günstige Situation ergibt, um diesen möglichst erfolgreich zu plazieren. Des weiteren müssen Beiträge oder Äußerungsteile anderer Teilnehmer, auf die man in einem eigenen Beitrag explizit referieren oder die man übernehmen will, nicht selbst noch einmal getippt werden, sondern können mit der Cut&Paste-Funktion der Maus aus dem Anzeigebildschirm kopiert und in das Eingabefenster eingefügt werden. Solcherlei Vor- bzw. Reproduzierbarkeit von Äußerungen oder Äußerungsteilen ist ein Paradigma konzeptioneller Schriftlichkeit, wodurch sich die kommunikative Grundhaltung beim Chatten in einem weiteren Punkt als konzeptioneller Hybrid erweist.

2.3.3 Prinzipielle dekontextualisierte Verfügbarkeit

Einen weiteren Punkt, der für Chat-Kommunikation das Zugrundeliegen eines konzeptionellen Hybrids als plausibel erscheinen läßt, möchte ich hier als den Aspekt der *prinzipiellen dekontextualisierten Verfügbarkeit* bezeichnen[72] und beschreiben.

Während wir in der Alltagswelt die eventuelle Konservierung und/ oder Reproduktion unserer in Kommunikationszusammenhängen getätigten Äußerungen bzw. in Interaktionszusammenhängen vollzogenen Handlungen in der Regel kontrollieren und selbst verantworten können[73], ist eine solche administrative Autorität über das eigene Äußern und Handeln bei der Chat-Kommunikation nicht mehr gegeben: Während wir im Alltag selbst entscheiden können, ob wir gewillt sind, etwa unsere Äußerungen im Rahmen eines Gesprächs oder einer Befragung auf Tonband aufzeichnen zu lassen oder an einer Medieninszenierung (Fernsehshow, Rundfunksendung) teilzunehmen, die zur Konservierung auf audiovisuellen Speichermedien vorgesehen ist, fallen im Chat Kommunikations-/Interaktionsmedium und Speichermedium zusammen, wodurch man mit Teilnahme an der Chat-Kommunikation akzeptieren muß, jederzeit von jedem anderen Teilnehmer, welcher sich im selben Chat-Raum befindet oder mit dem man per "Flüstern" Privat-Nachrichten austauscht, mitgeschnitten bzw. aufgezeichnet werden zu können. Dies ergibt sich daraus, daß Computer als Trägermedien nicht primär zu Zwecken der Kommunikation entwickelt wurden, sondern in erster Linie Speichermedien (Daten*träger*) darstellen, die sich sekundär - durch Anschluß an Computernetzwerke - auch als Kommunikationsmedien (zur Daten*übermittlung*) verwenden lassen. Der zunehmenden und geradezu explosiven Verbreitung der Nutzung von Computern zu - eigentlich sekundären - Zwecken der Kommunikation und des Datentransfers

---

[72] Auf diesen Aspekt ist auch in Sandbothe 1997 hingewiesen.

[73] Anmerkung: zumindest so lange, wie wir (noch) nicht in einer medialen Überwachungsgesellschaft etwa Orwell'scher Prägung leben (müssen).

wird jedoch in jüngster Zeit dadurch Rechnung getragen, daß sich etwa in der Gestaltung von PC-Benutzeroberflächen eine veränderte Sicht auf die primäre Funktion von Computertechnologie (Datenspeicherung) ausmachen läßt, insofern zum Beispiel in neueren Versionen von Betriebssystemen (etwa *Microsoft Windows98*) nicht mehr zwischen *intern* (auf den rechnereigenen Laufwerken) und *extern* (z.B. im Internet) verfügbaren Daten unterschieden wird, also die sekundäre Funktion von Computern als die des Datentransfers und somit auch der Kommunikation, stärker fokussiert wird.[74]

Via Computer zu kommunizieren, bedeutet somit zugleich auch immer, daß im Rahmen solcher computervermittelter Kommunikation getätigte eigene Äußerungen oder ganze Äußerungs-/Dialogsequenzen (wie etwa beim Chatten) prinzipiell jederzeit an anderer Stelle reproduziert werden können, etwa als Zitate auf Homepages oder im Gästebuch eines Chat-Dienstes (wie nachfolgendes Beispiel dokumentiert), oder auch - wie in vorliegender Arbeit - als Belegstellen im Rahmen einer Untersuchung *über* Chat-Kommunikation.

> **heute,** <m@l> **aus nicht in Deutschland trug sich am 28.02.99 um 18:10:00 Uhr ins Gästebuch ein:**
>
> Ein Qualitätsurteil für unseren Chat:
>
> Jennie verlässt den Raum.
> Jennie betritt den Raum.
> X-Pac betritt den Raum.
> Belfast verlässt den Raum.
> DrSnuggeles betritt den Raum.
> (Casi) noch jemand am leben hier?
> DrBest20 betritt den Raum.
> Marina betritt den Raum.
> (DrBest20) Jennie?
> (DrSnuggeles) Halli, hallo, hallöle! :)
> DrBest20 hat die Farbe gewechselt.
> [...][75]

---

[74] Vgl. hierzu das, was Krämer 1997 als einen "Leitbildwechsel" im "Übergang von der Künstlichen Intelligenz zur Künstlichen Kommunikation" besschreibt: "Der Computer gilt nicht mehr als ein Werkzeug menschlicher Geistesarbeit, sondern als ein Medium menschlicher Kommunikation." (Krämer 1997, 83).

[75] Eintrag im Gästebuch des unicum SpaceChat vom 28.2.99.

So kommt es beispielsweise vor, daß Chatter (in harmlosen Fällen) besonders originelle oder witzige Sequenzen aus selbstgeführten "Gesprächen" via E-Mail austauschen oder auf ihrer privaten Homepage veröffentlichen, aber auch, daß Teilnehmer unvorteilhafte Äußerungen anderer, mißliebiger Teilnehmer in das Gästebuch des jeweiligen Chat-Dienstes kopieren, um den anderen damit öffentlich bloßzustellen. Dieser durch die Bifunktionalität des Mediums (sowohl als Interaktions- als auch zugleich als Speichermedium) bedingte Aspekt der *prinzipiellen dekontextualisierten Verfügbarkeit* jeglicher Information macht plausibel, weshalb gerade im Chat die Anonymisierung der eigenen Alltags-Identität durch Nicknames besonders ausgeprägt ist. Zudem wird somit jegliche Interaktion im Chat zu einer Art Aufführung, da man nie gänzlich sichergehen kann, ob die Anzahl der Teilnehmer in demselben Chat-Raum letztendlich auch die Anzahl aller möglichen Rezipienten der selbst getätigten Äußerungen darstellt, da jeder dieser Teilnehmer prinzipiell und ohne um Erlaubnis zu fragen die Äußerungen der übrigen abzuspeichern imstande wäre, um sie zu einem späteren Zeitpunkt an Dritte weiterzuleiten oder zu publizieren. In diesem Sinne unterscheiden sich Chat-"Gespräche" eminent von Vis-à-vis-Gesprächssituationen: In der Vis-à-vis-Kommunikation erfolgt eine Speicherung des Gesagten in der Regel nur dann, wenn über die Aufzeichnung zuvor seitens der Teilnehmer konsensuell entschieden wurde (polizeiliche Überwachungsmaßnahmen oder Verhöre einmal ausgeschlossen). In alltäglichen Kommunikationssituationen kann man davon ausgehen, daß deren Aufzeichnung eher eine Ausnahme denn die Regel darstellt. Insofern ist im Rahmen von nicht-aufzuzeichnenden Vis-à-vis-Gesprächen für alle Beteiligten von vornherein klar, daß ihre zu tätigenden Äußerungen ihre Essenz nur innerhalb der jeweiligen konkreten Kommunikationssituation besitzen, z. B. als Redebeiträge zum jeweiligen Thema, und nach ihrer Äußerung bestenfalls noch indirekt fortbestehen, indem ihr propositionaler Gehalt etwa im Zuge einer Diskussion in deren abschließendes Ergebnis eingeflossen ist. Die Flüchtigkeit der Situation und das damit zusammenhängende

Kriterium mündlichen Formulierens, bei dem mehr auf inhaltliche denn auf formale Qualität gezielt wird, sowie die Dynamizität dialogischer Kommunikation, bei der Äußerungen dazu dienen, die Gegenstandsentwicklung voranzutreiben und weniger dazu, einen Inhalt statisch zu fixieren, prägen somit Rahmen, Verfahrensweise und Charakter von Vis-à-vis-Kommunikation. Im Chat hingegen wird zwar auf der einen Seite ebenso formuliert wie im Vis-à-vis-Gespräch, da eben diese Kommunikationsform dem Chatten als Konzept zugrundeliegt, andererseits jedoch kann eine Flüchtigkeit des Gesagten, die essentielle Begrenzung von Äußerungen auf den zeitlichen Rahmen ihrer Hervorbringung, aus zweierlei Hinsicht für im Chat nicht gegeben behauptet werden: Erstens, da jede Äußerung nach ihrer Eingabe in der Bildschirmanzeige schriftlich fixiert wird und dort solange wahrnehmbar bleibt, bis sie durch Herunterscrollen der Seite im Zuge der Anzeige der nachfolgenden Äußerungen aus dem Anzeigebereich verschwindet (was – je nach Teilnehmerzahl und Aktivität im jeweiligen Chat-Raum – zwischen einigen Sekunden und einigen Minuten dauern kann), wodurch bereits in der Anzeige die Teilnehmerbeiträge zum jeweiligen Kommunikations- bzw. Interaktionsverlauf länger Bestand haben, als sie für die Fortentwicklung des "Gesprächs" relevant sind; zweitens aufgrund der oben angeführten prinzipiellen Verfügbarkeit und somit auch prinzipiellen späteren Reproduzierbarkeit. Insofern ist das, was in einem Chat-Raum kommunikativ und interaktiv vollzogen wird, nie ganz intim, sondern charakteristischerweise immer zu einem guten Teil auch (zumindest potentiell) öffentlich, was dazu führt, daß Identitäten anonymisiert, Hinweise auf die reale eigene Person in Masken verschlüsselt oder gänzlich durch solche ersetzt werden und die Verantwortung für die eigenen Äußerungen und Interaktionsbeiträge somit von der Alltagsidentität auf eine fiktive Figur transferiert wird, wodurch ein Chat-Teilnehmer – eben *weil* (zumindest in der Mehrzahl der Fälle) unter dem Schutz einer fiktiven Maske beteiligt – etwaige Konsequenzen für sein Äußern und Handeln nur insoweit zu fürchten hat, als diese der von ihm gewählten Chiffrenidentität und nicht direkt ihm selbst als realer Person und Masken-Schöpfer bzw. Rollen-Regisseur schadet. Chatten ist somit - wie Wagner/Schlese 1997 betonen - "nicht ein Spiel *mit* der Identität, sondern das Spiel *in* einer Identität"[76].

Auf die Spezifik des Aufführungscharakters von Chat-Kommunikation soll im zweiten Teil dieser Arbeit noch gesondert eingegangen werden; wichtig ist an dieser Stelle der Untersuchung jedoch bereits der Hinweis auf die damit zusammenhängenden Phänomene (Anonymisierung von Identitäten, Maskenhaftigkeit virtueller Subjekte), da diese letztlich von der Tatsache einer nahezu grenzenlosen potentiellen Reproduzierbarkeit von Äußerungen in computervermittelter Kommunikation nicht gänzlich getrennt betrachtet werden können. Durch die primäre Nutzbarkeit von Computern als Speichermedien wird jede Information, welche im Rahmen eines fluiden und konzeptionell mündlichen Äußerungsgeschehens ausgetauscht wird, zu einem potentiell fixierbaren Datum: Was von einem Teilnehmer beim Chatten "dahingesagt" wird, kann - sofern es von einem anderen Teilnehmer abgespeichert wird - eine Statik erhalten, die eigentlich spezifisch ist für schriftliche Äußerungen. Was also konzeptionell mündlich vorgebracht wird, kann durch Speicherung des zeitlichen und situativen Kontexts enthoben werden, in dessen Rahmen es vorgebracht wurde und zugleich außerhalb des weiteren Zugriffs desjenigen, der eine Äußerung verantwortet hat, konserviert und verfügbar gemacht werden. Jeder im Chat vollzogene Diskurs ist somit prinzipiell "im nachhinein jedem Teilnehmer zur Analyse zugänglich"[77]; des weiteren ermöglicht die Tatsache, daß Diskursbeiträge nach ihrer Äußerung bis zum Umbruch des Anzeigefensters auf dem Bildschirm verfügbar bleiben und somit - wie oben bereits erwähnt - länger Bestand behalten, als sie im aktualen Kontext ihrer Äußerung Relevanz für das Kommunikationsgeschehen besitzen, zu einem Zeitpunkt t_2 des Kommunikationsverlaufs noch einmal auf eine zu

[76] Wagner/Schlese 1997, 255; Hervorhebungen von mir.
[77] Lenke/Schmitz 1995, 122.

einem Zeitpunkt t_1 getätigte Äußerung bzw. auf ein zu einem Zeitpunkt t_1 relevantes Thema zu rekurrieren und somit relativ problemlose Wiederanknüpfungen an Teile des Kommunikationsgeschehens vorzunehmen, die zu t_2 zwar nicht mehr aktuell, aber dennoch nach wie vor als potentielle Referenzen auf dem Bildschirm verfügbar sind. Da der Diskursverlauf - im Gegensatz zur Vis-à-vis-Kommunikation - prinzipiell "jederzeit eingesehen werden kann", kann im Chat "an frühere Themen auch nach vielen zwischenliegenden Turns wieder angeknüpft werden".[78]

2.3.4 Formulieren

Lenke/Schmitz 1995 nähern sich dem "Geschwätz im globalen Dorf", der computergestützten Kommunikation und insbesondere dem Chat, indem sie die Frage diskutieren, ob CMC (*'Computer Mediated Communication'*) eine Rückholung der Interaktivität in die Schriftkultur leistet oder vielmehr als "Fortentwicklung des gesprochenen Diskurses" anzusehen ist, "die von der Verwendung geschriebener Sprache profitiert".[79] Diese beiden somit zur Debatte gestellten Alternativen zur Einordnung der kommunikationsgeschichtlichen Leistung von CMC lassen sich wie folgt in antithetischer Gegenüberstellung paraphrasieren:

(a) CMC/Chat als interaktive (= synchron-dialogische) Schriftlichkeit.

(b) CMC/Chat als medial graphisch realisierte Mündlichkeit.

Interaktivität und Dialogizität wären - wie etwa in Sieber 1998 referiert[80] - in jedem Fall grundlegende Kommunikationsbedingungen einer konzeptionellen Mündlichkeit, und zwar zunächst einmal unabhängig von einer jeweiligen medial graphischen oder phonischen Realisierung. Die Spezifik beispielsweise der von Nussbaumer exem-

[78] Lenke/Schmitz 1995, 125.

[79] Lenke/Schmitz 1995, 122.

plarisch zusammengestellten Merkmale sprechsprachlicher Syntax[81] wird plausibel, wenn man "Formulieren als Problemlösen" begreift und mit Antos das freie Formulieren in gesprochener Sprache als bedingt durch ein auf die dialogische Situation ausgerichtetes System von "Versuch-Irrtum-Heurismen" ansieht.[82] Mündliches Formulieren ist im Gegensatz zur poietisch ausgerichteten Schriftlichkeit also wesensmäßig an Sprechpraxis bzw. Sprechhandlung orientiert[83] und vollzieht sich "schritt- und versuchsweise", da im Dialog "die globale Zielsetzung nicht oder noch nicht klar ist", da "durch Intervention und Rückkoppelung des Partners ständig neue Ziele auftauchen können."[84] Insofern sei an dieser Stelle hinsichtlich der Formulierungsgewohnheiten in Chat-Kommunikation ein Votum für die zweite der von Lenke/Schmitz formulierten Alternativen gegeben: Interaktivität und Dialogizität im hier vorgestellten Sinne einer Gebundenheit des Versprachlichungsaktes (Formulierens) an die Situation und an das Gegenüber und somit einer Determiniertheit der Äußerungsform durch die Dynamik des Diskurses können für den Chat zweifellos als gegeben angesehen werden, wodurch sich Auffälligkeiten in der Formulierung von Chat-Beiträgen wie etwa syntaktisch 'weiche' Konstruktionen oder Tendenzen zur Verwendung dialektaler oder umgangssprachlicher Ausdrücke als Paradigmen konzeptioneller Mündlichkeit ausmachen lassen.

In jedem Fall müssen syntaktische Auffälligkeiten in Chat-Beiträgen wie z.B. Ellipsen oder Konstruktionsbrüche unter der Maßgabe sprechsprachlicher Syntax interpretiert werden, da es aufgrund der die Chat-Kommunikation bestimmenden Determinanten Interaktivität und Dialogizität wenig Sinn machen würde, diese unter der Perspektive einer 'traditionellen' und an der Schriftsprache orientierten Syntaxlehre anzugehen und sie nach einer Skala der Wohl- bzw. De-

---

80 Sieber 1998, 184.
81 Nussbaumer 1991, 84.
82 Antos 1982, 187.
83 Vgl. Sieber 1998, 188.
84 Antos 1982, 187.

generiertheit beurteilen zu wollen. Das Formulieren von Chat-Beiträgen ist mehr dem Inhalt denn dessen formaler Darstellung verpflichtet, was zu syntaktischen Phänomenen führt, die diejenigen Kriterien erfüllen, die Nussbaumer 1991 für 'weiche' syntaktische Strukturen anbietet[85] und die als Paradigmen für die Diagnose zugrundeliegender sprechsprachlicher Konzepte in Äußerungen bzw. Texten dienen sollen.

Welcher Art solcherlei Merkmale sprechsprachlicher Syntax in Chat-"Gesprächen" sein können, sollen die nachfolgenden Beispiele demonstrieren, wobei die Problematik einer Übertragung von Termini aus der schriftsprachlichen Syntax auf sprechsprachliche Konstruktionen in diesem Zusammenhang - weil zu weit führend - nicht problematisiert werden soll[86]:

(1) **(adelheid)** na gut, dann heißt der eben anders, **[]** ist mir grad entfallen, genau, Smutje...[87] **[*Ellipse*]**

(2) (**MANOLYA**) ja **[]** hast auch recht aber ich habe angst das dich eine andere schnapt[88] **[*Ellipse*]**

(3) (**zora**) <u>achso</u> ⇒ Despi wär ja auch seltsam gewesen[89] **[*Interjektion, vorgeschaltet*]**

(4) (**SERVER**) <u>oh</u> ⇒ Penny, hast du dir das gut überlegt?[90] **[*Interjektion, vorgeschaltet*]**

---

[85] Vgl. Nussbaumer 1991, 277; auch referiert in Sieber 1998, 186f.

[86] Hoffmann 1999 deutet beispielsweise an, daß der Terminus *Ellipse* in Hinblick auf sprechsprachliche Äußerungen in mehrerlei Hinsicht problematisch ist, insofern nämlich (a) eine "Auslassung" im strengen Wortsinn bedeuten würde, daß ein Sprecher *vor* der Äußerung "den Äußerungsplan zunächst auf eine syntaktisch vollständige Formulierung hin entwickel[t]" haben müßte, um diesen anschließend *bei* der Äußerung wieder zu reduzieren. (Hoffmann 1999, 71) Das Gegebensein solcher in gewisser Hinsicht redundanten mentalen Leistungen seitens eines Sprechers vor jeder Äußerung in Gesprächen dürfte äußerst fraglich sein; (b) suggeriert "Auslassung" das Fehlen eines oder mehrerer relevanter Elemente; - eine elliptische Äußerung müßte demnach ein "unvollständiger Satz" (Ebd., 70) und somit nur schwer oder gar nicht verständlich sein. Tatsächlich sind elliptische Äußerungen oftmals entweder mehrfach interpretierbar oder nicht eindeutig erschließbar, dies allerdings *nur*, wenn sie ihres diskursiven Kontextes enthoben und insofern außerhalb des Rahmens, in welchen sie eingebettet wurden, betrachtet werden.

[87] Mitschnitt vom 30.1.99.

[88] Mitschnitt vom 8.2.99.

[89] Mitschnitt vom 24.2.99.

(5) (**Antarktika**) Arktikus:man lernt nie aus, ⇒ gell??[91] ***[Interjektion, nachgeschaltet]***

(6) (**Arktikus**) Antarktika: hmm.. ⇒ aber wie ist das überhaupt bei Euch??..da gibt es doch wohlö mehr so Kneipen und Cafes udn weniger Diskos ⇒ oder?[92] ***[Interjektionen]***

In Ermangelung parasprachlicher und nonverbaler Zeichenkanäle kommen vor allem Interjektionen jedweder Art auffällig häufig zur Anwendung, da diese aufgrund ihres expeditiven Charakters als Signale für Sprecher-/Hörereinstellungen oder aufgrund ihrer integrativen Funktion als Mittel zur Anknüpfung an vorangegangene Turns und somit zur Herstellung diskursiver Kontinuität genutzt werden können.[93] Die in der Vis-à-vis-Kommunikation zur Verfügung stehende phonische (tonale) Formbarkeit dieser 'interaktiven Einheiten' wird im Chat mitunter durch die Kombination mit doppelt- oder dreifach gesetzten Interpunktionszeichen ("gell??") oder Divergenz/Konvergenz symbolisierenden Markierungen ("hmm...") kompensiert. Nicht möglich sind im Chat allerdings Interjektionen, die parallel zum Turn eines anderen Sprechers bzw. turn-*extern* Konvergenz oder Divergenz zum Ausdruck bringen, ohne daß dazu ein Sprecherwechsel vorgenommen werden muß; denn erstens ist es im Chat aufgrund des uneingeschränkten und jederzeit für jedermann potentiell gegebenen Rederechts irrelevant, das Risiko eines eigeninitiativ verursachten Sprecherwechsels durch Konvergenz-/Divergenz-Signale umgehen zu wollen, und zweitens ist durch die Linearität in der Abfolge der Anzeige der einzelnen Teilnehmerbeiträge sowieso die Möglichkeit zeitgleicher Äußerungen trägermedial nicht gegeben (wie oben bereits referiert). Dies macht Chat-Kommunikation hinsichtlich ihrer Konfliktbewältigungstechniken natürlich weniger ökonomisch als Vis-à-vis-Kommunikation, da "Umsteuerung und Klärung" von Divergenz- und Konvergenzsituationen zwischen

[90] Mitschnitt vom 24.2.99.

[91] Mitschnitt vom 17.11.98.

[92] Mitschnitt vom 17.11.98.

[93] Zur Phänomenologie und diskursiven Funktionalität von Interjektionen vgl. etwa das diesbezügliche Kapitel in Zifonun/Hoffmann/Strecker et al. 1997, ab 362.

den Teilnehmern nicht "im Hier und Jetzt"[94] möglich sind, sondern jeweils entweder über eigenständige Turns herbeigeführt werden müssen oder zumindest nicht zeitgleich mit demjenigen Turn, auf dessen propositionalen oder assertiven Gehalt sie sich beziehen, erfolgen können. Somit sind die kommunikativen Hilfestellungen oder Regulierungsmittel, die die Vis-à-vis-Kommunikation für eine Ökonomisierung der "Verfertigung der Gedanken beim Reden" bereitstellt, im Chat also nur begrenzt bzw. in verkomplizierter Form verfügbar: Weder der Blick von Kleists Schwester, "der uns einen halb ausgedrückten Gedanken schon als begriffen ankündigt"[95] (als nonverbales Konvergenzsignal), noch einem Turn während seiner Äußerung parallel und zeitgleich zulaufende Interjektionen sind in einem Kommunikationsraum denkbar, der eine graphische Realisation von Beiträgen vorschreibt und diese zudem in streng linearer Reihenfolge zur Anzeige bringt.

Die häufig zu beobachtende Verwendung dialektaler/umgangssprachlicher Lexik bzw. Schreibweisen mögen die folgenden Beispiele demonstrieren:

(1) (**t'klath**) jehn mer alle in eeen eichnen roooom ?[96]

(2) (**react**) snack wir mol leiber 'n beiden platt[97]

(3) (**Cyberia**) ähem, tach ich bin neu und noch ein bissi langsam. sorry[98]

(4) (**dirty_deeds**) wulf du kannsr das gar nichjt richtisch[99]

(5) (**Attilio**) nu isse wech,de Lena
(**RED**) re re huhu
(**Shera**) Bitte Fin
(**Attilio**) nu haste se vergrault[100]

(6) (**zora**) sag mal itchy, du kommst nicht zufällig vom Pott wech? Du sagst auch immer dat und so

---

[94] Zifonun/Hoffmann/Strecker et al. 1997, 369f.
[95] Kleist 1805, 131.
[96] Mitschnitt vom 19.11.98.
[97] Mitschnitt vom 1.12.98.
[98] Mitschnitt vom 18.12.98.
[99] Mitschnitt vom 2.2.99.
[100] Mitschnitt vom 11.2.99.

(Itchy) @zora vom was ? Pott ?
(quidachai) Wer kommt hir denn aus dem Pott?
(zora) Ruhrpott?! Wohl nicht, naja hätte ja sein können
(Itchy) nene ick bin bälinä (um dat mal genau zu sagen)[101]

(7) **(Arielle)** so, bin wech...
Arielle geht in einen anderen Raum: **wech...**
(Angel) Bye Arielle
(Attilio) wech isse[102]

(8) **(AMOR)** wie wars denn im ländle ???
(AMOR) eben bsondersch luschdig
(tinetine) fein.
(tinetine) im ländle?
ge fein wars......erzal dem AMORle mal mehr
(AMOR) mmm
(tinetine) im ländle wars gut. und es gab guts essen und die leut warn halt nett und spaß hattmer scho.
(AMOR) ge da schau her
(tinetine) a bissle mehr svchwäbisch hab ich auch wider glernt. anschuggerle... und so
(AMOR) ge....abeeer ohne die leut da unten hät das nett so gut klappt
(tinetine) dis schwätze?
(AMOR) ja
(tinetine) ah yo...
(AMOR) yoyoyo[103]

2.3.5 Ökonomisierung der Textproduktion: Tippfehler und Kleinschreibung

Dem sprachlichen Äußerungsprozeß kann ein Stufenmodell zugrundegelegt werden, das zwischen Konzeptionalisierung und sprachlicher Realisierung unterscheidet. Der Transfer des in "vorsprachliche[n] Ideen" organisierten Konzepts in die jeweils gewählte Form medialer Realisierung erfolgt über das Formulieren[104], bei dem das Konzept in die formalsprachlichen Strukturen des phonischen bzw. graphischen Mediums gewissermaßen 'eingegossen' wird. Die kommunikative Manifestation der "präverbalen Strukturen"[105] der kon-

[101] Mitschnitt vom 11.2.99.
[102] Mitschnitt vom 22.2.99.
[103] Mitschnitt vom 18.11.98.
[104] Wrobel 1995, 8f.
[105] Ebd.

zeptionellen Stufe wird insofern also bei ihrer Veräußerung durch die konventionell-phonotaktischen bzw. konventionell-syntaktischen medialen Strukturen bedingt.

Für die Ebene der internen Organisation dieser drei Stufen sei in dieser Arbeit das in Wrobel 1995 referierte "Leveltsche Modell" angesetzt, nach dem zwischen den einzelnen Stufen "mithin keine oder nur geringe Rückkopplungsbeziehungen" bestehen. "Den für die Sprachproduktion charakteristischen Merkmalen wie Geschwindigkeit, Planbarkeit suprasegmentaler Einheiten (z.b. Intonation) oder auch Fehlerträchtigkeit (Versprecher) wird dabei durch die Annahme der inkrementellen, d.h. der zeitlich überlappenden, Produktion Rechnung getragen."[106] Sprechen und Schreiben - als die beiden Alternativen der medialen Realisierung von Sprachlichem - sind hierbei in ihrer herkömmlichen Form Versprachlichungsprozesse mit jeweils spezifisch eigener Temporalität, insofern schriftliche Äußerungen in der Regel wesentlich langsamer produziert werden als mündliche.[107]

Oben wurde bereits darauf verwiesen, daß - nach Koch/Oesterreicher 1994 - die Beziehungen zwischen der konzeptionellen und der medialen Dimension von Kommunikation affiner Art sind: Während Literalitätskonzepte eine auffällige Affinität zu medial *graphischen* Realisationsformen aufweisen, tendieren Oralitätskonzepte eher zu medial *phonischer* Materialisation. Diese Affinität darf jedoch *nicht* verwechselt werden mit einer ausnahmslosen Vorkonditioniertheit des konzeptionell Schriftlichen auf die Schrift und des konzeptionell Mündlichen auf den Laut.

Dennoch ist die traditionelle Affinität der *konzeptionellen* Schriftlichkeit zum *Medium* der Schrift sicherlich keine zufällige, und tatsächlich verhält es sich so, daß in Schriftkulturen wie der unsrigen die Schrift im Großteil der Fälle als ein Medium der physischen und zeitlichen Vergegenständlichung angesehen und genutzt wird; ver-

[106] Wrobel 1995, 9.

schriftlicht wird im Normalfall dann, wenn das der Äußerung zugrundeliegende Konzept danach strebt, nicht nur für den Augenblick, sondern auch für einen gewissen Zeitraum Bestand haben und zu diesem Zweck in Form eines visuell und gegebenenfalls haptisch faßbaren Produkts für mindestens diesen gewissen Zeitraum überprüf- und nachvollziehbar bleiben soll. Der Schrift eignet insofern also ein ausgeprägter Charakterzug von Statik, was sich beispielsweise an Vergleichen schriftsprachlicher und sprechsprachlicher Syntax nachweisen läßt, in welchen der formalen Gestaltung von Äußerungen unterschiedliche Relevanz zukommt.

Es steht an dieser Stelle also zweierlei zu fragen, nämlich zum einen, inwiefern in der Chat-Kommunikation das Verschriften-Müssen die Realisation konzeptionell mündlicher Züge determiniert und eventuell auch hemmt, und zum anderen, inwieweit wiederum diese Elemente mündlicher Kommunikationshaltung gegen den kulturtraditionell statischen Charakter der Schrift rebellieren und sich gegen diesen Hemmschuh mit ihren eigenen Eigenheiten Bahn zu brechen suchen.

Als Beispiel sei hierzu die auffällige Häufung von Tippfehlern in Chat-"Gesprächen" angeführt, die sich in vier erklärbare (und damit von Manifestationen mangelnder Rechtschreibkompetenz seitens der Produzenten abgrenzbare) Gruppen einteilen lassen:

a) *"Vertippen" I*: Anstatt des geplanten Graphs wird versehentlich dasjenige Graph getippt, mit dem eine auf der Eingabetastatur nebengelegene Taste belegt ist (etwa *b* statt *g* wie in untenstehendem Bsp. (8)).

b) *"Vertippen" II*: Zusätzlich zum geplanten Graph wird außerdem dasjenige Graph getippt, mit dem eine auf der Eingabetastatur nebengelegene Taste belegt ist (etwa *k* und *l*, *h* und *g* oder *u* und *i* wie in untenstehenden Beispielen (2) - (5)).

c) *"Anschlagsdynamik"*: Aufgrund unkontrollierter Anschlagdynamik werden manche Tasten zu schwach getroffen, um die Eingabe des

[107] Wrobel 1995, 43f.

betreffenden Graphs zu aktivieren, andere Tasten zu stark, so daß das Graph zweimal hintereinander zur Eingabe gelangt. In Bsp. (1) wurde etwa zum einen die SPACE-Taste entweder übergangen oder nur angetippt, so daß das Spatium zwischen "dagegen" und "kannst" ausbleibt (analog dazu fehlendes *s* in "böe" in Bsp. (7)), zum anderen wurde wohl die "f"-Taste zu stark angeschlagen, wodurch dieser Konsonant in "anffangen" gedoppelt erscheint. Ein Sonderfall hiervon ist - etwa in Bsp. (5) - die versehentliche Großschreibung von *zwei* Buchstaben am Wortanfang, da das Loslassen der SHIFT-Taste und die Betätigung der nächsten Taste sich überschneiden.

d) *"Buchstabendreher"*: Zwei Graphe erscheinen entgegen der morphographematisch zu erwartenden Abfolge vertauscht, was zurückführbar ist auf versehentliches (flüchtigkeitsbedingtes) Vertauschen der zugehörigen Tasten beim Tippen (etwa "ei" anstatt "ie" in Bsp. (6)).

(1) **(Burzel)** nixversteh ... dann erst recht .. ich bin durcheinander weil ich nochmals von vorne anfangen muss du dagegenkannst anffangen zu planen mit der liebe eure zukunft aufzubauen[108]

(2) **(Karabenn)** Weiss jemand wie ich meinen Namen widerbelkomme[109]

(3) ***Arktikus kuschelkt sich an Antarktika.. *jezzbeidirbleibenwill**** [110]

(4) **(nobody)** 31,5 werd ich auchg noch schaffen[111]

(5) **(Arktikus)** GFi: *ggg*...hmm..der aiuch...auff jden Fall zu KArneval *s*[112]

(6) ***Arktikus hat auch mal DSA gespielt...bin dann aber umgestiegen auf Vampire und Shadowrun sowei Mae*** [113]

(7) **(Jetman)** meine katze, verzeihst du mir nocheinmal (zum 29.468ten mal)??
(KleineKatze) Was soll ich Dir denn verzeihen??? Bin ja garnicht böe[114]

(8) **(RubMon)** Wer gib eigentlich seinen Namen hier preis? Ingeborbbachmann. Seltsam![115]

---

108 Mitschnitt vom 10.12.98.

109 Mitschnitt vom 15.2.99.

110 Mitschnitt vom 17.11.98.

111 Mitschnitt vom 18.11.98.

112 Mitschnitt vom 17.11.98.

113 Mitschnitt vom 17.11.98.

114 Mitschnitt vom 12.2.99.

Jakobs 1998 konstatiert in diesem Zusammenhang eine "allgemeine Produktionswut", einhergehend mit einem "Rückgang von Selektionskriterien" im Rahmen der Textproduktion in elektronisch-synchroner Kommunikation: "Texte werden unter Zeitdruck produziert und rezipiert", was dazu führt, daß "an die Stelle des Lesens das Überfliegen von Texten" tritt, wobei Tippfehler "übersehen, toleriert oder ignoriert werden".[116]

Ein weiterer Beleg für die Diskrepanz zwischen der Schwerfälligkeit des Sich-graphisch-äußern-Müssens und konzeptionell mündlichen Äußerungsbestrebungen zeigt sich in der Tendenz, beim Chatten Groß- und Kleinschreibung großenteils zu vernachlässigen und - je schneller das Kommunikationsgeschehen vorantreibt - passagenweise konsequent kleinzuschreiben, um den Produktionsaufwand beim Verfassen (Tippen) eigener Beiträge so weit als möglich zu ökonomisieren. In folgendem Beispiel sind all diejenigen Wörter markiert, die - unter der Maßgabe schriftlichen Formulierens - eigentlich groß geschrieben werden müßten; zudem wird in jedem der Turns auf Initial am Textbeginn verzichtet:

(**Neo99**) freiburg nich so besonders, oder?
(**simone****) hi floh**
Haldir schmeißt charlie nen bier rüber
(**lunic**) geht so...
(**Türkiye**) redest du mit mir?
HerrRossini
chuckiee ist am ziel seiner träume
(**simone****) kommt darauf an.
gundi verlässt den Raum.
(**charlie.main**) thx, haldir, iss aber gefährlich bei den temperaturen...
Wahu is back......
Larss verlässt den Raum.
(**simone****) hi rama!!
(**lunic**) technomässig nicht so berühmt, aber im umland geht schon was..[117]

---

[115] Mitschnitt vom 12.2.99; Anm.: "IngeborgBachmann" ist ein(e) zur selben Zeit anwesende(r) Teilnehmer(in).

[116] Jakobs 1998, 189.

[117] Mitschnitt vom 19.7.99.

Wichter 1991 weist in diesem Zusammenhang darauf hin, daß der weitgehende Verzicht auf die Großschreibung zwar "durch die prägende Wirkung des großen Entlehnungsvorbilds, mithin durch die englisch-amerikanische Schreibweise, nahegelegt" wird, daß aber letztlich als das ausschlaggebende Kriterium für solcherlei orthographische Phänomene in erster Linie der Drang nach einer Ökonomisierung des Produktionsprozesses anzusehen ist: "Medium und Norm stehen hier gegeneinander"[118], den Hemmnissen des Verschriften-Müssens wird Rechnung getragen durch weitestmögliche Angleichung der Geschwindigkeit der Schriftproduktion an die aus der Vis-à-vis-Kommunikation gewohnte Geschwindigkeit der Lautproduktion. Hieraus ergibt sich ein weiteres Indiz für das "Gegen- und Miteinander von Mündlichkeit und Schriftlichkeit"[119] in Chat-Kommunikation, das seine Problematik maßgeblich aus der Diskrepanz zwischen spezifischer Beschaffenheit des Trägermediums (als graphisch orientiert) und spezifisch andersgearteter Beschaffenheit des zugrundeliegenden kommunikativen Konzepts (als an Nähe und Mündlichkeit orientiert) bezieht.

2.3.6 Mehrpersonaler Text und Turnadressierung. Chat-Mitschnitte als teilnehmerspezifische Protokolle von Kommunikationsvollzügen

Die Texte, die im Rahmen von Chat-Kommunikation entstehen, sind mehrpersonal und dialogisch. *Mehrpersonal* sind sie insofern, als die sie konstituierenden Teiltexte von mehreren Urhebern (mindestens zwei) produziert werden, *dialogisch* sind sie insofern, als sich diese Teiltexte aufeinander beziehen, so daß für das Gros, das sich aus ihnen ergibt, das Gegebensein von Kohärenz antizipiert werden kann. Die Linearisierung solcher dialogischer Texte erfolgt in der Regel (monologische Sequenzen einmal ausgenommen) dadurch, daß bei einem Sprecherwechsel zumindest implizit auf das seitens eines zu-

[118] Wichter 1991, 87.

vor sich Äußernden Produzierte bezug genommen wird. Dialogische Textproduktion lebt vom Einfluß mehrerer Kommunikanten sowohl auf die Entwicklung des fokussierten Themas als auch auf die Entwicklung der Kommunikation als prozessual voranschreitendem Geschehen. Wenn mehr als zwei Personen an einer solchen Kommunikation beteiligt sind bzw. wenn das Thema im Rahmen des Kommunikationsvollzuges von unterschiedlichen Teilen der Kommunikantengruppe in unterschiedlicher Weise weiterentwickelt wird bzw. wenn in einem Wahrnehmungsraum mehrere Kommunikationsvollzüge mit unterschiedlichen Themen parallel ablaufen, so kann von den jeweiligen Rezipienten der Teilnehmerbeiträge die referentielle Zuordnung eines Turns zu einer vorangehenden Äußerung nur dann sichergestellt werden, wenn (a) dieser Turn auf etwas zuvor zum selben Thema Gesagtes (zumindest implizit) referiert und/oder (b) die Adressierung dieses Turns klar ersichtlich oder zumindest interpretativ erschließbar ist. In Vis-à-vis-Gesprächen bedarf es in der Regel nicht unbedingt einer sprachlichen Explikation der Adressierung einer Äußerung, da der Adressatenbezug über nonverbale Zeichenkanäle deutlich gemacht werden kann. Im Chat jedoch ist häufig – mit steigender Frequenz, je größer die Teilnehmerzahl in einem Chat-Raum ist – zu beobachten, daß der Name des Adressaten einer Äußerung explizit in die jeweilige Äußerung integriert wird.

Im folgenden sei zunächst an einem Beispiel verdeutlicht, wie mehrere Themen seitens unterschiedlicher Kommunikantengruppen parallel behandelt werden können, was dies für die Struktur des somit auf den Bildschirmanzeigen der Teilnehmer entstehenden Textes bedeutet und weshalb aus diesem Grunde eine explizite Adressierung einzelner Turns unumgänglich ist, um trotz der linearen Verflechtung mehrerer Themen oder Themenlinien das kommunikative Verstehen zwischen den jeweiligen Kommunikationspartnern zu gewährleisten:

[119] Wichter 1991, 89.

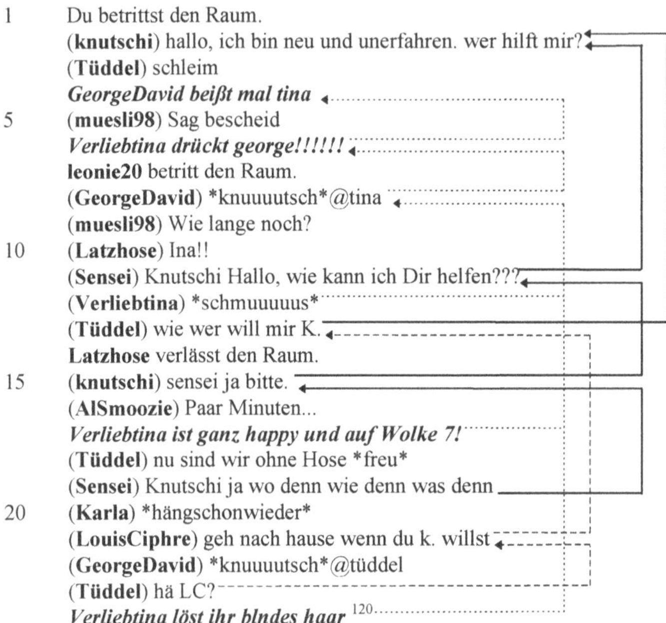

Du betrittst den Raum.
(**knutschi**) hallo, ich bin neu und unerfahren. wer hilft mir?
(**Tüddel**) schleim
GeorgeDavid beißt mal tina
(**muesli98**) Sag bescheid
Verliebtina drückt george!!!!!!
leonie20 betritt den Raum.
(**GeorgeDavid**) *knuuuutsch*@tina
(**muesli98**) Wie lange noch?
(**Latzhose**) Ina!!
(**Sensei**) Knutschi Hallo, wie kann ich Dir helfen???
(**Verliebtina**) *schmuuuuus*
(**Tüddel**) wie wer will mir K.
Latzhose verlässt den Raum.
(**knutschi**) sensei ja bitte.
(**AlSmoozie**) Paar Minuten...
Verliebtina ist ganz happy und auf Wolke 7!
(**Tüddel**) nu sind wir ohne Hose *freu*
(**Sensei**) Knutschi ja wo denn wie denn was denn
(**Karla**) *hängschonwieder*
(**LouisCiphre**) geh nach hause wenn du k. willst
(**GeorgeDavid**) *knuuuutsch*@tüddel
(**Tüddel**) hä LC?
Verliebtina löst ihr blndes haar [120]

Die in diesem Ausschnitt eingezeichneten Verknüpfungen kennzeichnen jeweils unterschiedliche Themenlinien. Thema 1 wird in Z.2 von *knutschi* deklariert und in Z.11, dadurch, daß *Sensei* darauf einsteigt, als Kommunikationsgegenstand etabliert. *Tüddel*s Äußerung in Z.13 bezieht sich ebenfalls auf *knutschi*s Thema, bleibt aber von *knutschi* unberücksichtigt, insofern diese in Z.15 lediglich *Sensei*s Beitrag beantwortet, wird aber in Z.21 von *LouisCiphre* ironisch aufgegriffen und als neues Thema deklariert, worauf *Tüddel* dann wiederum in Z.23 reagiert. Dieses neue Thema hat sich somit aus einer Thema 1 zugehörigen Äußerung entwickelt.

Thema 2 ist der Dialog zwischen *GeorgeDavid* und *Verliebtina* (Z.4, 6, 8, 12, 17, 24), wobei sich dieses Thema zu erschöpfen scheint, als *GeorgeDavid* in Z.22 die Aufmerksamkeit von *Tüddel* zu gewinnen sucht.

[120] Mitschnitt vom 27.10.98.

Die folgende Darstellung des obigen Ausschnitts veranschaulicht den Parallelverlauf der gekennzeichneten Themenlinien und damit die trägermedial bedingte Verzahnung unterschiedlicher Texte:

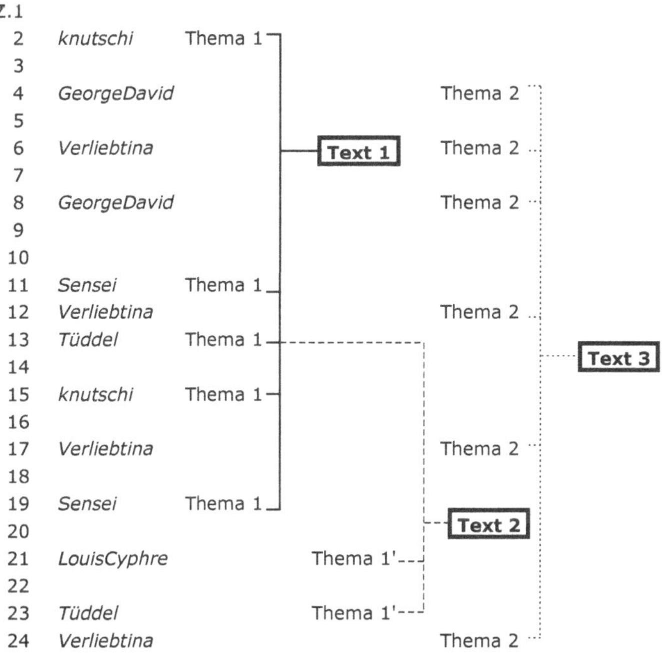

Die Turnadressierung läßt sich an diesem Beispiel mit Lenke/Schmitz 1995 als in zweierlei Hinsicht motiviert beschreiben: Zum einen - wie oben bereits angeführt - aufgrund der Distanzsituation und somit aufgrund des Fehlens "nonverbaler Signale sowie der Informationen über Blickrichtung und räumliche Orientierung der Schallquelle", zum anderen aufgrund der Spezifik der trägermedialen Distribution der Teilnehmerbeiträge: "Durch den technischen Ablauf" verliert "der Begriff des übergaberelevanten Platzes praktisch seine Relevanz [...]; denn während scheinbarer Pausen können in Wirklichkeit bereits mehrere Beiträge vorbereitet werden, die dann anschließend vollständig auf dem Bildschirm erscheinen."[121] Die Notwendigkeit solcher Adressierungen zeigt sich in Situationen, in welchen der Adressatenbezug seitens des Rezipienten nicht aus der Äußerung interpretativ erschlossen werden kann, was zu Nachfragen wie etwa im folgenden Beispiel führen kann:

(**Tara**) fitt??????
(**claudi**) 7m scharfes_luder was soll ich dir denn mailen?
Platzhirsch wirft Ragen ein Clever und Smart-Heft zu und zieht von dannen
(**JolietJake**) Schnauze, er!
(**mundgeruch**) dachte ich auch gerade Dusty
(**quia**) hey- und der präsident? das würde den amerikanern in hollywood nicht so gefallen! zwei deutsche als letzte vertreter der menschen
(**herbie**) hi fitt
(**fitt**) yepp tara...
Tara geht in einen anderen Raum: **taraland**
Dusty ernennt Tingeltangelbob zum Administrator. Du kannst die Einladung annehmen mit /q
(**chatfeever**) selbst der Präsident ist tot
totti verlässt den Raum.
(**Mav**) Tara: meinst du mich??[122]

Runkehl/Schlobinski/Siever 1998a unterscheiden hinsichtlich solcher Adressierungen *turninitiale* von *nicht-turninitialen* Adressierungen.[123] Erstere finden sich in obigem Beispiel etwa in den Zeilen 11, 15 und 19, zweitere in Z.23 (Finaladressierung). Adressierungen wie in Z.8 und 22 ("*knuuuutsch*@tina", "*knuuuutsch*@tüddel") sind als Sonderformen zu betrachten, da mit ihnen der Adressat einer simulierten Handlung benannt wird, der somit - deklarativ - in das simulierte Handlungsgeschehen eingebunden wird, wohingegen Adressierungen bei Äußerungen in direkter Rede lediglich dazu dienen, dem Adressaten einer Äußerung zu erkennen zu geben, daß die Äußerung für ihn bestimmt ist. Adressierungen wie z. B. in "*knuuuutsch*@ tina" könnten daher als *adressatenintegrative Komponenten von Handlungsbeschreibungen* bezeichnet werden, um sie von Adressierungen in direkter Rede zu unterscheiden, bei denen der Adressat

[121] Lenke/Schmitz 1995, 134.
[122] Mitschnitt vom 12.2.99.
[123] Runkehl/Schlobinski/Siever 1998a, 90f.

direkt angesprochen wird.[124] Analog dazu sind auch die Namensnennungen in beschreibenden Äußerungen wie Z.4 ("*GeorgeDavid beißt mal tina*") als integrative Komponenten von Deklarationen bzw. Simulationen zu behandeln.

Der im Rahmen eines Kommunikationsvollzuges im Chat entstehende, den Kommunikationsverlauf dokumentierende Text läßt sich als Artefakt stets nur individuenspezifisch fassen. Dies sei nachfolgend an einem konstruierten Beispiel verdeutlicht. Gegeben sei ein Chat-Raum, in welchem während eines Zeitabschnitts t_a fünf Teilnehmer (*A, B, C, D* und *E*) zugegen sind. Der Kommunikationsverlauf K_1, der von den Teilnehmern über Äußerungsanweisungen des Typs [∅ <Text> ↵][125] prozessiert wird, manifestiert sich in einem dialogischen und mehrpersonalen Text T_{K1}, der bei allen Teilnehmern zur Anzeige gebracht wird. Neben K_1, dessen Beiträge für alle Teilnehmer angezeigt werden, vollziehen aber *A* und *B* noch, ebenfalls während t_a, eine Privatkommunikation K_2, die sie über Äußerungsanweisungen des Typs [/m <Name> <Text> ↵] realisieren und die folglich einen zweiten dialogischen Text T_{K2} ergeben, der jedoch lediglich in der Anzeige der Rechner von A und B erscheint. Somit ist das, was als fixierbarer Text in der Anzeige der verschiedenen Teilnehmer faßbar wird, unterschiedlich: Während *C, D* und *E* nur die zu T_{K1} gehörigen Beiträge angezeigt bekommen, ist die Anzeige von T_{K1} auf den Rechnern von *A* und *B* durchsetzt mit der Anzeige der zu T_{K2} gehörigen Beiträge:

---

[124] Zum spezifischen Gebrauch des Sonderzeichens "@" in Chat-Beiträgen vgl. auch Kap. 2.2.8.

[125] Vgl. die Übersicht über die Äußerungsanweisungen in Kap. 1.4.

Feld 1	Feld 2
(1) $B_1 \in T_{K1}$	(1) $B_1 \in T_{K1}$
(2) $B_2 \in T_{K1}$	(2) $B_2 \in T_{K1}$
	(3) $B_1 \in T_{K2}$
(3) $B_3 \in T_{K1}$	(4) $B_3 \in T_{K1}$
	(5) $B_2 \in T_{K2}$
(4) $B_4 \in T_{K1}$	(6) $B_4 \in T_{K1}$
(5) $B_5 \in T_{K1}$	(7) $B_5 \in T_{K1}$
	(8) $B_3 \in T_{K2}$

Fig.3.1: Anzeigetexte auf den Rechnern von *C, D* und *E* (Feld 1) bzw. *A* und *B* (Feld 2); "$B_1 \in T_{K1}$" - lies: "Beitrag 1 ist Element von T_{K1}".

Hinzu kommt, daß die einzelnen, zu T_{K2} gehörigen Beiträge bei *A* und *B* in unterschiedlicher Formulierung zur Anzeige gebracht werden, insofern eine Äußerungsanweisung der Form $Ä_1$, die von *A* an das Steuerprogramm übermittelt wird, auf dem Rechner von *A* anschließend in der Formulierung $Anz_{Ä1}(A)$, auf dem Rechner von *B* aber in der Formulierung $Anz_{Ä1}(B)$ zur Anzeige gebracht wird:

$Ä_1$:	/m B wie gehts dir?
$Anz_{Ä1}(A)$:	Du redest zu **B**: ***wie gehts dir?***
$Anz_{Ä1}(B)$:	**A** redet zu Dir: ***wie gehts dir?***

Zwar handelt es sich bei den Formulierungen, die *A*s Beitrag vom Steuerprogramm zugefügt werden, um explikative Routinen, die dem Rezipienten dazu dienen sollen, den an ihn übermittelten Beitrag einem Produzenten und einem spezifischen Kommunikationsvollzug zuzuordnen. Fakt ist jedoch, daß durch die Variation der Anzeige des Beitrages, der von seiten des Steuerprogramms aus einer Äußerungsanweisung generiert wird, der fixierbare Text auf den Rechnern von Produzent (*A*) und Rezipient (*B*) eine unterschiedliche Gestalt erhält.

Insofern ergeben sich in der Anzeige der fünf Teilnehmer zu t_a bereits *drei* unterschiedliche Texte:

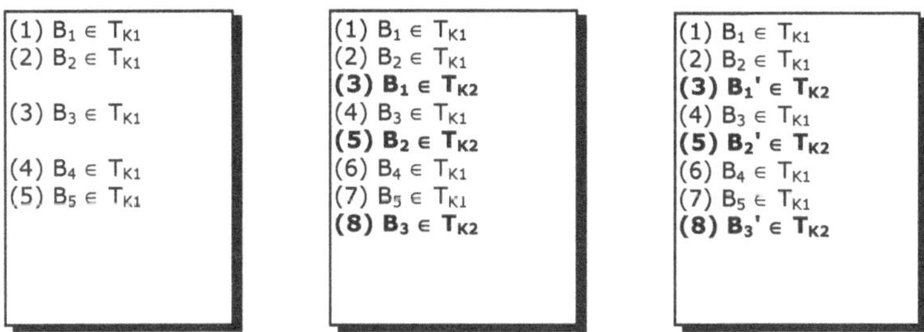

Fig.3.2: Anzeigetexte auf den Rechnern von *C, D* und *E* (Feld 1), von *A* (Feld 2) und von *B* (Feld 3).

Des weiteren sei angenommen, daß während t_a Teilnehmer *D* sich mit der Anweisung [/info <Name> ↵] die Info-Texte der übrigen vier Teilnehmer anzeigen läßt, um sich über diese zu informieren, sowie, daß Teilnehmer *E* während t_a - zum Beispiel, weil ihn die Kommunikation K_1 langweilt - sich mit der Anweisung [/wc ↵] eine Liste aller momentan eingeloggten Teilnehmer und geöffneten Räume anzeigen läßt, um sich nach anderen Kommunikationspartnern umzusehen. Somit verändert sich der in der Anzeige der Rechner dieser beiden Teilnehmer fixierbare Text ebenfalls in spezifischer Weise, insofern die Anzeige von T_{K1} durch andere Texteinheiten durchbrochen wird, womit sich letztendlich für die fünf Teilnehmer fünf verschiedene Anzeigetexte ergeben:

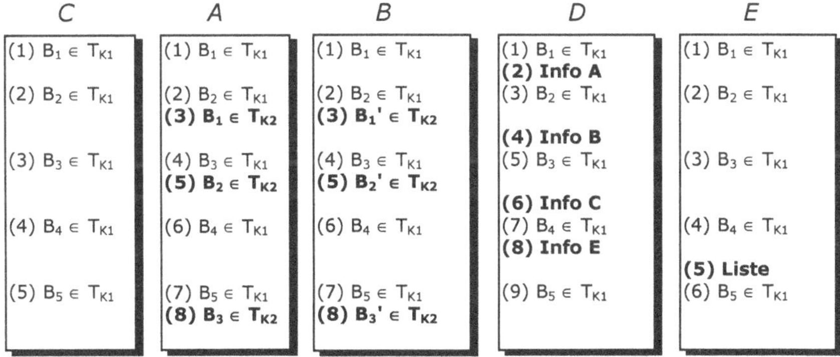

Fig.3.3. - Anzeigetexte auf den Rechnern der Teilnehmer *A, B, C, D* und *E*.

Die jeweils teilnehmerspezifischen Textteile sind in dieser Veranschaulichung fett gesetzt, die sich in den einzelnen Anzeigen entsprechenden Beiträge stehen jeweils nebeneinander.

Chat-Mitschnitte als Texte, die Kommunikationsvollzüge im Chat dokumentieren, sind somit stets teilnehmerspezifisch und singulär. Zur Verdeutlichung seien im folgenden zwei Mitschnitte wiedergegeben, die zeitgleich unter zwei verschiedenen Nicknames (*Wittgenstein* und *Sissi25*) im Startraum des untersuchten Chats aufgezeichnet wurden[126]. Die sich entsprechenden Passagen sind jeweils gegenübergestellt, wodurch die teilnehmerspezifischen Textpassagen (z.B. *Sissi*s "Flüstern" mit *BillyBoy23*, ihr Aufruf der Info-Texte über *mackling17* und *kaefer*, sowie *Wittgenstein*s Aufruf der Teilnehmerliste) kenntlich werden:

<u>Wittgenstein</u>	***<u>Sissi25</u>***
Meggy verlässt den Raum.	**Meggy** verlässt den Raum.
(**mackling17**) kann mir einer/eine sagen, wie ich es schaffe, daß mein Text nicht immer wieder nach oben springt?	(**mackling17**) kann mir einer/eine sagen, wie ich es schaffe, daß mein Text nicht immer wieder nach oben springt?
(**Wittgenstein**) Hallo zusammen!	(**Wittgenstein**) Hallo zusammen!
	*** **mackling17**: *** - befindet sich gerade im Raum **unicum**. *** - ist seit 13 Uhr 41 eingeloggt.
(**Kaefer**) Welchse mal den Zeilenumbruch ...mit /r 10000 zb	(**Kaefer**) Welchse mal den Zeilenumbruch ...mit /r 10000 zb
	Du redest zu **Kaefer**: ***hallo kaefer!***
belldandy geht in einen anderen Raum: **bellswelt**	**belldandy** geht in einen anderen Raum: **bellswelt**
Fränkie betritt den Raum.	**Fränkie** betritt den Raum.
universe betritt den Raum.	**universe** betritt den Raum.
St@rman geht in einen anderen Raum: **bellswelt**	**St@rman** geht in einen anderen Raum: **bellswelt**
(**Fränkie**) MOin	(**Fränkie**) MOin
carolina betritt den Raum.	**carolina** betritt den Raum.
(**mackling17**) da sagt er, diese Zahl ist ungueltig	(**mackling17**) da sagt er, diese Zahl ist ungueltig
universe is back	***universe is back***
(**Wittgenstein**) hi Fränkie :-)	(**Wittgenstein**) hi Fränkie :-)

[126] Mitschnitte vom 3.8.99.

universe geht in einen anderen Raum: **empire**
carolina verlässt den Raum.
superlia betritt den Raum.

Iiris betritt den Raum.
(**Kaefer**) Fränkie..ach nee! mackling...Dun mußt nach dem Schrägstrich eine Leertasten drücken...mach mal erst /r 6 und dann /r 10000
BillyBoy23 betritt den Raum.
Hampelmann betritt den Raum.
BillyBoy23 hat die Farbe gewechselt.
BillyBoy23 sucht PillGirl oder so ähnlich - hautsache ne nette Frau zum Flirten :-)
universe kommt aus dem Raum **empire** herein.
Iiris verlässt den Raum.
The minds out there:
[**Stonehenge_over_Paradise**]: **TomStone**
[**ausruhen**]: **keule**
[**Bloody_Kisses**]: **Anti**
[**space**]: ihaha **Attilio**
[**bellswelt**]: **belldandy** St@rman MAO
[**mit_fury_auf_der_weide**]: FURY **Shark**
[**unicum**]: Hampelmann JULA25 Daliah mackling17 Wittgenstein BillyBoy23 Kaefer Sissi25 universe superlia Quitschie99 Tracy2 diogenes Fränkie
[***x***]: ***xenia***
[**Killer@work**]: **Killerloop**
[**Strandbar**]: **Typhoon23** Maui
[**dumdidum**]: **bohne**
[**GFi@work**]: **GFi**
[**alleingelassen**]: **tecno**
[**super_sex**]: **BS3** Demi66
[**nichts_als_unsinn_im_kopf**]: Koalabärchen **Quatschkopf**
[**Partyraum**]: **claudi** Evy Kaktus SphinX:-))) Baghira Natter hermes1 Ethan_Hawke

universe geht in einen anderen Raum: **empire**
carolina verlässt den Raum.
superlia betritt den Raum.
*** **Kaefer**, die mit den 5 Punkten!
*** Sie ist 20 Jahre alt.
*** Sie befindet sich gerade im Raum **unicum**.
*** Sie ist seit 13 Uhr 50 eingeloggt.
*** Sie schläft seit einer Minute.
*** Sie verbrachte hier bis jetzt insgesamt 62 Stunden und 27 Minuten, davon 59 Stunden und 37 Minuten aktiv.
*** Ihre E-Mail-Adresse: Kaefer@unicum.de
>>> Ein Lächeln ist oft das Wesentliche
Iiris betritt den Raum.
(**Kaefer**) Fränkie..ach nee! mackling...Dun mußt nach dem Schrägstrich eine Leertasten drücken...mach mal erst /r 6
und dann /r 10000
BillyBoy23 betritt den Raum.
Hampelmann betritt den Raum.
BillyBoy23 hat die Farbe gewechselt.
BillyBoy23 sucht PillGirl oder so ähnlich - hautsache ne nette Frau zum Flirten :-)
universe kommt aus dem Raum **empire** herein.
Iiris verlässt den Raum.

[**Regenbogen**]: **Garou** Drea
[**liebeskummer**]: **popper**
[**Schwimmbad_mit_Palme**]: **chrissi** spock
[**traurig**]: **Carlito**
[**vollerBauch**]: **lisala** moonlife echo! etc
[**Hängematte**]: Benson **Faulpelz** Leeloo20
gopher betritt den Raum.
(**universe**) re
gopher hat die Farbe gewechselt.
(**Fränkie**) Bist ja immer noch hier Caro!!
(**Hampelmann**) Halloho!
Javahne betritt den Raum.
(**Sissi25**) hallo universe!
Kity betritt den Raum.

(**mackling17**) danke
(**Wittgenstein**) Recht viel los hier grade...
(**Kity**) hhhhhhaaaaaalooooooh
Tracy2 verlässt den Raum.

(**Kaefer**) Nee schonwieder....bin aber zu Hause...also schon in Göttingen, aber nicht mehr in der Uni!

(**Fränkie**) Ah so
(**mackling17**) was studierst du, Kaefer?
(**Fränkie**) Gibst mal wieder Geld aus
(**Kaefer**) Hab ein Klausurergebniss... bestanden!!!! *freu*
(**Kaefer**) Nö!
superlia verlässt den Raum.

(**Fränkie**) Nochmal Glück gehabt
mackling17 gratuliert Kaefer.
universe kommt gleich wieder
Kity verlässt den Raum.
(**universe**) (q
universe verlässt den Raum.

gopher betritt den Raum.
(**universe**) re
gopher hat die Farbe gewechselt.
(**Fränkie**) Bist ja immer noch hier Caro!!
(**Hampelmann**) Halloho!
Javahne betritt den Raum.
(**Sissi25**) hallo universe!
Kity betritt den Raum.
Du redest zu **BillyBoy23**: ***zum flirten..?***
(**mackling17**) danke
(**Wittgenstein**) Recht viel los hier grade...
(**Kity**) hhhhhhaaaaaalooooooh
Tracy2 verlässt den Raum.
BillyBoy23 redet zu Dir: ***bei Sympathie auch mehr *lach****
(**Kaefer**) Nee schonwieder....bin aber zu Hause...also schon in Göttingen, aber nicht mehr in der Uni!
Du redest zu **BillyBoy23**: ***oha... so direkt...***
(**Fränkie**) Ah so
(**mackling17**) was studierst du, Kaefer?
(**Fränkie**) Gibst mal wieder Geld aus
(**Kaefer**) Hab ein Klausurergebniss... bestanden!!!! *freu*
(**Kaefer**) Nö!
superlia verlässt den Raum.
BillyBoy23 redet zu Dir: ***das hast du mir ja quasi in den Mund gelegt... :-)***
(**Fränkie**) Nochmal Glück gehabt
mackling17 gratuliert Kaefer.
universe kommt gleich wieder
Kity verlässt den Raum.
(**universe**) (q
universe verlässt den Raum.

2.3.7 Handlungsbeschreibende und kommentierende-Turns mit "/me"-Auszeichnung

Grundsätzlich sind hinsichtlich der strukturellen Generiertheit von Turns in Chat-"Gesprächen" zwei Typen von Turns zu unterscheiden:

(i) Turns, in welchen direkte Rede verschriftet wird und die in der Anzeige um eine den Turn als Ganzen erweiternde produzentenspezifizierende Angabe erweitert dargestellt werden. Die Angabe des Produzentennamens gehört selbst nicht zum Turn, insofern sie nicht vom Produzenten selbst realisiert wird und auch keinen integralen Teil der mit dem Turn geäußerten Proposition darstellt, sondern seitens des Steuerprogramms dem Turn zugewiesen und diesem in der Anzeige als Identififizierungsangabe beigegeben wird. Im hier untersuchten Chat werden Turns dieses Typs recte dargestellt, die beigegebene, automatisch generierte Namensangabe steht fett und in Klammern gesetzt links vor der jeweiligen Äußerung:

Angabe Produzentenname	*Wiedergabe Turn*
(Andra)	Hallo Leute !

Fig.4: Anzeige von Turns des Typs (i).

(ii) Turns, "in denen Sprecherbezug durch Kodierung des Subjektnominals in Form des Pseudonyms erfolgt, ohne daß die Pseudonyme vom Turn abgesetzt erscheinen"[127]. Turns dieser Art müssen von ihrem Produzenten durch Integration des Steuerbefehls "/me" in den an das Steuerprogramm als Äußerungsanweisungen übermittelten Texten als solche kenntlich gemacht werden, womit sich ein weiterer Punkt für die oben behandelte Problematik der Trennung von Produktions- und Äußerungsakt in Chat-Kommunikation ergibt: Dadurch, daß in den Text eines Turns eine Formatanweisung eingebettet werden muß, die anschließend vom Steuerprogramm ausgelesen und für die Anzeige in eine entsprechende Formatierung umge-

[127] Runkehl/Schlobinski/Siever 1998a, 111f.

wandelt wird, ist die vom Produzenten eingegebene Zeichenfolge (Z_P) eine andere als diejenige Zeichenfolge, welche später in der Anzeige erscheint (Z_A), wie folgendes Beispiel zeigt:

Z_{P1}: /me setzt sich aufs sofa

Z_{A1}: ***wulf setzt sich aufs sofa***

bzw.:

Z_{P2}: Andra erhält von /me/ eine Rose

Z_{A2}: ***Andra erhält von wulf eine Rose***

Turns dieses Typs werden in der Anzeige von Turns des Typs I auch typographisch unterschieden, indem sie als Ganzes fett und kursiv zur Darstellung kommen.

Eine Äußerung dieser Art zu produzieren, erfordert vom jeweiligen Teilnehmer eine zusätzliche konzeptionelle Leistung, insofern er das, was er zu äußern beabsichtigt, zunächst in eine Art Quelltext (in Form einer Programm- bzw. Kommandozeile) überführen muß, der an derjenigen Stelle, an welcher in der Anzeige sein Pseudonym angezeigt werden soll, den Steuerbefehl "/me" enthält. Diese konzeptionelle Leistung, die zuvorderst darin besteht, die formale Richtlinie für die Auszeichnung eines Beitrags mit dem "/me"-Befehl zu kennen und adäquat umzusetzen, erinnert aufgrund der mit ihr vollzogenen Formalisierung an konzeptionelle Schriftlichkeit: Während formale Kriterien der Textgenerierung in Kommunikationsformen konzeptioneller Mündlichkeit bei der Textproduktion nur insoweit berücksichtigt werden, als sie für ein Gelingen der *Sprechhandlung* bzw. der sinnvollen Diskursteilnahme erforderlich sind, spielt traditionellerweise bei der Produktion konzeptionell schriftlicher Texte die formale Performanz eine wesentliche Rolle, insofern konzeptionell schriftliche, graphisch fixierte Texte unter pragmatischem Gesichtspunkt gemeinhin als *Sprachwerke* konzipiert werden.[128] Was jedoch hier auf den ersten Blick als konzeptionell schriftlich anmutet, erweist sich bei näherem Hinsehen aber lediglich als ein weiterer Fall von *trägermedial bedingter Graphizität* bzw. *Formalisierungsnotwendigkeit*, insofern die hier vom Produzierenden zu leistende Formalisierung ihre Motivation nicht von Seiten einer konzeptionellen Ebene erhält, sondern durch trägermedial vorgegebene Formulierungs- bzw. Formatierungskonventionen. Ein Chat-Teilnehmer, welcher einen "/me"-Beitrag an das Steuerprogramm übermittelt, möchte mit diesem Beitrag sicherlich kein Sprachwerk (im konzeptionell schriftlichen Sinne) schaffen, sondern vielmehr seinen Turn in einer spezifischen Form für die Anzeige aufbereitet bekommen; damit das Steuerprogramm diese spezifische Aufbereitung für ihn vornehmen kann, muß er sich aber an dessen Textauszeichnungsvorgaben halten und insofern seinen Beitrag notwendigerweise adäquat formalisieren. Dieses Phänomen als ein Element konzeptioneller Schriftlichkeit ansehen zu wollen, ist also nur begrenzt akzeptabel[129]; es läßt sich aber als ein weiteres Indiz dafür betrachten, daß das Gegebensein von konzeptioneller Mündlichkeit im Chat aufgrund trägermedialer Determinanten in einigen Punkten nur bedingt behauptet werden kann bzw. die Realisation des dem Chat zugrundeliegenden Mündlichkeitskonzepts in einigen Punkten durch die Vorgaben des Trägermediums in ihren Möglichkeiten rigide beschränkt wird.

Unter inhaltlichen Kriterien lassen sich Turns des Typs (ii) noch einmal differenzieren in (ii.a) Handlungs- oder Situationsbeschreibun-

[128] Zu den pragmatischen Bedingungen mündlicher und schriftlicher Textproduktion vgl. Nussbaumer 1991, 278ff.

[129] Adäquat wäre dieses Phänomen wohl zu fassen als eine trägermedial induzierte Möglichkeit zum theatralen Spiel; Turns des beschriebenen Typs wären demnach nicht direkt 'konzeptionell schriftlich', erlauben aber durchaus "*Anleihen* bei der Schriftsprache" (Sassen 2000, 97; Hervorhebung von mir), insofern sie bisweilen an die Regieanweisungen gedruckter Theaterstücke erinnern und hinsichtlich ihrer syntaktischen Struktur meist einen höheren Elaboriertheitsgrad aufweisen als Turns des Typs (i). – Vgl. Sassen 2000, 97f.: "Es handelt sich mehrheitlich um vollständige Satzkonstruktionen zuweilen hypotaktischer Struktur, die verwendet werden, um indirekte Fragen zu formulieren [...], (non-)verbale Handlungen anzumoderieren [...] und/oder Beiträge zu produzieren, die einer Regieanweisung ähneln [...]." – Zu den theatralen Aspekten von Chat-Kommunikation vgl. auch ausführlich Kap. 3 der vorliegenden Untersuchung.

gen[130], die in den jeweiligen Diskurs integriert sind und in (ii.b) diskursbegleitende "Nebensequenzen", die die direkte dialogische Kommunikation nicht durchbrechen, sondern lediglich bestimmte Turns des Typs (i) in Form von "Handlungskommentaren und Bewertungen"[131] ergänzen. Für beide Subtypen seien im Folgenden Beispiele gegeben:

(1)

jetzt ist tinetine beleidigt.
(**AMOR**) hahahaha
(**AMOR**) ohhhhhh
AMOR macht mal schnell 'ne tüte mitleid auf
(**AMOR**) *zisch*
(**Ellistra**) tine, ich wollte auch eine mail :-(
(**tinetine**) mailad???
AMOR zu ellistra.....tine duscht warm...da dauern die mails etwas :o)
Du ignorierst AMOR.
Du ignorierst AMOR nicht mehr.
(**AMOR**) *bg*
(**tinetine**) hast du mich jetzt endlich wieder lieb, amor?
(**AMOR**) *bg*
AMOR kann doch niemandem böse sein...[132]

*AMOR*s Äußerung in Z.14 stellt einen explizierenden Kommentar zu seinem "*bg*" (="big grin") der vorangehenden Zeile dar, seine Äußerung in Z.8 ist eine ironische Kommentierung von *Ellistra*s Äußerung in Z.6. Die Funktion des Turns in Z.4 ist nicht eindeutig be-

---

[130] Daß unter Typ (ii.a) Handlungs- und Situationsbeschreibungen zusammengefaßt werden, erscheint insofern ratsam, als ansonsten diskutiert werden müßte, wo die Grenze zu ziehen ist zwischen der Beschreibung einer *Handlung* und einer *Situation*: Ist z. B. 'Probleme mit dem Computer haben' – wie in nachfolgendem Bsp. (2) – noch als Beschreibung einer Handlung anzusehen oder eher als Beschreibung einer Situation, da man diese Probleme nicht selbst (aktiv) herbeigeführt hat? – Da es in vorliegendem Abschnitt lediglich um eine näherungsweise Grobtypisierung geht, bzw. darum, *Vorschläge* aufzuzeigen, wie eine Typologisierung solcher beschreibender Turns vorgenommen werden *könnte*, erscheint es daher als ausreichend, die Subdifferenzierung (einschließlich der sich aus ihr notwendigerweise ergebenden Begriffsklärungen) nicht zu weit zu treiben.

[131] Runkehl/Schlobinski/Siever 1998a, 111ff.

[132] Mitschnitt vom 18.11.98; der Mitschnitt zeigt das Chat-Geschehen gemäß der Anzeige auf dem Bildschirm von *tinetine*.

stimmbar, da dieser sowohl als Kommentar zu dem Vorangehenden als auch als fiktive Handlungsbeschreibung aufgefaßt werden kann.

(2)

Golden_Rosy hört grad "VOLKSMUSIK"
(**Doc**) ich fürchte, ich habe das falsche band eingelegt *schwitz*
(**sweety**) rolling stones??????
(**Golden_Rosy**) Na, wie findet ihr meine MUsik??
(**Keeper**) klasse, ganz toll
(**Doc**) lasst uns einen virtuellen polka-tanzkurs gründen
(**Doc**) und eins und zwei und...
(**Golden_Rosy**) Ich mach den Hintergrund: ufftata, ufdftata
(**Doc**) lass uns tanzen, sweety
(**Golden_Rosy**) POLKA!!!!
(**wulf**) drei kommt als nächstes, Doc.
Golden_Rosy tanzt
sweety sagt ja und tanzt mit Doc
DER_TOD klappert
(**wulf**) Und werv tanzt mit wulfi?
Doc und Sweety tanzen Polka
(**sweety**) test
(**Golden_Rosy**) komm, Wulfi!!!
sweety verlässt den Raum.
(**DER_TOD**) test 1 zwo drei
(**wulf**) Jau, Rosy!
sweety betritt den Raum.
(**Golden_Rosy**) Eins,zwei drei, eins zwei, drei!!
(**DER_TOD**) Also meine Damen und Herren...
(**Golden_Rosy**) DAMENWAHL!!!
(**wulf**) Findet der Tod unser Rumgehample etwa zu unwissenschaftlich??
sweety ist wieder da
(**wulf**) Ok, die Damen dürfen jetzt wählen...
sweety hat probs mit dem comp
(**DER_TOD**) Wulf: Nein, nein, alles hat seinen Sinn
(**wulf**) arme sweety
(**Golden_Rosy**) Ich nehm' wulf... OK?? [133]

Aus diesem zweiten Beispiel ist zu ersehen, daß mit den "/me"-Äußerungen auch gespielt werden kann: Aus dem Wortlaut der Anzeige in Z.12 ("*Doc und Sweety tanzen Polka*") ist nicht eindeutig ersichtlich, welcher von den beiden darin genannten Teilnehmern diesen Turn geäußert hat. Zwar bleibt als weiteres Identifizierungskriterium des Produzenten jeweils noch die Farbe, in welcher der jewei-

[133] Mitschnitt vom 7.10.98.

lige Beitrag angezeigt wird - (Chat-Beiträge werden immer in derselben Farbe angezeigt, die ein Teilnehmer für die Anzeige seines Nicknames gewählt hat) -, doch kann prinzipiell jeder Chatter jede beliebige Farbe annehmen und diese auch jederzeit wechseln. Insofern stellen "/me"-Äußerungen wie die in Z.12 des obigen Beispiels einen Sonderfall der im vorigen Abschnitt erwähnten Möglichkeit zur Adressatenintegration im Rahmen deklarativer Handlungsbeschreibungen dar: Anders als in einer Äußerung "*GeorgeDavid beißt mal tina*", in welcher die seitens *GeorgeDavid* deklarierte Handlung dadurch als an *tina* adressiert kenntlich gemacht wird, daß *tina* als passives Subjekt in die von ihm beschriebene Handlung integriert wird, wird in obigem - von *Doc* geäußertem - Turn Z.12 ("*Doc und Sweety tanzen Polka*") nicht nur eine Handlung deklariert, sondern zugleich die Adressatin *sweety* als aktive Mitinitiatorin dieser Handlung präsupponiert.

Insofern bieten die mit "/me" ausgestatteten Äußerungen also ein nicht geringes Potential, um über die Beschreibung fiktiver Handlungen mit sozialen Kontaktmöglichkeiten bzw. mit simulierter Nähe zu experimentieren, als auch, um bewußt Verwirrung zu stiften, wie Beispiel 3 (siehe nachfolgend) demonstriert, das von mir unter einem Pseudonym *nd*[134] geführt wurde. Die Äußerungen, mit denen *nd* ins Kommunikationsgeschehen eingreift, sind umrandet und jeweils um denjenigen (Quell-)Text ergänzt, welcher von mir als Chat-Beitrag produziert und als Äußerungsanweisung an das Steuerprogramm abgeschickt wurde. Die Pfeile verweisen auf die Äußerungen, in welchen die jeweils betroffenen Teilnehmer auf das von *nd* Geäußerte reagieren.

Von der Textsorte her erinnern die "/me"-Äußerungen stark an Drehbücher bzw. Theaterskripte, wie Lenke/Schmitz 1995 treffenderweise anmerken: "Handlungsbeschreibungen haben ihr Vorbild in den Bühnenanweisungen in (gedruckten) Theaterstücken, wo sie

[134] Dieses Pseudonym hatte dieselbe Farbe wie das Pseudonym von Teilnehmer *Beo*.

eben nicht nur als Anweisungen fungieren, sondern dem Leser die Handlungen auch beschreiben."[135] Diese Beobachtung ist sicherlich nicht von der Hand zu weisen und eröffnet zudem der Beschäftigung mit Chat-Kommunikation einen interessanten neuen Aspekt (nämlich den einer im weitesten Sinne *theatralischen* Interaktion), wie er auch im zweiten Komplex dieser Arbeit verfolgt werden soll. Dennoch sollte die Formulierung, Handlungsbeschreibungen hätten "ihr Vorbild" in theatralischen Bühnenanweisungen, lediglich als eine Vermutung angesehen werden, da zur Untermauerung dieser Aussage untersucht werden müßte, ob die Autoren der ersten Chat-Programme eine solche Analogie zum Theater *bewußt* im Sinn hatten oder ob dieserlei theatrale Komponente von Chat-Interaktion sich nicht vielmehr eigenständig und unabhängig vom traditionellen Theater entwickelt hat, und zwar auf der Grundlage der trägermedialen Eigenart von Chat-Kommunikation und der dadurch eröffneten Möglichkeiten zu Simulation und Spiel.

[135] Lenke/Schmitz 1995, 128.

(3) Du betrittst den Raum.
midnightblue wankt jetzt aus dem raum
(**Beo**) belldandy: Wie ich die Goettin finde, oder die Info...? Die Info ist recht nichtssagend, oder?!
(**vollgaul**) So abwägig ist das evtl nicht. Mein Kumpel fängt in Rosenheim an zu studieren. den werde ich sicher das ein oder andere mal besucen
(**Hoefel**) wen hast du im sucher, sucher?
JULA25 betritt den Raum.
(**4711**) Jetzt war ich ein paar Wochen nicht mehr da, und kriege gleich eine Lektion im Schnellschreiben...
Beo und chaotic tanzen miteinander Polka
[Beo u**/me/** tanzen miteinander Polka]
(**Viquelle**) aha sehr interessant!
(**vollgaul**) wie war, wie war.
Satureja singt dazu
(**chaotic**) *g* ach, Beo...
(**Hoefel**) findest du?
Beo wollte gerade was schreiben, aber dann tanzt er eben Polka!!
Satureja rutscht auf einer Bananenschale aus und fällt über Irma
[Satureja rutscht auf einer Bananenschale aus u**/me/** fällt über Irma]
(**Irma**) hoppla
(**belldandy**) naja..für dich ist sie nichtssagend, schließlich bist du ja noch nicht erwähnt...aber ich meinte die info...aber ich würde jetzt auch gerne wissen, wie du die göttin findest BEO *fg*
stipe singt "The Bonnie Boy", speziell für irma
Irma fängt Satureja auf
(**vollgaul**) ...das täuscht nur.
(**Irma**) ui, stipe, wie nett, danke
(**midnightblue**) cu @all und special an stipe
(**Viquelle**) ja
ena und stipe setzen sich zusammen aufs sofa und plaudern
[ena u**/me/** stipe setzen sich zusammen aufs sofa und plaudern]
(**Beo**) belldandy: Die Goettin ist ziemlich klasse! :-)
Satureja bedankt sich herzlich bei irma und ist noch ganz blaß vor schreck
LaraCraft verlässt den Raum.
LaraCraft betritt den Raum.
midnightblue verlässt den Raum.
(**Viquelle**) und was arbeitest du?
belldandy bedankt sich bei BEO fürs kompliment
Waki13 verlässt den Raum.
(**stipe**) *plauderÜ worüber, ena?
Irma zwickt Satureja in die wangen, so kriegt sie wieder farbe... *g* [136]

[136] Mitschnitt vom 25.7.99.

2.3.8 Semiotische Innovationen

Zwei Aspekte der trägermedialen Determiniertheit mündlicher Konzepte haben sich in den vorangehenden Abschnitten als maßgeblich für die spezifische mediale Ausprägung von Kommunikationsvollzügen im Chat erwiesen. Diese beiden Punkte seien an dieser Stelle noch einmal in Anlehnung an die diesbezügliche Forschungsliteratur zusammengefaßt und anschließend zum Kriterium erhoben für die Behandlung semiotischer Sonderformen, die sich in computervermittelter Kommunikation (also auch in E-Mail- und Usenet-Kommunikation) herausgebildet haben und die speziell in (unmoderierten) Chats wie dem hier untersuchten mit auffälliger Häufigkeit zur Anwendung kommen.

Zum einen (I) ist das Trägermedium Chat "aufgrund der Beschränkung auf weniger Kommunikationskanäle nicht im gleichen Ausmaß [wie Vis-à-vis-Kommunikation; M.B.] in der Lage, eine Perzeption des Kommunikationspartners zu ermöglichen"[137], zum anderen (II) ergibt sich "aus der einfachen Tatsache, daß das Schreiben zeitaufwendiger ist als das Sprechen"[138] und somit die Produktion von Äußerungen im Chat umständlicher ist und mehr Handlungen erfordert als mündliches Formulieren eine ausgeprägte Neigung zur "Inanspruchnahme von Vereinfachungen"[139] vielfältiger Art, eben um – wie oben bereits hinsichtlich der Kleinschreibung angemerkt[140] – eine weitestmögliche Angleichung der Geschwindigkeit der Schriftproduktion an die aus der Vis-à-vis-Kommunikation gewohnte Geschwindigkeit der Lautproduktion zu erreichen.

(I) erfordert, damit in Chat-Kommunikation trotz der beschränkten Perzeptionsmöglichkeiten ein der Vis-à-vis-Kommunikation nachempfundener Wahrnehmungsraum rekonstruiert werden kann, auch nonverbale Ausdrucksformen ins Medium der Schrift zu überführen,

---

[137] Wiest 1997, 232.

[138] Wichter 1991, 80.

[139] Ebd.

[140] Vgl. Kap. 2.2.5.

damit diese als integrale Teile der Kommunikation geltend gemacht werden können. Nun entspräche es aber nicht dem Konzept der Vis-à-vis-Kommunikation, zwei unterschiedliche semiotische Kanäle in einem beschränkten Wahrnehmungsraum auf einen Kanal zu reduzieren, also Nonverbales in Ermangelung visueller Perzeptions- und körpersprachlicher Performationsmöglichkeiten in Verbales zu überführen und in Form sprachlicher Beschreibungen dessen wiederzugeben, was man eigentlich konzeptionell als Nicht-Sprachliches auffaßt. Zudem widerspräche solcherlei Überführung von Nonverbalem in Verbalisiertes dem in (II) skizzierten Ökonomieprinzip: Ein eine Äußerung untermalendes Augenzwinkern in einem rein schriftbasierten Trägermedium zu realisieren als eine Phrase "Ich zwinkere mit den Augen", würde die Chat-Kommunikation noch schwerfälliger machen, als sie es aufgrund des Verschriften-Müssens ohnehin schon ist. Des weiteren würde – bei einer verbalisierten Beschreibung von Nonverbalem – die Zuordnung einzelner Äußerungsteile zu den unterschiedlichen Ausdrucksebenen dem jeweiligen Rezipienten eine zusätzlichen Interpretationsleistung abverlangen, insofern er dann zum Beispiel in einer Äußerung der Art

A: Gestatten, daß ich lache. Ich zwinkere mit den Augen.

zunächst einmal entscheiden müßte, welches Textsegment als verbale Äußerung zu verstehen ist und welches Textsegment lediglich etwas eigentlich Nonverbales in verbalisierter Form repräsentiert.

Daher darf zu erwarten sein, daß im Chat Nonverbales zwar in Form von Schriftzeichen repräsentiert bzw. kompensiert wird, die semiotische Funktion von Schriftzeichen zur Repräsentation von Nonverbalem aber eine andere ist als in denjenigen Äußerungsteilen, in welchen sprachlich proponiert wird. Zudem muß die Art und Weise der graphematischen Repräsentation von Nonverbalem so weit als möglich ökonomisch sein, um den Prozeß der Äußerungsproduktion nicht noch mehr zu komplizieren, als er es ohnehin schon ist.

Die sogenannten "Smileys" bzw. "Emoticons" erfüllen sämtliche dieser Kriterien: Sie sind zusammengesetzt aus Schrift- und Sonderzeichen, fungieren aber nicht in erster Linie als Repräsentationen konventionell erschließbarer Bedeutungen, sondern als ikonographische Rekonstruktionen typisierter Gesichtsausdrücke. Zudem sind sie kurz und griffig, da sie nur in seltenen Fällen aus mehr als drei Einzelzeichen bestehen. Insofern lassen sie sich mit Reid 1991 als "a 'short-hand' for the description of physical condition"[141] bezeichnen, beziehungsweise mit Lenke/Schmitz 1995 als Ideogramme, "die als Ersatz für Gestik und vor allem Mimik dienen"[142] und somit - nach Wagner/Schlese 1997 - einen Versuch darstellen, "die kommunikative Armut der schriftlichen Kommunikation zu überwinden"[143], und die sich nach Runkehl/Schlobinski/Siever 1998a hinsichtlich dessen, was sie ausdrücken sollen, entsprechend klassifizieren lassen[144]. In manchen Fällen werden mit solcherlei Zeichenkombinationen auch Handlungen dargestellt oder comichafte Selbstbeschreibungen gegeben.

Natürlich kommt auch das Anwenden und Verstehen von Smileys bzw. Emoticons nicht gänzlich ohne Konventionen aus: Das Mindest-Regelwissen, über das ein Chat-Teilnehmer verfügen muß, um dieserlei Ideogramme usuell zu gebrauchen und adäquat deuten zu können, besteht darin, zu wissen, daß (a) die Kombination bestimmter Schrift- oder Sonderzeichen auf das Gegebensein eines Smileys bzw. Emoticons schließen läßt, (b) diese Smileys ideographisch zu interpretieren sind, und (c) diese Smileys bzw. Emoticons in einer um 90° gedrehten Ansicht zu betrachten sind. Handelt der

141 Reid 1991.

142 Lenke/Schmitz 1995, 123.

143 Wagner/Schlese 1997, 253; vgl. hierzu auch Haase/Huber/Krumeich/Rehm 1997, 64f.: "Die [...] Ideogramme befinden sich nahe an der konzeptionellen Mündlichkeit, und zwar in einem Bereich, in dem die eigentliche Schriftsprache als unzureichend empfunden wird." - Diese 'semiotischen Innovationen' sind also nur insoweit 'innovativ', als mit ihnen versucht wird, bestimmte aus der Vis-à-vis-Kommunikation bekannte Zeichensysteme in neuartiger medialer Repräsentation *nachzubilden*; gänzlich *neue* Zeichensysteme werden damit nicht eingeführt, vielmehr bedienen sich die Chatter hier "imitativ verbaler und non-verbaler Konventionen, die ihr Pendant in der Kommunikation tradierter Systeme suchen." (Sassen 2000, 92).

144 Vgl. Runkehl/Schlobinski/Siever 1998a, 96f.

Rezipient einer Äußerung nach (a), (b) und (c), so kann er sich das, auf was das jeweils verwendete Smiley verweist, erschließen *ohne* über eine spezifische Konvention über die Bedeutung dieses konkreten Smileys zu verfügen, da Smileys sich - eben weil ideographisch - in der Regel aus sich selbst heraus erschließen. Ist dies nicht der Fall, so handelt es sich um Ausnahmefälle, die Wagner/Schlese 1997 unter die Rubrik "Kunst im Internet" rechnen: "Was nicht sofort eindeutig ist, verschwindet auch gleich wieder im Fluß des Gesprächs, der ein Zurückfragen nach der Bedeutung eines Emotikons zehn Zeilen früher fast unmöglich erscheinen läßt."[145]

In populären Beiträgen zur Kommunikation im Internet werden oftmals seitenweise Exemplare solcher Smileys bzw. Emoticons nebst ihren paraphrastischen Äquivalenten aufgelistet, wodurch bei Außenstehenden der Eindruck erweckt wird, solcherlei Zeichen seien ein System streng konventionalisierter Symbole und die 'Sprache des Internet' sei ein kryptisches Schloß mit sieben Siegeln, dessen man sich erst dann adäquat bedienen könne, wenn man zumindest Dutzende dieser Ideogramme kenne und zu deuten imstande sei. Tatsächlich läßt sich die Gesamtheit all dieser vielerorts angeführten Exemplare hinsichtlich der Frequenz ihrer tatsächlichen Verwendung relativ mühelos auf maximal zehn reduzieren. Zudem ist - wie noch zu zeigen sein wird - ihre Bedeutung keineswegs so streng konventionalisiert, wie man als außenstehender Leser besagter Auflistungen glauben mag.

Die mit Abstand am häufigsten verwendeten Smileys bzw. Emoticons stellen in der Regel Gesichter dar, die eine jeweils spezifische Miene zeigen.[146] Diese Gesichter sind generiert aus einem Grundzeichenbe-

[145] Wagner/Schlese 1997, 253.

[146] Über die Tatsache, daß die gängisten Smileys jeweils ein stilisiertes menschliches Gesicht darstellen, stellen Wagner/Schlese die Vermutung an, dies "könnte daran liegen, daß das menschliche Gesicht den größten Reichtum an emotionalen Ausdrucksmöglichkeiten hat - vielleicht äußert sich hierin allerdings auch die Körperferne der computervermittelten Kommunikation." (Wagner/Schlese 1997, 253). Eventuell könnte man diese Tatsache auch als ein weiteres Indiz für das Gegebensein einer konzeptionellen Mündlichkeit an-

stand von maximal vier Sonderzeichen, von denen jedes in stilisierter Form eine physiognomische Region abbildet. Die Topoi, anhand derer die Abbildung vorgenommen wird, sind dabei obligatorisch Augen- und Mundpartie, sowie fakultativ Nase, Frisur und gegebenenfalls weitere Körpermerkmale unterhalb des Gesichts.

Eine ansatzweise Typologie der gängisten Smileys läßt sich ausgehend von ihrem prototypischen Vertreter, dem ausdruckslosen Gesicht "**:-|**" aufstellen. Je nach dem, welcherlei Gefühlszustand oder Handlungsvollzug jeweils dargestellt bzw. deklariert werden soll, werden die hierfür jeweils maßgeblichen Partien entsprechend variiert[147]:

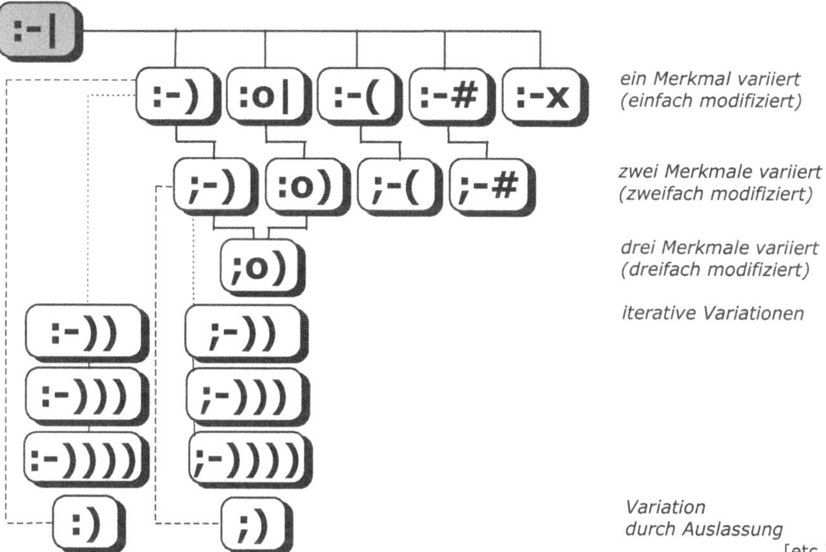

Fig. 5: Beispiel einer typologischen Ordnung der gängigsten Smileys.

sehen, insofern in der Vis-à-vis-Kommunikation der Blick des jeweiligen Redepartners ja hauptsächlich auf das Gesicht seines Gegenübers fixiert ist.

[147] Die jeweiligen Sonderzeichen, die diese Gesichtspartien ikonographisch repräsentieren, könnte man in Anlehnung an die in Hellmann 2000 aufgezeigte Methode einer graphematischen Rekonstruktion zusammengesetzter Zeichen auch als die "Organe" der Smileys bezeichnen, aus deren (organischem) Zusammenspiel sich die Bedeutung des zusammengesetzten Zeichens (unter Berücksichtigung des jeweiligen Verwendungskontexts) ermitteln läßt. (Vgl. Hellmann 2000).

Smileys werden nur in Ausnahmefällen turnintern verwendet, sondern stehen in der Regel *am Ende* des Turns, dessen propositionaler Gehalt unter dem Kriterium desjenigen, was mit dem Smiley zum Ausdruck gebracht werden soll (Freude, ironisches Augenzwinkern, Mißmut, etc.) dem jeweiligen Rezipienten zu bewerten aufgegeben wird. Die Bedeutung dieser Smileys ist nur ansatzweise in Form allgemeiner Paraphrasen zu beschreiben, insofern sie in verschiedenen konkreten Verwendungen und je nach Kontext unterschiedliche Funktionen erfüllen können[148], was an folgenden Beispielen demonstriert sei:

(1) FHamster kommt aus dem Raum **kaefig** herein.
(**FHamster**) Hi Meerschweinchen :o)
(**ineli26**) sag mal .. gangster, bist ganz schoen schreibfaul, in letzter zeit *g*
(**ineli26**) hi FH
(**FHamster**) Vom kaefig in den Saustall *lol*
(**Meerschweinchen**) hi fhamster *freu*
Gangster knuddelt und knuuutscht seine Ineli erst mal richtig
(**Raebchen**) huhu FH
(**FHamster**) Hi Fräulein ineli :o) [149]

(2) (**Arktikus**) Antarktika: vielleicht könnte ich die FAhrt ja auch als kulturelle Bildungsreise sponsoren lassen ;-)
(**ZOOL**) Fin: tztztz....naja..die können es ja nicht besser *fg*
(**Antarktika**) Arktikus:probiers halt *lol* [150]

(3) (**AMOR**) warmduscherin...warmduscherin :o)
(**tinetine**) weichei... weichei...
(**tinetine**) :-))) [151]

(4) ***Nachtfee lächelt durch den ganzen Chat zu Kermit ;-)*** [152]

(5) **Dusty** redet zu Dir: ich selbst spiele seit 1985 (ca.) Schlagzeug, in verschiedenen Bands und auch ab und zu nur so bei Jam Sessions und so...hauptsache, die Stimmung stimmt! :-) [153]

(6) **Mann** redet zu Dir: na wie geht es ???
Du redest zu **Mann**: so ganz gut, bis auf das ich gerade vor einem Statistikprogramm verzweifel. Und Dir?

---

[148] Vgl. hierzu Runkehl/Schlobinski/Siever 1998a, 97ff; Wagner/Schlese 1997, 254.

[149] Mitschnitt vom 7.2.99.

[150] Mitschnitt vom 17.11.98.

[151] Mitschnitt vom 18.11.98.

[152] Mitschnitt vom 24.2.99.

[153] Mitschnitt vom 12.2.99.

Mann redet zu Dir: Statistik ??? Habe das Fach auch nur mit einer 4.0 bestanden :-) [154]

(7) (**moni**) rehi Sx :-) [155]

Während dem (zweifach modifizierten) lachenden Gesicht in der Variante "**:o)**" in (1) eine expressive Funktion zukommt, insofern es bildhaft *FHamsters* Freude über das Erscheinen von *ineli26* ausdrükken soll, erscheint derselbe Smiley in Beispiel (3) in Form einer "bewertende[n] Funktion mit einer ironisierenden Komponente"[156] und ist somit unter ähnlicher Intention gesetzt wie der in der Mundpartie iterierte Smiley "**:-)))**" im selben Beispiel und wie der augenzwinkernde Smiley "**;-)**" in Beispiel (2). Andererseits findet in Beispiel (4) eben dieser augenzwinkernde Smiley expressive Verwendung zur Illustration des im Rahmen des Turns beschriebenen Lächelns.

Der (einfach modifizierte) lachende Smiley "**:-)**", der im allgemeinen die häufigste Verwendung findet, steht in Beispiel (6), um Einverständnis zum Ausdruck zu bringen (*Mann* verwendet ihn, um *Frau* zu bestätigen, daß er ihre Aussage, vor einem Statistikprogramm zu verzweifeln, sehr gut nachvollziehen könne). In Beispiel (7) dagegen wird "**:-)**" genauso gebraucht, wie "**:o)**" in Beispiel (1). [Usw. ...]

Wagner/Schlese 1997 weisen darauf hin, daß eine "feststehende Bedeutung" der jeweiligen Smileys bzw. Emoticons aufgrund der Variabilität ihrer Verwendungsweisen kaum ermittelbar ist und auch nicht zu ermitteln versucht werden muß: "Solche strengen Konventionen der Zeichen-Verwendung würden nicht in die Kultur des Internet passen, die sich selbst als offen, frei und selbstorganisiert versteht. Emotikons werden ad hoc konstruiert, beziehen ihre Bedeutung aus dem Kontext und zerfallen wieder in ihre Bestandteile, um von jemandem anderen anders verwendet zu werden."[157]

---

[154] Mitschnitt vom 21.22.98.

[155] Mitschnitt vom 18.12.98.

[156] Runkehl/Schlobinski/Siever 1998a, 98.

[157] Wagner/Schlese 1997, 254.

Eine Alternative zu den Smileys bzw. Emoticons stellen die "Acronyms" dar, die ebenfalls Emotionalität ausdrücken bzw. deklarieren und/oder illokutionäre Funktion erfüllen können, dies allerdings nicht auf ideographischem Wege, sondern in Form von Abkürzungen für englische Substantiva, die Mimik und Gesichtsausdrücke bezeichnen. Um semiotisch vom übrigen Text eines Turns unterscheidbar zu sein, werden sie konventionalisiert mit Asterisken ausgezeichnet. Ebenso wie die Smileys stehen sie zumeist turnfinal. Die gängigsten Vertreter sind hierbei die Akronyme ***s*** 'smile', ***g*** 'grin', ***bg*** 'big grin' und ***fg*** 'fat grin'.

Der Übergang zwischen den Akronymen und den im nächsten Abschnitt behandelten dynamischen Aktions- und Zustandsbeschreibungen (die ebenfalls mit Asterisken umschlossen werden) ist fließend, insofern beispielsweise die ebenfalls sehr häufig anzutreffenden Akronyme ***lol*** 'loughing out loud' und ***rotfl*** 'rolling on the floor laughing' neben einem Gesichtsausdruck auch noch eine damit in Zusammenhang stehende spezifische Handlung beschreiben.

In einem weiteren Sinne lassen sich zu den semiotischen Innovationen in Chat-Kommunikation auch noch diejenigen Zeichen und Sonderzeichen zählen, die in bestimmten kommunikativen Kontexten dazu genutzt werden, ebenso wie die Smileys ein Bewertungskriterium für das im jeweiligen Turn Proponierte zur Verfügung zu stellen. So werden mitunter mehrfach wiederholte Ausrufezeichen oder drei Punkte zur Kommentierung oder parasprachlichen Markierung von Turns herangezogen.[158]

Daß solcherlei semiotische Innovationen – sowohl Smileys, Akronyme oder die Umfunktionierung bestimmer Sonder- bzw. Interpunktionszeichen – letztendlich den Nuancenreichtum menschlicher Mimik,

[158] Vgl. auch Wiest 1997, 236.

Prosodie und Intonationsmöglichkeiten nur ansatzweise zu kompensieren imstande ist, betont Howard Rheingold in einem Interview:

> "[...] die menschliche Stimme bringt eine Vielzahl von Nuancen herüber. Am Tonfall einer Stimme läßt sich viel von der Metabedeutung der Worte erkennen. Oft läßt sich beispielsweise ein Unterschied zwischen Sarkasmus und Ironie heraushören. Derartige Zeichen fehlen, wenn alles, was es gibt, Wörter auf einem Bildschirm sind. Und es geschieht leicht, daß man beispielsweise Sarkasmus mit Ironie verwechselt."[159]

Auch Wagner/Schlese 1997 stellen fest: "Ein wirklicher Ersatz für die Ausdrucksfähigkeiten der nonverbalen Kanäle in mündlicher Kommunikation sind die Emotikons [...] mit Sicherheit nicht."[160] Für die übrigen semiotischen Innovationen kann dies sicherlich in ähnlicher Weise geltend gemacht werden. In folgendem Beispiel werden etwa die drei Pünktchen am Ende des Turns von *ShadowMage* in Z.6 von *Meerschweinchen* (bewußt) mißverstanden und zunächst mit Schmollen, anschließend sogar mit Verlassen des Chat-Raums beantwortet:

Meerschweinchen ist schließlich ein SuMeerschweinchen und darf das, shadow *ggg*
(**ShadowMage**) paß bloß auf, MS... ;o)
(**Meerschweinchen**) *zitter*@vampir
(**Meerschweinchen**) *holzpflockhol*
(**ShadowMage**) ach jetzt hör bloß auf...
Nachtfee ist jetzt weg: neue boshafte mail lesen :-(
Meerschweinchen hört dann mal auf, wenn shadow das sagt! *schmoll*
(**Meerschweinchen**) /q aufhören
Meerschweinchen verlässt den Raum.
(**ShadowMage**) *g* war doch nicht so gemeint, MS... tschuldige...[161]

Dem Sonderzeichen "@" kommt im Chat eine besondere Bedeutung zu: Während es in der Internet-Kommunikation geläufig ist als Verknüpfungszeichen zwischen Benutzer-ID und Rechnername in E-Mail-Adressen (z.B. in *Michael.Beisswenger@urz.uni-heidelberg.de*) und in diesem Zusammenhang gemeinhin paraphrasiert wird mit engl. "at", wird es im Chat als Signal für die Adressierung von Äußerungen

---

[159] Rheingold 1998, 273.
[160] Wagner/Schlese 1997, 254.
[161] Mitschnitt vom 7.2.99.

oder Äußerungsteilen verwendet und erfährt somit einen Gebrauch, der sich eher mit engl. "to" paraphrasieren ließe, wie nachfolgende Beispiele belegen:

(1) (**Netter_Junge**) Ich bin 13 und ein halbes Jahr !
(**chatfeever**) aber das ham ja schon ganz andere geschafft warum ich nicht
sunnyboy01 geht in einen anderen Raum: **Krauss**
phips kommt aus dem Raum **warten_auf_nicole** herein.
(**Tartaruga**) süß@netter Junge[162]

(2) **(laberkopp)** nee normale zeit
(XavierNaidoo) für mich ist 6:10 am sonntag morgen früh !
(ineli26) normale zeit
(Cambiata) laberzeit halt
(laberkopp) genau *g@cambiata*[163]

Zuletzt ist noch auf den passagenweise gezielten Einsatz von Großschreibung hinzuweisen, der – vermutlich in Anlehnung an die Typographie in Comictexten (s. Abb.) – als Ersatz für die intonative/ prosodische Dynamik mündlicher Kommunikation verwendet wird.

Abb.3: Comic "*Clever&Smart*".

Die Verwendung von "graphematisch orientierten expressiven Ausdrucksmitteln"[164] wie etwa dem "Wechsel zu Großbuchstaben analog zum Heben der Stimme zur Verstärkung einer emotionalen Mitteilung"[165] oder dem Gebrauch der Dauerfunktion einer Taste zur Markierung besonders hervorzuhebender Äußerungsteile gehört im Chat

---

[162] Mitschnitt vom 12.2.99.

[163] Mitschnitt vom 12.12.98.

[164] Wichter 1991, 86.

[165] Wiest 1997, 236.

zum eingespielten Visualisierungsinstrumentarium für Parasprachliches:

(**quia**) mathe mündlich? MATHE MÜNDLICH! BRUTAL! das war bei uns schriftlich und schon schlimm genug![166]

(**dr.hc**) warum grinst ihr so? drogen?
(**rudolf**) Wir wollen die Welt verbessern... OHNE Drogen!!!!![167]

Burzel nimmt anlauf und stürzt sich im HUUUUUURRRRRAAAAAA auf SX zum SUPERDUPPERHYPERMEGAKKKKKNNNNUUUUUDDDDLLLÄÄRRRRR [168]

Werden solcherlei Ausdrucksmittel allerdings inflationär oder aus Sicht der Kommunikationspartner unnötig verwendet, so wird deren Gebrauch oftmals als störend empfunden, da etwa ungerechtfertigte Großschreibung als Schreien aufgefaßt wird, wie folgendes Beispiel verdeutlicht:

Arg-Kranker-Patient schreit mal in die Pyramide
Baghira redet zu Dir: kannst dich ja mal per telefon melden.
(**Arg-Kranker-Patient**) KLONIE
(**Arg-Kranker-Patient**) HAMSTER
(**Arg-Kranker-Patient**) SWINGS
Baghira hält sich die Ohren zu. [169]

2.3.9 Handlungs- und Zustandsbeschreibungen in Asterisken

Eine weitere Innovation im Rahmen schriftlicher Äußerungsvollzüge im Chat sind die in Asterisken eingeschlossenen Ausdrücke, mit denen in der Regel entweder Handlungen oder individuelle Erlebnis-, Gefühls- und Empfindungszustände beschrieben bzw. deklariert werden. Somit werden sie in ähnlicher Weise eingesetzt wie die oben beschriebenen "/me"-Äußerungen, allerdings mit dem Unterschied, daß bei den "/me"-Äußerungen eine fiktive Außensicht auf die Handlungen bzw. die zu beschreibenden Eigenschaften des Chat-Charakters simuliert wird, während die Asterisk-Äußerungen ihrer

[166] Mitschnitt vom 12.2.99.
[167] Mitschnitt vom 1.12.98.
[168] Mitschnitt vom 18.12.98.
[169] Mitschnitt vom 18.12.98.

Generiertheit nach eher eine subjektiv-deklarative Schilderung dessen geben, was mit ihnen ausgedrückt wird. Zudem handelt es sich bei den Asterisk-Äußerungen ausschließlich um Ein-Wort-Ausdrücke, die durchaus auch komplex sein können, insofern sie oftmals elaborierte Produkte aus der Anwendung spezifischer Wortbildungsregeln auf eine Menge potentiell satzkonstitutiver Wörter darstellen.

Beispiele:

(1) (**laberkopp**) indianer: vorhin wars noch vieeel voller *aechtz*[170]

(2) (**laberkopp**) *hihihihi*[171]

(3) Du redest zu **Tartaruga:** du lebst *freu* :o))[172]

(4) ***Cybo kommt aus Ulan Bator neben Ered Gorgoroth***
(**we**) CYBO!!!!! *freufreufreufreufreu* [173]

(5) ***soo...Casi hat genug gesehen....Bis dann mal...cya @ all... *winkindieRunde**** [174]

(6) (**SPOOKY**) Arktikus, an welche dumme Sache denkst du *gelbenaugenanstarr*[175]

(7) Du redest zu **Baghira**: *knuddelmalsozwischendurchganzarg* - sutze übrigens gerade in meinem geheimen gestaltwandler fest - aber mach dir keine sorgen...
Baghira redet zu Dir: *dirmaleincarepaketrüberbeamabernurwenigesorgenmach,weil weißdaßduintelligentbist*[176]

(8) ***Arktikus kuschelkt sich an Antarktika.. *jezzbeidirbleibenwill**** [177]

(9) (**chatfeever**) da kannste wenigstens auswendig lernen und musst nicht erklären *angst*[178]

(10) (**chatfeever**) ja *schlechtesgewissen*[179]

(11) (**Raebchen**) *wiiiiinkzappel* @ineli[180]

(12) (**ineli26**) danke burzel *umdenhalsfall*[181]

(13) (**Huhu,Nelli**) *neliwiedervondentotenerweck*

---

[170] Mitschnitt vom 17.11.98.

[171] Mitschnitt vom 18.11.98.

[172] Mitschnitt vom 12.2.99.

[173] Mitschnitt vom 5.2.99.

[174] Mitschnitt vom 24.11.98.

[175] Mitschnitt vom 17.11.98.

[176] Mitschnitt vom 1.12.98.

[177] Mitschnitt vom 17.11.98.

[178] Mitschnitt vom 12.2.99.

[179] Mitschnitt vom 12.2.99.

[180] Mitschnitt vom 7.2.99.

[181] Mitschnitt vom 10.12.98.

(nelli) *lebnichtmehr*
(Huhu,Nelli) NEIN!!!!!!
(chatfeever) *wiederbeatme*
(Meerschweinchen) *lebendigknuddel*@nelli
(Huhu,Nelli) *allewiederbelebungsmöglichkeitenausprobier*
(Huhu,Nelli) *mitknuddel*
(nelli) *erstrechtkratzab*
(Huhu,Nelli) IST HIER EIN ARZT?????
(chatfeever) *mundzumundbeatme*
(Huhu,Nelli) MEDIZINER VOR!!!!!
(nelli) ihhhhhh *wachauf*
(Huhu,Nelli) uuups...
Desperado betritt den Raum.
(Huhu,Nelli) *wachküss*[182]

Beim Gebrauch von "/me"-Äußerungen hingegen wird das zu Beschreibende stets als Satz oder zumindest als Satzfragment formuliert. Ein Chat-Teilnehmer, der unter dem Nickname *petey* eingeloggt ist, könnte somit eine Handlungssequenz H auf der Grundlage desselben Wortmaterials M auf zwei verschiedene Weisen deklarieren, und zwar zum einen in Form einer "/me"-Äußerung A_1, zu deren Formulierung er auf die Elemente von M eine Satzbildungsregel anwendet, oder zum anderen in Form einer Äußerung A_2, die einen Asterisk-Ausdruck A* beinhaltet, zu dessen Generierung er auf die Elemente von M eine Wortbildungsregel anwendet:

H: SUSI IN DEN ARM NEHMEN UND TRÖSTEN

M: <Susi (sie), in, den, Arm, nehm-/nimm-, und, tröst->

A_1: /me nimmt Susi in den Arm und tröstet sie

A_2: Susi: *indenarmnehmundtröst*
[mit "Susi" als Adressierungsangabe
und A*: "*indenarmnehmundtröst*"]

In ersterem Fall (der "/me"-Äußerung) verlangt die fiktive Außensicht auf das Geschehen, sowie die Valenz des Tätigkeitsverbs *trösten* die Wiederaufnahme von "Susi" im zweiten Satzteil in Form von "sie", um die durch *trösten* eröffnete akkusativische Objektstelle zu bedienen. In zweiterem Fall ist die Äußerung als Ganze direkt an Susi adressiert; zudem stellt *"indenarmnehmundtröst"* grammatisch ein

[182] Mitschnitt vom 7.2.99.

(prädikatives) Verb dar, dessen Form einerseits zwar infinit anmutet, das aber andererseits - aufgrund seiner Einbettung in einen Turn des Typs (i)[183], mit dem in der Regel Äußerungen in direkter Rede vollzogen werden - das mit ihm Beschriebene als an die subjektive Sicht des Äußernden gekoppelt erscheinen läßt. Prinzipiell können die Formen der jeweils zur Bildung solcher Asterisk-Ausdrücke verwendeten Verben zwischen dem freien Verbstamm und der 1. Person Singular variieren; der Bezug auf den Äußernden als Subjekt der mit ihnen beschriebenen Zustände und Handlungen wird aber dadurch nicht in Frage gestellt:

(**mundgeruch**) über was habt ihr euch den so unterhalten *neugierigsei*[184]

Arktikus kuschelkt sich an Antarktika.. *jezzbeidirbleibenwill*[185]

Aufgrund der Univerbierung der Prädikatsausdrücke *'in den Arm nehmen'* (PA_1) und *'trösten'* (PA_2), die dem Ausdruck A* *'indenarmnehmundtröst'* zugrundeliegt, gilt es im Kontext einer Äußerung von A_2 nicht mehr, je zwei Objektstellen für zwei eigenständige zweistellige Prädikatsausdrücke zu besetzen, sondern lediglich zwei Objektstellen für den aus der Univerbierung von PA_1 und PA_2 entstandenen komplexen Ausdruck A*. Die Belegung der Objektstellen dieses Ausdrucks wird ersichtlich zum einen im Äußernden als Subjekt und in der Bezeichnung eines Adressaten als Objekt der deklarierten Handlung. Faßt man die Form *indenarmnehmundtröst* auf als eine infinite Reduktionsform einer finiten 1.-Person-Singular-Konstruktion, so läßt sich A_2, das auf dem Anzeigebildschirm in Form von A_2' dargestellt wird, paraphrasieren mit P_{A2}':

A_2: Susi: *indenarmnehmundtröst*

A_2': (**petey**) Susi: *indenarmnehmundtröst*

P_{A2}': Ich, petey, deklariere folgende Handlung, die sich auf Dich, Susi, bezieht: Ich nehme Dich in den Arm und tröste Dich.

---

183 Vgl. Kap. 2.2.7.

184 Mitschnitt vom 12.2.99.

185 Mitschnitt vom 17.11.98.

Die Explizierung der Adressierung einer solchen Äußerung kann auch entfallen, sofern sich aus dem Kontext eindeutig ergibt, wer damit angesprochen wird bzw. wenn zum Zeitpunkt der Äußerung nicht mehr als zwei Personen miteinander kommunizieren.

Ein solcher prädikativer Gebrauch von Verbstämmen zu beschreibenden/deklarativen Zwecken läßt sich auf die deutsche Übersetzung englischer Comicsprache zurückführen.[186]

Abb.4: Comic *"Donald Duck"*.

Zur heuristischen Fassung und phänomenologischen Differenzierung dieser hier als 'Asterisk-Ausdrücke' eingeführten Worteinheiten lassen sich sowohl unter dem Kriterium der Wortbildung als auch unter semantischem Aspekt bestimmte Typeneinteilungen vornehmen, die nachfolgend jeweils zunächst schematisch dargestellt und anschließend erläutert werden sollen:

[186] Vgl. Runkehl/Schlobinski/Siever 1998a, 106f. u. 111; Lenke/Schmitz 1995 128f.

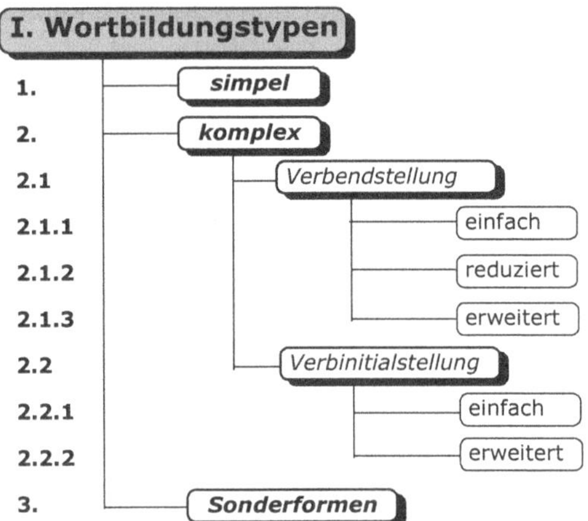

Fig. 6.1: Typologie von Asterisk-Äußerungen nach Wortbildungstypen.

Erläuterung:

(1.) *Simple* Wortbildungen sind Ausdrücke des Typs Verbform + ∅ (Bsp.: **freu*, *knuddel*, *lächel*, *ächz**). Iterierte Formen sind selten, aber möglich (Bsp.: **freufreufreufreu**).

(2.) *Komplexe* Wortbildungen liegen vor, wenn der jeweilige Ausdruck neben der Verbform eine oder mehrere weitere Konstituenten aufweist, die sowohl Adjektive als auch Substantive sein können. Runkehl/Schlobinski/Siever 1998a bezeichnen solche Ausdrücke als durch Inkorporation "präferiert verbbezogene[r] Adverbiale (Adjektive) und Objekte (N, NP)"[187] entstanden (Bsp.: **freuirrsinnig*, *megaknuddel*, *angsthab*, *gelbenaugenanstarr*, *winkindie-Runde**).

(2.1) *Einfache* Formen komplexer Ausdrücke mit Verbendstellung sind Wortbildungen, die neben einer final stehenden Verbform genau eine weitere Konsituente aufweisen (Bsp.: **wissenwill*, *unschuldigguck**). Mitunter können solche Ausdrücke in *reduzierter* Form auftreten, und zwar dann, wenn die Verbform kopulative Funktion erfüllt; in solchen Fällen wird das Verb ausgespart (Bsp.:

angst[hab]*, *schlechtesgewissen*[hab]*, *neugierig*[sei]*). Daß eine mit einem Asterisk-Ausdruck vorgenommene Zustandsbeschreibung auf den jeweils Äußernden zu beziehen ist, bleibt trotz reduzierter Form eindeutig:

(**chatfeever**) da kannste wenigstens auswendig lernen und musst nicht erklären *angst* [188]

Erweiterte Formen liegen dann vor, wenn einer der beiden Konstituenten eine Mehr-Wort-Einheit oder Phrase zugrundeliegt (Bsp.: *ganzgenauwissenwill*, *glühweinaufgewärmtsei*, *gelbenaugenanstarr*).

(2.2) *Einfache* Formen komplexer Ausdrücke mit Verbinitialstellung sind Wortbildungen, die neben einer initial stehenden Verbform genau eine weitere Konsituente aufweisen (Bsp.: *freuirrsinnig*). Da das Verb in solchen Ausdrücken aufgrund seiner Initialstellung den Skopus darstellt, werden in ihnen in der Regel nur Vollverben und keine Kopula verwendet, wodurch reduzierte Formen nicht auftreten.

Erweiterte Formen treten ebenso wie bei Verbendstellung dann auf, wenn über einer der beiden Konstituenten selbst bereits eine Wortbildungsoperation ausgeführt wurde (Bsp.: *testganzvorsichtig*, *knuddelganzdolle*). Im folgenden Beispiel etwa ergibt sich der erweiterte Ausdruck mit Verbinitialstellung aus einer Konstituente 1, die selbst bereits eine erweiterte komplexe Form darstellt (*knuddelganzarg*) und einer Adverbialphrase (*malsozwischendurch*) als Konstituente 2: *knuddelmalsozwischendurchganzarg*.

(3.) Als *Sonderformen* lassen sich solche Ausdrücke bezeichnen, deren Zuordnung zu einer der Typenklassen nicht eindeutig möglich ist. Hierzu zählen vor allem Akronyme wie *s* oder *g*, bei denen nicht eindeutig entscheidbar ist, ob der ihnen zugrundeliegende (englische) Ausdruck (*smile, grin*) als Substantiv oder als Verb aufzufassen ist, ob es sich bei ihnen also um reduzierte einfach-komplexe Formen mit Verbendstellung handelt oder vielmehr um simple freie

[187] Runkehl/Schlobinski/Siever 1998a, 109.
[188] Mitschnitt vom 12.2.99.

Verbformen. Zwar deuten etwa die Modifikationen von **g** (**bg** 'big grin', **fg** 'fat grin') eher darauf hin, daß 'grin' als Substantiv aufzufassen ist, andererseits wird aber auch als deutsches Äquivalent oftmals der Ausdruck **grins** gebraucht, der eindeutig eine Verbalform darstellt (analog dazu der Gebrauch von **lächel** als ausgeschriebenes deutsches Äquivalent zu **s** 'smile').

Nicht selten werden auch mehrere beschreibende Ausdrücke miteinander zu einem Ausdruck verknüpft (Bsp.: **freuknuddel*, *winknochmalundlogwech**) oder Ausdrücke um relativische Ergänzungen erweitert, was eine gewisse anarchische Lust am kreativen Spiel mit Sprache offenbart, insofern somit mitunter monströse Wortbildungsprodukte erzeugt werden wie etwa im folgenden Beispiel:

Du redest zu **Baghira**: *knuddelmalsozwischendurchganzarg* - sutze übrigens gerade in meinem geheimen gestaltwandler fest - aber mach dir keine sorgen...

Baghira redet zu Dir: *dirmaleincarepaketrüberbeamabernurwenigesorgenmach,weilweißdaßduintelligentbist*[189]

[189] Mitschnitt vom 1.12.98.

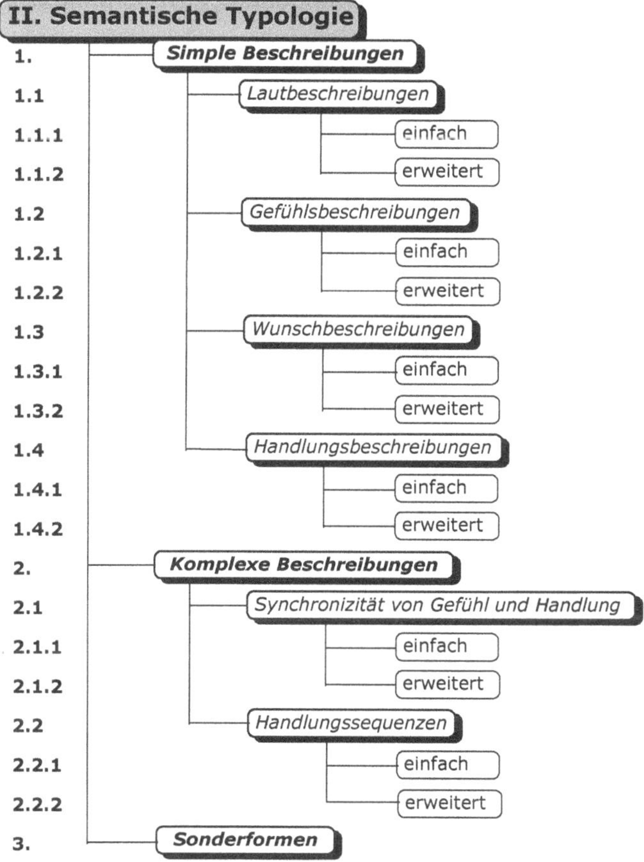

Fig. 6.2: Typologie von Astersik-Äußerung nach semantischen Kriterien.

Erläuterung:

(1.) *Simple* Beschreibungen liegen dann vor, wenn mit dem Ausdruck ein einzelner Sachverhalt beschrieben wird, z. B. ein Laut (**ächz**), ein Gefühl (**traurigsei*, *freu*, *angst**), ein Wunsch (**wissenwill*, *jezzbeidirbleibenwill**) oder eine Handlung (**knuddel*, *knuddelganzdolle*, *winkindieRunde**). Prinzipiell kann jede dieser Beschreibungen um die Inkorporation einer explizierenden Phrase erweitert werden: **gähnweilmüde** (Lautbeschreibung),

freudaßdudabist*@xy* (Gefühlsbeschreibung), **wissenwillwarumdu-dasgemachthast (Wunschbeschreibung), **dirmaleincarepaket-rüberbeamabernurwenigesorgenmach,weilweißdaßduintelligentbist** (Handlungsbeschreibung).

(2.) Im Rahmen *komplexer* Beschreibungen werden entweder zwei Sachverhalte als synchron gegeben beschrieben (z.B. **freuknuddel** – Gefühls- und Handlungsbeschreibung; **wiiiiinkzappel** – Beschreibung zweier gleichzeitiger Handlungen) oder sequentiell aufeinanderfolgende Handlungen in einem Ausdruck parataktisch aneinandergereiht (Bsp.: **winknochmalundlogwech**). Auch hier sind Erweiterungen möglich (Bsp.: **hängematterauskramundaufspannumbe-quemerzuhängen**).

(3.) Als (seltene) *Sonderformen* treten Beschreibungen auf, in welchen sich der jeweils Äußernde passivisch als Objekt einer Handlung beschreibt wie etwa in folgendem Beispiel:

(**Shera**) Hallo Findalf und SL:o)*KNUDDELEUCH*
(**Happy**) Hallo Shera!
Schwanzus_Longus fügt noch ein 0, davor
(**Shera**) Hallo Happy!!!!!!
(**Happy**) *knuddel@shera*
(**Findalf**) danke shera *geknuddeltbin**reknuddel*[190]

Asterisk-Äußerungen erinnern, sofern sie Handlungsbeschreibungen wiedergeben – ebenso wie die "/me"-Äußerungen (s.o.) – an die Bühnenanweisungen in gedruckten Theaterstücken. Im Gegensatz zu den "/me"-Äußerungen können sie jedoch flexibler eingesetzt werden, da sie nicht als kompletter eigener Turn realisiert werden müssen, sondern an andere Turns angehängt werden können, was wiederum dem Prinzip einer weitestmöglichen Ökonomisierung des Produktions- und Äußerungsprozesses entgegenkommt.

Insofern innewohnt den Asterisk-Ausdrücken ein nicht unwesentliches dramatisches Potential, das vor allem in der Inszenierung simulativer Spielzusammenhänge ausgiebig genutzt wird, da sich mit

[190] Mitschnitt vom 8.2.99.

ihnen Simulationen und "dynamische Bewegungsgesten" (i.S.v. Bühler 1934[191]) deklarieren lassen, ohne für diese Deklarationen einen separaten Turn aufwenden zu müssen.

Nachfolgend seien zwei Passagen aus Mitschnitten wiedergegeben, in denen von Asterisk-Ausdrücken zur Deklaration (Simulation) von Handlungen bzw. Bewegungsgesten ausgiebig Gebrauch gemacht wird. Auf den Spielcharakter und den theatralen Aspekt von Chat-Interaktion soll im zweiten Teil dieser Arbeit noch ausführlicher eingegangen werden.

(**Andra**) *kick*@GD
(**Fischlein**) na also, nicht aufregen und blutdruck senken
(**GeorgeDavid**) *unkipp*
(**GeorgeDavid**) *umkipp*
(**GeorgeDavid**) *vorschmerzenaufundabhüpfentu*
(**GeorgeDavid**) andra ist immer so gemein zu mir *schnief*
(**Fischlein**) Italia? Auch nicht schlecht. Wie wär' es mit einem anderen raum?
Poochie verlässt den Raum.
(**Andra**) ...*schadenfreude*@GD
Cybo kommt aus Ulan Bator neben Ered Gorgoroth
(**we**) CYBO!!!!! *freufreufreufreufreu*
(**GeorgeDavid**) *heul* frauen sind immer so gemein[192]

(**greaser**) oh mann die mucke ist so geil...
(**greaser**) ich geh kaputt
(**greaser**) *shake*
(**laberkopp**) ich geh mit
(**greaser**) *twist*
(**greaser**) *spring*
(**greaser**) *schrei*
(**greaser**) *hüpf*
(**laberkopp**) lach
(**greaser**) *tanz*
(**greaser**) *surf*
(**monty**) broeb
(**laberkopp**) *dreh*
(**laberkopp**) *schleuder*
(**greaser**) *amraddreh*
(**greaser**) *lach*
(**laberkopp**) *ueberschlag*

---

[191] Vgl. Bühler 1934, 97.
[192] Mitschnitt vom 5.2.99.

(**greaser**) *saltomach*
(**greaser**) *vierfach*
(**greaser**) *ausdemstand*
(**laberkopp**) lach
(**laberkopp**) *stepp*
(**greaser**) was ne geile unterhaltung
(**greaser**) *lachmichschief*
(**laberkopp**) ja ich liebe es mal auf hohem intelektuellen niveau zu kommunizieren*g*
(**ineli26**) *saltomitanlaufundrueckwaertsausderdrehungheraushandstand*[193]

[193] Mitschnitt vom 12.12.98.

3 Chat-Kommunikation zwischen Virtualität und Wirklichkeit(en): Situiertheit, Theatralität, Inszenierung

3.1 Gesprächs-/Räumlichkeits-Metaphorik

> Einen Gegenstand denken heißt, auf ihn wirken.
> *René Magritte*

Im zweiten Teil seiner *Philosophischen Untersuchungen*, Abschnitt IX, reflektiert Wittgenstein über den Zusammenhang zwischen "Sehen" und "Aspekt":

> "Was ist das Kriterium des Seherlebnisses? – Was soll das Kriterium sein?
> Die Darstellung dessen, 'was gesehen wird'."[194]

Erkenntnis ist insofern immer relativ, weil aspektabhängig: "'stetige[s] Sehen' eines Aspekts"[195] muß zwar vom "Aspektwechsel"[196], vom "Seherlebnis" des "Aufleuchten[s] eines [neuen] Aspekts"[197] unterschieden werden, – letztendlich ist "Sehen" jedoch stets ein "Sehen als", bewegt sich also immer entlang der Eigenheiten eines bestimmten Aspekts. Unabhängig davon, daß hierdurch Wahrheit und reine Erkenntnis zu äußerst problematischen und schwer haltbaren Entitäten werden, lassen sich hieraus Ableitungen ziehen hinsichtlich der Konstitution und Konstituiertheit von alltäglichen Erklärungsstrategien, für das "Sehen" von Gegenständen und Sachverhalten, für die Methode, um bezüglich ihrer zu einem "Sehen als", zum "Sehen" einer "Darstellung" zu gelangen und somit dem zu Sehenden zu einer vorstellbaren Faß- und Mittelbarkeit zu verhelfen.

---

[194] Wittgenstein 1997, 526.

[195] Ebd., 520.

[196] Ebd., 522.

[197] Ebd., 525.

Bringt man in diesem Punkt den objektiven Relativismus des späten Wittgenstein mit der von Max Black formulierten Interaktionstheorie der Metapher[198] zusammen, so ergibt sich eine gute Ausgangsposition, um Wirkungsweise und Verständniskonstitutivität der Metaphorik in bezug auf das Kommunizieren im Chat zu beschreiben. Grundlage soll hierbei der wissenschaftssoziologische und erkenntnistheoretische Ansatz sein, der besagt, daß alles Erkennen und alle Theorie zunächst - in einem vortheoretischen bzw. "vorterminologischen" Stadium - metaphorisch sei,[199] der Metapher also - in Anschluß an Aristoteles - ein "Prinzip sprachlicher Kreativität und erkenntnispraktischer Rationalität" innewohnt.[200] Insofern lassen sich - mit Reichertz 1998 - Metaphern als "Medien des Handelns" begreifen, deren wesentliche Leistung darin besteht, "das Unbekannte in die Begriffe des Vertrauten" zu fassen.[201]

Nach Black fungiert die Metapher als eine Art Filter, durch welchen der von ihr im Rahmen eines Ausdrucks beschriebene Gegenstand "gesehen" wird. Die Wahl des Sekundärgegenstandes [*subsidiary subject*] ist hierbei daraus motiviert, daß ein bestimmter Ausschnitt seines Implikationszusammenhangs mit einem bestimmten Ausschnitt des Implikationszusammenhangs des Primärgegenstandes [*principal subject*] assoziiert werden kann[202], daß also je nach dem, "was gesehen wird" (Wittgenstein), ein bestimmter "Aspekt" (y) eines Gegenstandes (x) fokussiert und somit als "Kriterium" für das "Sehen von x" für relevant erachtet wird. Das "Sehen von x" er-

---

198 Black 1954; Black 1977.

199 Zusammengefaßt z. B. in Debatin 1989.

200 Debatin 1995, 17.

201 Reichertz 1998, 174. Daß in dieser Leistung metaphorischer Redeweisen zugleich auch deren Problematik gründet, soll in einem späteren Abschnitt dieser Arbeit deutlich gemacht werden, wenn es um die Kritik der *Raum*-Metaphorik in bezug auf Chat-Kommunikation geht.

202 Black 1954, 70-73 und 75f.; Die Termini *principal subject* und *subsidiary subject* und damit die Zerlegung der Metapher in zwei (interagierende) Entitäten gehen zurück auf Richards 1936. Richards benutzt alternativ auch noch *Tenor* für den Primär- und *Vehikel* für den Sekundärgegenstand. (Vgl. Richards 1936).

scheint folglich als ein "Sehen von x *als* y", das erlebt wird in einer jeweils spezifischen Art der "Darstellung".

Die Metaphorik, die zur Darstellung eines Gegenstandsbereiches herangezogen wird, darf also als aufschlußreich erachtet werden für den Aspekt, unter welchem dieser Gegenstandsbereich von denjenigen, die mit ihm leben und über ihn reden, maßgeblich gesehen wird.

Schütz 1995 weist darauf hin, daß sich Chat-Kommunikation zwar auf "schriftliche Kommunikation" (bzw. "medial graphisch realisierte" im Sinne der Differenzierungen von Koch/Oesterreicher 1994) beschränkt, daß allerdings "das Wort 'Gespräche'", das in den Chat-Gemeinschaften in bezug auf den graphischen Austausch im Chat eingespielt ist, sich "im eigentlichen Sinn auf mündliche Kommunikation bezieht".[203] Daß also das "Sehen als" der Kommunikationsform bedingt ist nicht durch die Schriftzeichen, durch die ihre Nutzer des Kommunikationsvollzuges habhaft werden, sondern durch etwas, das dem Bereich der mündlichen Kommunikation entlehnt ist, nämlich den Aspekt des "Gesprächs", kann als Indiz gelten für das Mündlichkeitskonzept, welches hier zugrunde liegt und welches im vorigen Kapitel dargelegt wurde.

'Reden', 'sprechen', 'sagen', 'unterhalten' sind konsequenterweise die Verben, die im Chat nahezu ausnahmslos zur Bezugnahme auf (graphisch) Geäußertes wie selbstverständlich gebraucht werden:

(1) (**Tiger(20)**) Sag mal kommt bei Dir auch..... redet zu dir?[204]

(2) (**Slash**) is wer da den ich kenn.. dann wär s nett, wenn du mal was sagst![205]

(3) (**McMike**) bin nochmal gekommen um gute Nacht zu sagen[206]

(4) (**oigen**) Bayern etwa?? sag bitte nein moni[207]

(5) (**Marina**) burzel, ich hab nicht gesagt, das ich keine Zeit habe, sondern das der Weg so umständlich ist[208]

---

[203] Schütz 1995, 112.

[204] Mitschnitt vom 24.2.99.

[205] Mitschnitt vom 24.2.99.

[206] Mitschnitt vom 24.2.99.

[207] Mitschnitt vom 24.2.99.

[208] Mitschnitt vom 10.12.98.

(6) ***Burzel freut sich ... bild is da ...***
(ineli26) und was sagste?[209]

(7) **nirra** redet zu Dir: ***ich wollte wissen ob du frau bist....aber du hast mirs nich gesagt***[210]

(8) **(laberkopp)** sag ich doch[211]

(9) (**Vendetta**) gut daß wir mal drüber geredet haben wulf[212]

(10) (**chatfeever**) da spricht die fachfrau *zwinker*[213]

(11) (**Tobi1001**) irgendwie muß man ja ins gespräch kommen nelli[214]

(12) (**Pearl**) Haaaallllloooo, will sich denn keiner mit mir unterhalten?????
ßSchnüfff,heul....#[215]

(13) **PoorGirl** geht in einen anderen Raum: **unterhalten**[216]

Auch die von Seiten des Steuerprogramms standardisiert vorformulierten Phrasen unterstützen diese Metaphorik.[217] Eine Eingabe E_1 führt beispielsweise - wie folgt - zu einem Anzeigentext der Form A_1:

(E_1): /m Celia Hallo!
(A_1): Du redest zu **Celia**: ***Hallo!***

Hinsichtlich der Sichtweise auf die Situiertheit der Teilnehmer im Chat ist die Metaphorik des 'Raumes' ebenfalls durch feste Paraphrasierungsroutinen bestimmter formaler Anweisungen bereits vorgegeben. Eine Eingabe E_2 führt so zu einem Anzeigentext folgender Form A_2 (auf dem eigenen Bildschirm) bzw. $A_{2'}$ (auf dem Bildschirm der anderen Teilnehmer im selben 'Raum') bzw. $A_{2''}$ (auf dem Bildschirm der Teilnehmer in dem 'Raum', in welchen gewechselt wird):

(E_2): /j Pyramide
(A_2): Du gehst in einen anderen Raum: **Pyramide.**
($A_{2'}$): **xy** geht in einen anderen Raum: **Pyramide.**

---

[209] Mitschnitt vom 10.12.98.

[210] Mitschnitt vom 10.12.98.

[211] Mitschnitt vom 10.12.98.

[212] Mitschnitt vom 6.2.99.

[213] Mitschnitt vom 12.2.99.

[214] Mitschnitt vom 7.2.99.

[215] Mitschnitt vom 12.2.99.

[216] Mitschnitt vom 12.2.99.

[217] Vgl. hierzu auch die Übersicht über die Chat-"Kommandos" und deren Umsetzung auf dem Anzeigebildschirm in Kap. 1.4.

($A_{2''}$): **xy** betritt den Raum.

Einige Beispiele aus einem beliebig herausgegriffenen Mitschnitt mögen dies belegen:

(14) (**Matrose**) was ist los, der raum ist ziemlich voll - fluestern alle?

(15) **baer** betritt den Raum.
Liebling betritt den Raum.
Orbit verlässt den Raum.
Orbit betritt den Raum.

(16) (**Liebling**) Hast du meine Nachricht bekommen. Wir wechseln den Raum.

(17) (**nadja2**) kannst du mir erklären wie man den Raum wechselt ! verzweifelt!

(18) (**Di-Caprio**) wie kann man hier den raum wechseln ?[218]

Wie schwierig es ist, sich dieser Metaphorik zu entziehen, zeigt sich, wenn man versucht, sie bewußt zu vermeiden.[219] Verschiedentlich ist in der Literatur (in Anschluß an die Lexik des Webchat-Vorläufers IRC) die Rede von 'Kanälen' ('channels') anstatt von 'Räumen'; doch letztendlich ist auch 'Kanal' nichts anderes als metaphorischer Sprachgebrauch, nämlich entlehnt aus dem Bereich des Funkverkehrs.[220] Ein Sprechfunkkanal besteht stets aus einem Frequenzpaar, wobei auf einer Frequenz gesendet und auf einer anderen empfan-

---

[218] Mitschnitte vom 24.2.99.

[219] In nächsten Kapitel soll der Versuch unternommen werden, die Raum-Metapher unter bestimmten Aspekten zu modifizieren, um ihren Gebrauch zu präzisieren und sie somit für die Beschreibungssprache im Rahmen dieser Arbeit verwendbar zu machen.

[220] Denkbar wäre hier als Lehn-Bildbereich sowohl der Rund- als auch der Sprechfunkverkehr, in dessen sondersprachlichem Inventar jeweils das Lexem *Channel* (*Kanal*) enthalten ist. Plausibler erscheint jedoch die Entlehnung aus dem Sprech-/CB-Funkbereich, da bei dieser Kommunikationsform – ebenso wie beim Chatten – synchron und interaktiv kommuniziert wird, im Gegensatz zum Rundfunk, bei welchem nur die eine (sendende) Seite Einfluß auf das nimmt, was über den Äther geht (die andere Seite ist lediglich Empfänger und nimmt keinen direkten Einfluß auf das Kommunikationsgeschehen). Vgl. hierzu auch Stoll 1996, der die Faszination der Internet-Kommunikation (speziell der Newsgroups und Chat lines) essayistisch mit den Anfangszeiten des Amateurfunks vergleicht: "Eine feine Sache: Die Welt beginnt gleich hinter der Senderwahl, zum Leben erweckt durch ein Dutzend Vakuumröhren, die im Dunkeln leuchten. [...] Im Lauf der folgenden Jahre wurden die Vakuumröhren zum Resonanzboden für den gesamten Erdball." (Stoll 1996, 172f.). Zum Vergleich von Chat mit CB-Funk vgl. auch Haase/Huber/krumeich/Rehm 1997, 57.

gen wird. Dies entspricht in etwa der Art der Datenübertragung im Internet, bei welcher ebenfalls jeweils zwei voneinander unabhängige Verbindungen zum Senden und zum Empfangen aufgebaut werden. Die metaphorische Entlehnung des Wortes *Kanal* zur Bezeichnung der Kommunikationssituation im Chat ist also motiviert durch gewisse Ähnlichkeiten in der Art der Datenübertragung. Im Unterschied zur *Raum*-Metapher bleibt jedoch bei der *Kanal*-Metapher die faktische Distanz der Kommunikanten unangetastet: Da die Kommunikanten räumlich voneinander getrennt sind, müssen sie vermittels eines Übertragungskanals miteinander Kontakt aufnehmen und sich ihre jeweiligen Beiträge übermitteln. Die Metapher des *Kanals* bezieht sich also in erster Linie auf das "Wie" eines Kommunizierens, welches (aufgrund räumlicher Trennung) eines vermittelnden (technischen) Mediums bedarf. Bei der *Raum*-Metapher jedoch wird die Distanz der Kommunikanten in der Spezifik ihres Bildbereichs aufgehoben: Die Situiertheit der Kommunikation wird durch sie terminiert als eine Situation der Nähe und der Gegenwärtigkeit ihrer Teilnehmer, beinahe so, als ob man in einem tatsächlichen (dreidimensional-physikalischen) Raume einander "nah" und physisch "gegenwärtig" sei, aber eben doch anders. Ein solches Fassen faktischer (physischer) *Distanz* und *Körperlosigkeit* im Bildbereich dessen, was in der Alltagswelt unter sozialem Aspekt eigentlich mit *Nähe* und *Gegenwärtigkeit* assoziiert wird, ist somit daraufhin zu überprüfen, inwieweit dasjenige im Chat, was durch die *Raum*-Metapher vorstellbar gemacht wird, in funktionaler Hinsicht tatsächlich Analogien aufweist zu dem, was wir uns üblicherweise unter Räumen (i.S.v. Zimmern) vorstellen, oder ob es sich hierbei in Wirklichkeit nicht um eine Art von Raum handelt, der auf einer anderen als der dreidimensional-physischen Vorstellungsebene zu denken ist und vielmehr seinen Sinn daraus bezieht, daß er im weitesten Sinne (mögliche) Interaktionsvollzüge nach innen umschließt und nach außen von anderen (möglichen) Interaktionsvollzügen abgrenzt.

An dieser Stelle drängt sich die Frage auf, ob die in diesem Abschnitt unter dem Etikett "Metaphorik" subsumierte Lexik aus den Wortfeldern *Gespräch* und *Räumlichkeit* im eigentlichen Sinne überhaupt noch als Metaphorik verstanden werden sollte, zumal sowohl in diesem als auch bereits im vorigen Abschnitt die Rede davon war, daß dem Chat als Kommunikationsform auf jeden Fall - zumindest zu weiten Teilen - ein Mündlichkeitskonzept (das ja nach dem Ansatz von Koch/Oesterreicher 1994 das Gegebensein von Nähe in der Vis-à-vis-Situation mitumfaßt) zugrundeliegt. Diese Frage könnte ausformuliert lauten: "Ist die aus dem Wortfeld *Gespräch* (und analog dazu dem der *Räumlichkeit*) gespeiste Redeweise in bezug auf Äußerungen in der Kommunikationsform Chat oder über die Kommunikationsform Chat als solche noch 'metaphorisch' zu nennen, wenn die Gruppe der Teilnehmer an besagter Kommunikationsform den jeweiligen Kommunikationsvollzug in derselben de facto als 'Gespräch' (innerhalb eines 'Raumes') ansieht - oder verlangt die Existenz der Kommunikationsform Chat nicht vielmehr danach, den herkömmlichen Begriff von 'Gespräch' ('Raum') angesichts solcher 'neuer' Kommunikationsformen mit spezifisch 'neuen' Kommunikationsbedingungen einer Revision zu unterziehen und in seiner Extension auszuweiten auch auf (graphisch realisierte) Kommunikationsformen (Kommunikationssituationen) der Distanz und der Anonymität?" Die Problematik dieser Frage läßt sich auflösen, wenn man (mit Wittgenstein, s. o.) prinzipiell *jedes* "Sehen" als ein "Sehen als" betrachtet; insofern handelt es sich in einem weitgefaßten Sinne bei *jeder* Redeweise über einen Gegenstandsbereich um metaphorisches Reden, wobei es natürlich graduelle Unterschiede in der Lebendigkeit von Metaphern gibt, so daß viele Redeweisen und Bezeichnungen der Gemeinsprache aufgrund ihrer "Verblaßtheit" und weil sie einen Prozeß der Idiomatisierung durchlaufen haben nicht mehr bewußt als Metaphern aufgefaßt werden:

> "Man unterscheidet die Worte in ihrer eigentlichen Bedeutung von den Worten als Metapher. [...] Diese Entscheidung aber ist nur eine relative. Worte mit eigentlicher Bedeutung sind solche, bei deren Gebrauch

> das Bewußtsein ihres metaphorischen Charakters verlorengegangen ist." (*Karl Jaspers*[221])

Das Irgendwie-"Sehen"-Müssen des Komunikationsmediums verlangt nach einer vorstellungskonstitutiven Metapher, um der Notwendigkeit dieses Irgendwie-"Sehen"-Müssens durch ein "Sehen als" Genüge zu leisten. Dieses metaphorische "Sehen als" wirkt schließlich gegenstandskonstitutiv, so daß die Metapher verblaßt, da der Gegenstand in der weiteren Folge von denjenigen Individuen, die mit der Notwendigkeit konfrontiert sind, diesen sprachlich identifizieren und begrifflich fassen zu müssen, *als* das *gesehen* wird, als das er kraft der Metapher beschrieben und sprachlich repräsentiert wird: Die "Arbeit des Klarwerdens" ist geknüpft an ein "Vergessen des metaphorischen Charakters" und bildet so den "Boden vermeintlicher Eigentlichkeiten".[222] Die Tatsache, daß Bezeichnungen wie 'Gespräch', 'reden', 'sagen', 'sprechen' zur Bezugnahme auf die sprachliche Interaktion im Medium Chat seitens seiner Benutzer wie selbstverständlich verwendet werden, spricht also nicht dagegen, diese als metaphorisch zu interpretieren, sondern vielmehr dafür, daß diese Metaphorik die Sichtweise auf das Medium in so entscheidendem Maße beeinflußt haben muß, daß sie darüber verblaßt ist.

Wie weit die Gegenstandskonstitutivität dieser Metaphern tatsächlich reicht, ist eine andere Frage, da natürlich etwas, das *als* ein Gespräch oder *als* Raum angesehen wird, nicht eins zu eins dasselbe darstellt wie dasjenige, was mit dem Sekundärgegenstand der Metapher in dessen ursprünglichem Bildbereich repräsentiert bzw. in usuellen Verwendungskontexten bezeichnet wird (also z. B. das Vis-à-vis-'Gespräch' im Alltag oder der 'Raum' im Sinne eines Zimmers). Andernfalls wären diese 'Metaphern' keine Metaphern, sondern usuelle Gebrauchsweisen von 'Gespräch' und 'Raum' und insofern unproblematisch.

---

221 Jaspers 1947, 18.
222 Ebd.

Busch 1995 expliziert am Beispiel metaphorischer Ausdrücke in der Fachsprache und im Fachjargon der Informatik acht verschiedene funktionale Dimensionen, die die Metapher im Rahmen von Kontexten, in welchen es Neues (bislang Unbekanntes) oder neue Aspekte an Altem (Bekanntem) zu bezeichnen gilt, ausfüllen kann, von denen mindestens drei auch für die Metaphorik des Internet geltend gemacht werden können:

- Die *innersprachliche Funktion*, für 'neue' Phänomene sprachliche Ausdrücke zu finden, die erfüllt wird durch eine "metaphorische Übertragung bereits vorhandener Worte in neuer Bedeutung",
- die *prädikative Funktion*, insofern bei der Produktion von Metaphern durch die prädikative Herstellung von Analogiebeziehungen versucht wird, sich den "wesentlichen Eigenschaften" eines neuen Gegenstandes anzunähern,
- die *heuristische Funktion*, insofern sie denjenigen, die über die mit der Metapher bezeichneten Gegenstände oder Sachverhalte reden müssen, durch Heranziehung eines vertrauten Bildbereichs Verständnishilfen an die Hand geben.[223]

Inwiefern der Gebrauch lexikalischer Ausdrücke aus dem Bildbereich *Gespräch/mündliche Kommunikation* zur metaphorischen Bezeichnung von Kommunikationsvollzügen im Medium Chat motiviert ist, dürfte in Hinblick auf den ersten Teil dieser Arbeit plausibel sein. Hinsichtlich der Bezeichnung von Chat-Kanälen als *Räumen* besteht allerdings noch Klärungsbedarf. Insofern seien für das nachfolgende Kapitel zwei Leitfragen formuliert:

---

[223] Vgl. Busch 1995, 20f. und 33-36; Zitate nach ebd. – Zur heuristischen Funktion von Metaphern in PC-Anwendungen vgl. auch die Untersuchung zu User Interfaces in Martiné 1999, nach der die Metaphern an Benutzerschnittstellen (beispielsweise dem "desktop") weniger dazu dienen, "Komplexität zu reduzieren", als vielmehr, "eine Vermehrung der Vertrautheit von Aktionen, Prozessen und Konzepten" zu leisten: "Dies wird dadurch erreicht, dass Ähnlichkeiten zu Aktionen, Prozessen und Konzepten hergestellt werden, die der Nutzer aus seinem direkten Umfeld kennt." (Martiné 1999, 62).

(1) Inwieweit schlägt sich die Spezifik dieser Metaphorik (Chat-*Raum*) als dreidimensional-physischer Aspekt in der Sichtweise von Chattern auf die Situiertheit ihrer elektronischen Umgebung in den Kommunikationsvollzügen nieder?

(2) Unter welchen Aspekten läßt sich dieses als *Raum* Bezeichnete hinsichtlich seiner funktionalen Eigenheiten und unabhängig von topologischen Vorstellungen[224] adäquat beschreiben?

3.2 Was ist ein Chat-Raum?

Im folgenden seien zwei Ansätze skizziert, die dazu dienen sollen, eine Klärung darüber herbeizuführen, unter welchen Gesichtspunkten und gegebenenfalls mit welchen Einschränkungen sich der Gebrauch der 'Raum'-Metapher, mit der die Chat-Teilnehmer ihre jeweils spezifische Situiertheit im Chat bezeichnen, in eine für deskriptive Zwecke akzeptable From überführen läßt. Diese beiden Ansätze sollen zwei verschiedenen Aspekten verpflichtet sein, nämlich zum einen dem *kommunikativen* und zum anderen dem *theatralisch-spielerischen* Aspekt von Chat-Kommunikation.

[224] Im Internet ist es geradezu ein Topos, das *Neue* dadurch in die Begriffe des *Alten* zu fassen, daß man es durch metaphorische Sinnzuschreibungen *topologisch* deutet (z. B. nennlexikalische Ausrücke wie 'Daten-*Highway*', 'globales *Dorf*', 'digitale *Stadt*' oder eine Überwindung von Spatialität implizierende Verben wie *'navigieren', 'surfen'*, etc.). Zu den populärsten dieser Metaphern vgl. Reichertz 1998.

3.2.1 Aspekt I: ***Kommunikation***

3.2.1.1 Der Chat-Raum als virtueller Kommunikations-Raum

Ein Chat-*Raum* ist weder ein Zimmer, noch ist er als Sphäre mit dreidimensional zueinander in Konstellation stehenden Gegenständlichkeiten erfahrbar, noch lassen sich relative (physische) Nähe oder Distanz der in ihm miteinander konfrontierten Teilnehmer konstatieren. Gegeben ist zunächst einmal nur die Tatsache, daß sich zu einem Zeitpunkt t_1 eine Menge M_1 von Teilnehmern in einem "Raum" R_1 befindet, während gleichzeitig beispielsweise eine Menge M_2 von Teilnehmern in einem anderen "Raum" R_2 zugegen ist. Diese Tatsache kann in Hinblick auf die Metaphorik von 'Räumen' als Zimmern oder irgendgearteten abgeschlossenen Sphären/Umgebungen dahingehend interpretiert werden, daß folglich zwischen den Elementen von M_1 und M_2 untereinander eine größere Nähe bestehen müsse als zwischen M_1 und M_2 als Mengen bzw. zwischen etwa einem Element aus M_1 und einem Element aus M_2. Versteht man *Nähe* in diesem Zusammenhang einmal als *kommunikative* Nähe, so kann tatsächlich ausgesagt werden, daß eine solche zwischen zwei Elementen aus M_1 stärker ausgeprägt ist als zwischen einem Element aus M_1 und einem Element aus M_2, da der kommunikative Austausch bzw. das Miteinander-in-Kontakt-Treten mit einem anderen Teilnehmer *innerhalb* eines Chat-Raums einfacher zu bewältigen ist als mit einem Teilnehmer, welcher sich in einem *anderen* Raum befindet: Um jemandem, der sich im selben Chat-Raum befindet, eine Äußerung zukommen zu lassen, genügt Texteingabe + [ENTER]; um jemandem in einem anderen Chat-Raum dieselbe Nachricht zu übermitteln, muß vor die Texteingabe noch eine entsprechende Steueranweisung ("/m <Name> ↵") gesetzt werden, um dem Steuerprogramm zu signalisieren, daß der betreffende Text nicht im eigenen Raum angezeigt, sondern dem benannten Teilnehmer übermittelt werden soll.[225] Wie

[225] Vgl. die Übersicht über die Chat-"Kommandos" in Kap. 1.4.

etwa bei Partygesprächen ist es somit der Fall, daß ich als Teilnehmer einen größeren Aufwand betreiben muß, um jemandem etwas mitzuteilen, der sich nicht im selben Raum befindet, als eine Äußerung zu tätigen, die für jemanden bestimmt ist, der im selben Raum zugegen ist.

Aufgrund der Tatsache, daß also die Kommunikation mit einem Teilnehmer im selben Raum einfacher zu bewerkstelligen ist als mit einem Teilnehmer in einem anderen Raum, ließe sich also der Schluß ziehen, Chat-*Räume* seien im Prinzip nichts anderes als Chiffren für Sphären kommunikativer Nähe, insofern also *Kommunikations-Räume* (mit *Raum* nicht als dreidimensional und spatial bestimmter Entität, sondern als einer *Struktur* über einer Menge von Individuen, die durch das Gegebensein von mindestens einer Relation geprägt ist, die zwischen allen Elementen dieser Menge besteht[226]).

Nun verhält es sich aber in den *Räumen* des hier untersuchten Chats (wie auch in den meisten anderen Chats) so, daß ein Teilnehmer mit dem Steuerbefehl "/m <Name> ↵" auch einem anderen Teilnehmer, der sich im *selben* Raum befindet eine Nachricht "zuflüstern" kann. Diese Nachricht wird dann vom Steuerprogramm nur an den benannten Teilnehmer übermittelt und nicht auch auf den Bildschirmen aller anderen im Raum befindlichen Teilnehmer angezeigt. Von einem *Kommunikations-Raum* kann jedoch – in Anlehnung an Vis-à-

---

[226] Die Unterscheidung zwischen einem Konzept dreidimensionaler Räumlichkeit und kommunikativer Raum*struktur* ist an dieser Stelle wichtig, da im folgenden, wenn von Kommunikations-*Räumen* die Rede ist, unter *Raum* jeweils eine zugrundeliegende abstrakte und durch Relationen geprägte Struktur (im hier definierten Sinne) verstanden werden soll, die im Rahmen von Kommunikationssituationen im Gegebensein von a) Kommunikationsbereitschaft seitens und b) Kommunikationsvollzug zwischen mindestens zwei Individuen jeweils eine konkrete Realisierung erfährt und somit als *Raum* gedacht werden kann, insofern zwischen einer Menge von Individuen als Konstituenten eine konkrete Menge von Relationen eröffnet wird, die während der Dauer ihrer Gültigkeit die Individuen zueinander in einen gemeinsamen Handlungszusammenhang stellt und zugleich nach außen hin gegen andere Handlungszusammenhänge abgrenzt. – Im weiteren Verlauf dieses Kapitels ist, wenn der Ausdruck *Raum* ohne nähere Spezifizierung verwendet ist, stets der *Chat-Raum* gemeint in Unterscheidung zum *Kommunikations-Raum*, der immer mit der Spezifizierung *Kommunikations-* verwendet werden soll.

vis-Gesprächssituationen – strenggenommen nur dann die Rede sein, wenn die Möglichkeit der lückenlosen Teilhabe am Kommunikationsgeschehen für *alle* Teilnehmer gegeben ist. Natürlich ist es auch in der Vis-à-vis-Kommunikation, etwa bei Partygesprächen, denkbar, daß innerhalb eines Raumes in mehreren Ecken gleichzeitig verschiedene, von einander unabhängige Kommunikationsgeschehen vollzogen werden. In einem solchen Falle wären in den verschiedenen Ecken des jeweiligen Partyraumes innerhalb verschiedener Personengruppen verschiedene Kommunikations-Räume geöffnet. Im Gegensatz zum Chat ist dabei jedoch für die anderen im Raume befindlichen Personen jeweils zumindest visuell feststellbar, wieviele verschiedene Kommunikationsvollzüge sich zur selben Zeit im selben Raum abspielen und wer jeweils daran teilnimmt. Im Chat-Raum ist eine solche Kontrolle nicht möglich: Wieviele Kommunikations-Räume in ihm gleichzeitig geöffnet sind und zwischen welchen Teilnehmern diese jeweils bestehen, ist für niemanden feststellbar und bestenfalls spekulativ faßbar. Das folgende Beispiel verdeutlicht, wie zwei Teilnehmerinnen (*billine, tinetine*) in einem insgeheimen Kommunikations-Raum mit parallel zur Dreierkommunikation verlaufendem Diskurs unbemerkt von Teilnehmer 3 (*nobody*) beschließen, diesen aus ihrem Chat-Raum "rauszuwerfen" (Z.40) und somit dessen von ihnen nicht toleriertes Verhalten zu sanktionieren. Zuvor hat *nobody* seinerseits zweimal versucht, vermittels "Flüsternachrichten" einen parallellaufenden Diskurs mit *tinetine* zu beginnen (Z.6, 19), worauf von *tinetine* jedoch nicht reagiert wurde:

(**nobody**) billine soll ich dich eicremen?
(**tinetine**) *hihi*
(**tinetine**) *räusperntu*
nobody holt sonnencreme aus der tasche
tinetine legt sich neben billine
nobody redet zu Dir: da gigts nix zu lachen tinchen
nobody hat 2 hände
(**nobody**) *g*
(**nobody**) *grins*
billine findet das nobody auch tinetine eincremen soll
(**nobody**) logen
(**nobody**) schon dabei

tinetine rutscht mit ihrem handtuch etwas weg.
(**billine**) ...wenn er sich schon so aufdrängt
nobody kniet sich zwischen euch
billine schreit HILFE
tinetine guckt böse. ich bin schon braun und brauch keine creme
(**nobody**) und ich verpasse euch einen dicken spritzer
nobody redet zu Dir: egal
(**billine**) nanana
Du redest zu **billine**: soll ich ihn rauswerfen?
(**nobody**) sonnencreme natürlich
billine redet zu Dir: jop
Du ernennst billine zum Superuser.
(**nobody**) mensch biline
(**tinetine**) mach du, billine.
billine redet zu Dir: wie mach ich das
(**nobody**) so ich creme euch jetzt mal ein
(**nobody**) *massier*
(**nobody**) *eincreme*
(**nobody**) von obern nach unten
Du redest zu **billine**: du mußt /k nobody einsame_insel_fernab_jeglicher_zivilisation schreiben
(**tinetine**) *lol*
(**nobody**) (ämmm, also wenn ich eure bikinis öffnen würde, könnte ich schon besser eincremen)
(**nobody**) (was dagegen)#
(**nobody**) *creme*
(**tinetine**) ja.
billine lockt **nobody** weg.
(**billine**) O.K. geregelt
(**tinetine**) feinemacht.[227]

Ein weiterer Punkt, der die Ansicht, Chat-Räume seien gleichzusetzen mit Kommunikations-Räumen, problematisch macht, ist die Tatsache, daß sich in dem hier untersuchten Chat die Räume ins Nichts auflösen, sobald sie vom letzten im Raum befindlichen Teilnehmer verlassen werden. Diese Tatsache weist natürlich einerseits darauf hin, daß der *Raum* im Chat eher durch kommunikative Vollzüge zu charakterisieren ist denn durch Eigenschaften dreidimensional bestimmter Räumlichkeit; denn während dreidimensionale Räume (z.B. Zimmer) auch ohne die Anwesenheit von Personen existieren, haben Raumstrukturen (im oben definierten Sinne), die von Individuen zu

[227] Mitschnitt vom 18.11.98. Der Mitschnitt zeigt das Kommunikationsgeschehen gemäß der Anzeige auf dem Bildschirm von *tinetine*.

Zwecken der Kommunikation mit anderen Individuen eröffnet werden, nur so lange Bestand, wie die Kommunikationsbereitschaft und die damit gegebene Nähe der Teilnehmer ungebrochen ist: Meine heimische Küche kann ich verlassen, ohne befürchten zu müssen, daß sie dadurch zu existieren aufhört; ein unangenehmes Gespräch abzubrechen birgt jedoch stets das Risiko, daß somit auch die Aufmerksamkeit, Gesprächsbereitschaft und diskursive Nähe zwischen mir und den anderen Beteiligten zum Erliegen kommt.

Trotzdem können Chat-Räume nicht als Kommunikations-Räume angesehen werden, denn der Chat-Raum existiert – im Gegensatz zum Kommunikations-Raum – auch dann noch, wenn nur noch ein Teilnehmer in ihm zugegen ist. Für eine Kommunikation wären aber mindestens *zwei* Beteiligte vonnöten.

Daß der Chat-Raum in seiner Funktion und Eigenart wohl kaum als metaphorisches Abbild alltagsweltlicher Räume (i. S. v. Zimmern), sondern eher in Hinblick auf die sich in ihm vollziehende Kommunikation zu fassen ist, dürfte an diesem Punkt einigermaßen plausibel sein; welche Funktion ihm allerdings *genau* zukommt, steht nach wie vor zu klären. Zum Behufe der oben vorgenommenen Problematisierungen seien daher zwei entscheidende Punkte noch einmal als Leitfragen für die weitere Erörterung formuliert:

(i) *Wenn in einem Chat-Raum mehrere Kommunikations-Räume gleichzeitig geöffnet sein können, welche Funktion kommt dann dem Chat-Raum als Ganzem zu?*

(ii) *Welche Bedeutung hat ein Chat-Raum für die Kommunikation, wenn in ihm nur ein einziger Teilnehmer zugegen ist?*

Zunächst einmal sei (ii) näher untersucht. Für die Tatsache, daß ein Teilnehmer alleine in einem Chat-Raum zugegen ist, können zwei verschiedene Situationen angesetzt werden: Entweder, der Teilnehmer hat soeben den betreffenden Raum selbst eröffnet, und wartet in selbigem nun darauf, daß andere Teilnehmer zu ihm stoßen (S_1) oder der Teilnehmer ist alleine in besagtem Raum zurückgeblieben, nachdem sämtliche Kommunikations-Räume in diesem Chat-Raum geschlossen wurden und die übrigen Teilnehmer entweder in andere Räume gewechselt sind oder den Chat verlassen haben (S_2).

S_1 kommt zustande, indem der Teilnehmer mit dem Steuerbefehl "/j <Raumname> ↵" einen Raum "eröffnet". Auf der Anmeldeseite des untersuchten Chats wird erklärt: "Neben Auto-Update und Autoscroll könnt Ihr mit bestimmten Tastaturbefehlen [...] *Separées eröffnen* [...]"[228]. Mit dieser Erklärung wird zweierlei über Chat-Räume ausgesagt: Erstens, daß diese *er*-öffnet (und nicht, wie die aus der Alltagswelt bekannten, dreidimensionalen Räume, lediglich *ge*-öffnet) werden, insofern also nicht präexistent sind, sondern jeweils zu bestimmten Zwecken quasi 'aus dem Nichts' *erschaffen* werden können; zweitens, daß es sich bei diesen um *Separées* handelt[229], womit an dieser Stelle ausnahmsweise die Bezeichnung *Raum* durch ein Hyponym aus dem selben Wortfeld ersetzt wird: Während *Raum* als 'räumlich im weitesten Sinne' interpretiert werden kann, bezeichnet *Separée* in seiner usuellen Verwendung ein 'Nebenzimmer in einem Lokal', fokussiert also metaphorisch in erster Linie die Tatsache, daß jeder Teilnehmer prinzipiell die Möglichkeit besitzt, von jedem Raum, in welchem er sich befindet, jederzeit in einen selbstgewählten *Neben*-Raum überzusiedeln, wobei *Separée* im ursprünglichen Wortsinn (von frz. *separer*, 'trennen') darauf anspielt, daß ein Zugegensein in ihm zunächst einmal das Risiko einer Isolation (!) bedeutet. Diese Tatsache ist äußerst interessant, insofern somit nun bereits zwei Dinge über Situation S_1 ausgesagt werden können, nämlich:

[228] URL am 9.7.99: http://unicum-chat.deutschland.de:4000/; Hervorhebung von mir.

[229] Die Anmeldeseite ist übrigens der einzige der mit dem Chat verbundenen Hilfe- und Umtexte, auf welcher anstelle der Bezeichnung "Raum" die Bezeichnung "Separée" verwendet wird.

(1) Nach dem Eröffnen eines eigenen Raumes ist ein Teilnehmer in selbigem zunächst einmal alleine.

(2) Das Eröffnen eines eigenen Raumes (Separées) bedeutet eine selbstgewählte Trennung vom übrigen Chat-Geschehen und birgt somit die Gefahr einer Isolation.

Wie – und vor allem *wo* – entsteht nun also ein Chat-Raum, wenn er von einem Teilnehmer *eröffnet* wird? – Zunächst einmal entsteht der Chat-Raum allein kraft Benennung: Nach einer Eingabe der Form E_1 erhält der Teilnehmer vom Steuerprogramm die Meldung M_1:

(E_1): /j Pyramide

(M_1): Du gehst in einen anderen Raum: **Pyramide**

Die Meldung an den Teilnehmer, er "gehe" in einen anderen Raum, ist konsequenterweise der Raum-Metaphorik verpflichtet, insofern man ja auch im Alltag Distanz überwinden muß, um von einem Zimmer in ein anderes zu wechseln. Daß der Chat-Charakter des betreffenden Teilnehmers jedoch *tatsächlich* eine irgendgeartete spatiale Distanz überbrückt, um in seinen selbsterschaffenen Raum zu wechseln, ist kaum anzunehmen. Vielmehr dient dieses metaphorische Hinübergehen lediglich der Vorstellbarkeit von etwas wie *Räumen* in einer eigentlich dimensionslosen, elektronisch erzeugten Umgebung. Tatsächlich verhält es sich so, daß – unabhängig von der Meldung des Steuerprogramms – nach Eingabe von (E_1) der entsprechende Raum mit einem mal *um* den Teilnehmer herum besteht und zwar zunächst einmal nur in Form einer Abgrenzung gegenüber den übrigen Teilnehmern. Solcherlei selbstgewählter Isolation läßt sich natürlich kein Sinn für die Kommunikation zusprechen, sofern nicht noch ein weiterer Faktor existiert, der diese bewußte Isolation *vom* Kommunikationsgeschehen letztendlich wiederum als Ausgangspunkt einer *Re*-Integration *in* das Kommunikationsgeschehen unter neuen Vorzeichen erscheinen läßt. Die Funktion dieses notwendigen weiteren Faktors kann demnach nur durch die Benennung erfüllt werden, die der Teilnehmer *xy* seinem neu geschaffenen Raum und somit seiner selbstgewählten Enklave verliehen hat. Wenn er sich beispielsweise mit folgender Eingabe E_2 aus einem Chat-Raum zurückzieht, so erscheint in der Anzeige der übrigen in diesem Raum befindlichen Teilnehmer eine Meldung M_2:

(E_2): /j Nettes_Zweiergespräch

(M_2): **xy** geht in einen anderen Raum: **Nettes_Zweiergespräch**

Den Teilnehmern des bisherigen Kommunikationsgeschehens, von welchem sich *xy* mit E_2 bewußt isoliert hat, wird mit der Meldung M_2 zugleich die Legitimation für seine Abgrenzung mitgeteilt. Diese Legitimation erfüllt jedoch zugleich die Funktion, ungebrochene Kommunikationsbereitschaft zu signalisieren, diese jedoch unter ein selbstgewähltes, neues Vorzeichen zu stellen. Im oben angeführten Beispiel stellt der Raumname "Nettes_Zweiergespräch" etwa eine implizite Aufforderung an einen der übrigen Teilnehmer dar, ihm in den neuen Raum zu folgen, um dort ein neues Kommunikationsgeschehen anzuknüpfen. Häufig ist zu beobachten, daß ein Teilnehmer, nachdem er sich in einen selbsterschaffenen Raum verabschiedet hat, bestimmte andere Teilnehmer in seinen neuen Raum einlädt (mit der Steueranweisung "/i <Name> ↵"), um in einem eigenen Kreis ein neues Kommunikationsgeschehen zu initiieren, das nach seinen eigenen Wünschen gestrickt ist und über das er selbst als "Superuser" die Kontrolle ausüben kann:

(1) **Anando** geht in einen anderen Raum: **Anando´s_Dojo**
Du gehst in einen anderen Raum: **Anando´s_Dojo**
Du kommst aus dem Raum **unicum** herein.
(**zora**) Huhu
(**Anando**) Hu hey erschreck´mich doch nicht so ...[230]

(2) **nirra** lädt Dich ein.
Du kannst der Einladung folgen mit /a oder: /j **raum**
nirra redet zu Dir: ***love....ok?***
Du redest zu **nirra**: ***ich bleib hier, ok?***
Du redest zu **nirra**: ***love????***
Du redest zu **nirra**: ***wie jetzt????***
nirra redet zu Dir: ***wollte nur hoeflich sein......nein, du kommst jetz***

[230] Mitschnitt vom 24.2.99. Der Mitschnitt zeigt das Kommunikationsgeschehen gemäß der Anzeige auf dem Bildschirm von *zora*.

nirra redet zu Dir: ***bin dich dir zu langweilig***
Du redest zu **nirra**: ***nein, aber meine freunde hocken hier*** [231]

Beispiel (2) zeigt einen mißglückten Versuch von *nirra*, mit einer anderen Teilnehmerin (*ineli26*) in einem neuen Raum ein neues Kommunikationsgeschehen anzuknüpfen, wodurch die Reintegration gescheitert ist und *nirra* sich somit mit dem Wechseln in einen eigenen Raum erfolglos selbst isoliert hat.

Die Position des "Superusers" ist im Zusammenhang mit selbst eröffneten Räumen von nicht unerheblicher Bedeutung: "Superuser" in einem Raum ist stets derjenige, der diesen Raum eröffnet hat. Er besitzt in seinem eigenen Raum die Macht, über bestimmte Steuerbefehle anderen, mißliebigen Teilnehmern das Rederecht zu entziehen (zu "verzaubern"), Teilnehmer aus seinem Raum zu verbannen, seinen Raum "abzuschließen", so daß nur noch Eingeladene diesen betreten können, sowie andere Teilnehmer ebenfalls zu "Superusern" zu ernennen. Der "Superuser" ist somit derjenige, der das Sozialverhalten der übrigen Teilnehmer im jeweiligen Raum kontrolliert und gemäß seinen eigenen Vorstellungen und Maximen nach Belieben sanktionieren kann.[232] Im folgenden Beispiel ernennt etwa *tinetine* Teilnehmerin *billine* zum "Superuser" (Z.4), damit zweitere anschließend *nobody* aufgrund seines von ihr nicht tolerierten Verhaltens aus dem Raum verbannen ("weglocken") kann (Z.20):

Du redest zu **billine**: soll ich ihn rauswerfen?
(**nobody**) sonnencreme natürlich
billine redet zu Dir: jop
Du ernennst billine zum Superuser.
(**nobody**) mensch biline
(**tinetine**) mach du, billine.
billine redet zu Dir: wie mach ich das
(**nobody**) so ich creme euch jetzt mal ein

[231] Mitschnitt vom 10.12.98. Der Mitschnitt zeigt das Kommunikationsgeschehen gemäß der Anzeige auf dem Bildschirm von *ineli26*.

[232] Die Funktion des "Superusers" im hier untersuchten Webchat ist vergleichbar dem "Channel Operator" im IRC. Vgl. hierzu Reid 1991. - Vgl. hierzu auch den Überblick über die 'administrativen Interaktions-Anweisungen', die Teilnehmern mit Superuser-Status im untersuchten Chat-Dienst zur Verfügung stehen (oben, S. 29f.).

(**nobody**) *massier*
(**nobody**) *eincreme*
(**nobody**) von obern nach unten
Du redest zu **billine**: du mußt /k nobody einsame_insel_fernab_jeglicher_zivilisation schreiben
(**tinetine**) *lol*
(**nobody**) (ämmm, also wenn ich eure bikinis öffnen würde, könnte ich schon besser eincremen)
(**nobody**) (was dagegen)#
(**nobody**) *creme*
(**tinetine**) ja.
billine lockt **nobody** weg.
(**billine**) O.K. geregelt
(**tinetine**) feinemacht.[233]

Zusammenfassend läßt sich also über den Akt des Räume-Eröffnens aussagen, daß mit ihm selbst zwar noch kein neuer *Kommunikations-Raum* eröffnet wird, aber zumindest eine *Möglichkeit* geschaffen wird, auf deren Grundlage dann solche Kommunikations-Räume initiiert werden können: Der Teilnehmer, der einen neuen Raum eröffnet, ist zunächst einmal so lange innerhalb des von ihm mit der Raumbenennung proponierten Kommunikations-Vorzeichens alleine, bis ein oder mehrere andere Teilnehmer ihm in seinen Raum zu folgen bereit sind. Die Raumbenennung dient hierbei dazu, sowohl Kommunikationsbereitschaft zu signalisieren, als auch gegebenenfalls näher zu spezifizieren, unter welchen Prämissen (im weitesten Sinne) derjenige, der den Raum erschaffen hat, sich Art und Thema der in ihm zu initiierenden Kommunikations-Räume wünscht. Der Raumname hat somit die Funktion, Aufmerksamkeit auf die Möglichkeit der Eröffnung neuer Kommunikations-Räume zu ziehen und ermöglicht zugleich, für diese Möglichkeit einen thematischen Rahmen vorzugeben bzw. den Raum selbst durch Suggestion dessen, was sich in ihm ereignen *könnte* oder durch Spezifikation einer konkreten Eigenschaft für andere Teilnehmer interessant zu machen (z.B. *märchenland, Partyhouse, liebe, Gemütliche_Almhütte_ in_den_Bergen, Romantisches_Lokal*), einen kommunikationstypologischen Wunsch

[233] Mitschnitt vom 18.11.98. Der Mitschnitt zeigt das Kommunikationsgeschehen gemäß der Anzeige auf dem Bildschirm von *tinetine*.

zu spezifizieren (z.B. *wernis_plauderecke, talk, unterhalten, Nettes_Zweiergespräch*) oder aber ihn durch Nennung seines "Besitzers" als Eigentum und zugleich eine Art privates Empfangszimmer zu charakterisieren (z.B. *Clive's_room, Raechens _nest*). Mitunter können Raumnamen auch eine Reaktion auf konkret vorausgegangenes Kommunikationsgeschehen sein, wodurch die vorherigen Kommunikationspartner dazu bewegt werden sollen, den gemeinsamen Kommunikations-Raum in dem jeweiligen neuen Chat-Raum unter einem bestimmten Ausgangssachverhalt neu anzuknüpfen und weiterzuführen (z.B. *traurigsei, mich_knuddelt_keiner _*wein**). Bisweilen stellen Raumnamen auch konkrete Einladungen zur Aufnahme einer Kommunikation dar (z.B. *Komm_zu_mir... *lock**).[234]

O.a. Situation S_2, also die Tatsache, daß ein Teilnehmer alleine in einem Chat-Raum *verbleibt*, stellt lediglich eine Variante dar von eben untersuchter Situation S_1: Während in S_1 ein Teilnehmer, nachdem er einen eigenen Raum eröffnet hat, zunächst einmal in seiner Isolation ausharren muß, bis sich gegebenenfalls weitere Teilnehmer dazu entschließen, das von ihm zur Disposition gestellte Parkett möglicher neu zu initiierender Kommunikations-Räume bzw. -vollzüge ebenfalls zu betreten, bleibt in S_2 ein Teilnehmer alleine in ei-

[234] Interessant ist in diesem Zusammenhang die nicht selten zu beobachtende Tatsache, daß Namen von Chat-Räumen mit der Zeit für bestimmte Teilnehmer zu Chiffren, zu Symbolen werden können, insofern sich dieselben Teilnehmer regelmäßig in Räumen mit stets derselben Benennung treffen und nur denjenigen anderen Teilnehmern Zugang gewähren, die innerhalb ihrer Gruppe akzeptiert sind. Assmanns Ausführungen über die "Tendenz zur Lokalisierung" von kollektiv Erlebtem kann gut als Erklärungsansatz für solcherlei Phänomene dienen, insofern Assmann selbst betont, daß Tendenzen dieser Art "für jegliche Art von Gemeinschaften" Gültigkeit besitzen: "Jede Gruppe, die sich als solche konsolidieren will, ist bestrebt, sich Orte zu schaffen und zu sichern, die nicht nur Schauplätze ihrer Interaktionsformen abgeben, sondern Symbole ihrer Identität und Anhaltspunkte ihrer Erinnerung." (Assmann 1999, 39). Insofern können Raumbezeichnungen im Chat in funktionaler Hinsicht mitunter von *Signalen* (für Kommunikationsbereitschaft) zu *Symbolen* (für Gruppenidentitäten) übergehen: Aus dem Signal, das Kommunikationsbereitschaft demonstrieren und Kommunikationsinteresse auf sich ziehen soll, wird eine Chiffre, die denjenigen Teilnehmern, die ihre konventionalisierte Bedeutung kennen, symbolisiert, daß bereits andere, ihnen vertraute Chatter

nem Chat-Raum zurück in der Erwartung, daß wieder neue Teilnehmer zu ihm stoßen könnten, um dem zwischenzeitlich verwaisten Raum mit neuen Kommunikations-Räumen und -vollzügen wieder zu kommunikativer Realität zu verhelfen. Der Unterschied zwischen S_1 und S_2 ist lediglich derjenige, daß in S_2 der allein im Raume verbleibende Teilnehmer nicht unbedingt derjenige sein muß, der den Raum auch ursprünglich erschaffen hat. Sofern er vom ursprünglichen Schöpfer des Raumes vor dessen Abgang nicht zum "Superuser" ernannt wurde, besitzt er im Rahmen eines eventuell sich ergebenden weiteren Kommunikationsgeschehens in diesem Raum nicht die Autorität, den Kommunikationsvollzug zu kontrollieren und das Teilnehmerverhalten gegebenenfalls zu sanktionieren. Zudem ist er an den Raumnamen gebunden, den der ursprüngliche Schöpfer des Raumes für diesen gewählt hat.

Der Chat-Raum stellt somit nicht mehr (aber auch nicht weniger) dar als die *Möglichkeit* (bzw. ein *Angebot*) zur Eröffnung konkreter kommunikativer Räume (Raumstrukturen) als zwischen Individuen initiierter Relationen. "Die Raumstruktur ist", wie Wolff-Plottegg 1997 in bezug auf Möglichkeits-Räume in der Architektur formuliert, "quasi ein Editor für Informationsdaten"[235] beziehungsweise im vorliegenden Fall des Chat-Raumes für die besagten kommunikativen Relationen. Der Chat-Raum läßt sich insofern beschreiben als ein *virtueller Kommunikations-Raum*, was auch in Hinblick auf Nr. (i) der oben formulierten Problematisierungen eine befriedigende Antwort darstellen dürfte.

Was in diesem Zusammenhang unter *Virtualität* verstanden werden soll, sei im nachfolgenden Exkurs verdeutlicht. Anschließend sei eine zusammenfassende Definition davon gegeben, was nach der vorangegangenen Erörterung unter einem *virtuellen Kommunikations-Raum* verstanden werden kann.

---

zugegen sind bzw. daß Interesse besteht, die eingespielte Gruppe innerhalb des gewohnten "Schauplatzes" erneut zu konstituieren.

[235] Wolff-Plottegg 1997.

3.2.1.2 Virtualität und virtueller Kommunikations-Raum

Was unter *Virtualität* in bezug auf Räumlichkeit zu verstehen ist, läßt sich klären anhand der in Münker 1997 niedergelegten Konzeption von Virtualität als einer "Welt des Möglichen" in Abgrenzung zur Welt des "Wirklichen": Begreift man das *Wirkliche* (Münker in Anschluß an Aristoteles) als nicht mehr und nicht weniger als lediglich *eine* Spielart des *Möglichen*, dann wird einerseits das, was wir gemeinhin als "das Wirkliche" bezeichnen, relativ und variabel, insofern alles, was sich im Bereich des *Möglichen* (Denkbaren) ansiedeln läßt, dann genauso gut als ganz oder partiell alternative *Wirklichkeit* zumindest gedacht werden kann.[236] Die jeweilige *Wirklichkeit* ist somit nicht mehr (aber auch nicht weniger) als die Emanation eines von mehreren Aspekten oder einer von mehreren Alternativen aus dem Bereich des *Möglichen* zu einem bestimmten Zeitpunkt.[237] Ihre Erhabenheit über die anderen, nicht-realisierten (aber *möglichen*) Alternativen erhält sie einzig aus ihrer Faktizität zu diesem konkreten Zeitpunkt[238], denn schließlich läßt sich nicht mit Sicherheit vorhersagen, ob zu einem nachgeordneten Zeitpunkt sich nicht eine andere Spielart des *Möglichen* gegen diese Wirklichkeit emanzipieren und somit

236 Vgl. Münker 1997, 112f.

237 Ein ähnlich relativistisches Wirklichkeitskonzept verfolgt auch schon Leibniz.

238 Welsch 1998 bezeichnet den Begriff *wirklich* als einen "Terminus der Kontrastbildung" in Absetzung zu demjenigen, was man als *virtuell* bezeichnet, weil es in Relation zum *Wirklichen* "weniger wirklich oder scheinhaft, [...], uneigentlich, bloß möglich, unwirklich, unwahr etc." erscheint. (Welsch 1998, 201f.). *Wirklich* und *virtuell* sind somit relative Begriffe, die ihren Sinn dadurch erhalten, daß beim Prädizieren mit dem einen der jeweils andere Begriff stets als Oppositum mitgedacht wird. *Wirklich* und *virtuell* beschreiben und differenzieren so auf einer essentiellen Ebene komplementär den ganzen Bereich menschlicher Wahrnehmung und Vorstellung, sind aber dennoch - nach Sandbothe 1997 - lediglich als eine Art Arbeitsgriffe zu betrachten, die "keinerlei normative Implikationen" tragen, der "Benutzerrelativität" unterworfen sind und insofern nur dazu herangezogen werden können, "um unterschiedliche Formen der Wirklichkeitskonstruktion auf der deskriptiven Ebene voneinander zu unterscheiden." (Sandbothe 1997, 61).

zur sie ablösenden oder modifizierenden "neuen" Wirklichkeit werden könnte.[239]

Ein solches Verständnis von *Virtualität* macht den Begriff "virtuelle Realität" - wie Münker zu recht argumentiert - problematisch, wenn nicht sogar widersinnig: Denn nach dem eben vorgestellten Ansatz zu einer Definition von Virtualität zeichnet sich das Virtuelle gerade dadurch aus, daß es *nicht* Realität ist. Diese Diskussion soll jedoch an dieser Stelle nicht vertieft werden.

Für die Beschreibung von Chat-Räumen als *virtuelle Kommunikations-Räume* kann nun abschließend die folgende Definition formuliert werden:

- Unter dem Aspekt der Kommunikation stellt der Chat-Raum eine Entität dar, die dadurch bestimmt ist, daß in ihr ein oder mehrere Kommunikations-Räume initiiert werden können.
- Kommunikationsvollzüge sind nur im Rahmen von Kommunikations-Räumen möglich.
- Ein Kommunikations-Raum ist eine Struktur kommunikativer Relationen, die zwischen den Elementen einer Trägermenge von zwei oder mehr Individuen feststellbar sind.
- Die Initiierung und Realisierung von Kommunikations-Räumen im Chat ist *nur* innerhalb von Chat-Räumen *möglich*.

[239] Als Illustration für die Ablösung einer *Wirklichkeit* durch eine andere mag die Geschichte von Santiago de Compostela dienen, die als Ansiedlung im 9. Jahrhundert *wirklich* noch einen rein ländlichen und größtenteils unbedeutenden Raum darstellt; über die episkopale Annahme der *Möglichkeit*, daß der Hl. Jakobus in Spanien gewirkt haben und in Santiago begraben liegen *könnte*, gelangt man schließlich bis zum 10. Jahrhundert zu der Auffassung, die Stadt *könne* von Gottes allmächtigem Ratschluß zu einem sakralen Zentrum der Christenheit auserkoren worden sein, was sich in der Folge darin manifestiert, daß sowohl die Selbstzelebrierung der örtlichen Bischöfe sich mehr und mehr an päpstlichem Vorbild orientiert und daß Stadtplanung und architektonische Maßnahmen darauf ausgerichtet werden, die Stadt in ein *mögliches* "Zentrum einer großen Pilgerbewegung zu verwandeln", was dann schließlich auch gelingt und bis in die heutige Zeit *Wirklichkeit* ist. Vgl. hierzu López Alsina 1999.

- Einen neuen Chat-Raum zu eröffnen bedeutet somit, eine neue Sphäre (als einen abgegrenzten Bereich) der *Möglichkeiten* zur Initiierung und Realisierung neuer Kommunikations-Räume zu erschaffen.
- Die Benennungen von Chat-Räumen signalisieren die Existenz dieser jeweiligen Sphäre virtueller Kommunikation (i. S. v. potentiellen Kommunikationsvollzügen).
- Die Realität von Chat-Kommunikation besteht im Rahmen konkreter Vollzüge innerhalb jeweils intakter Kommunikations-Räume. Der Chat-Raum als solcher ist somit in kommunikativer Hinsicht *nicht* real, sondern lediglich *virtuell*.

3.2.1.3 Simulation von dreidimensionaler Situiertheit, Kompensation von Leiblichkeit und Referenz auf (fiktive) Sprecher-Origo

Trotz des kommunikativ bestimmten Charakters von Chat-Räumen ist in Chat-Mitschnitten häufig Deixis auf Spatialität und eine dreidimensionale Raumvorstellung auszumachen. Diese Tendenz, innerhalb von *Räumen* die Verfügbarkeit einer Origo einzufordern, ist zu einem guten Teil sicherlich durch die Räumlichkeits-Metaphorik und die damit zusammenhängenden topologischen Vorstellungen induziert; zudem ist die Simulation dreidimensionaler und perspektivisch erschließbarer Räumlichkeit in PC-Software im Bereich des Benutzeroberflächen-Designs mittlerweile zu einer Art Topos avanciert, vor allem seit dem Aufkommen erfolgreicher 3D-Computerspiele wie den zu Klassikern des Genres avancierten "Ballerspielen" *WOLFENSTEIN3D, DOOM* (siehe Abb.5), *QUAKE* oder *DUKENUKEM*, bei welchen man den Spielverlauf aus der Sicht des Protagonisten am Bildschirm verfolgen kann (sog. "Egoplayer-Games"): In der Rolle des "Helden" befindet man sich jeweils mitten in derjenigen Umgebung, welche gerade die Szenerie darstellt. Per Maus- und/oder Tastatursteuerung kann man sich in diesem simulierten Raum bewegen, Türen öffnen, von einem

Raum zum nächsten wechseln, Gegenstände aufsammeln und die Aktionen des "Helden" in bezug auf die in dessen Sichtfeld präsentierte Umgebung bestimmen. Die Szenarien sind oftmals recht simpel und bestehen zumeist darin, die Räume eines Verließes oder apokalyptischer Endzeitwelten zu durchwandern und sich dabei gegen feindliche Soldaten und/oder aggressive Kreaturen zur Wehr zu setzen, um im letzten Level schließlich das Böse in Gestalt eines Hyper-Monsters endgültig zu besiegen. Der graphisch simulierte 3D-Effekt wird durch Musik- und Soundeffekte (Schrittgeräusche, Detonationen, Trommelfeuer, Schreie der getroffenen Gegner) jeweils noch intensiviert.

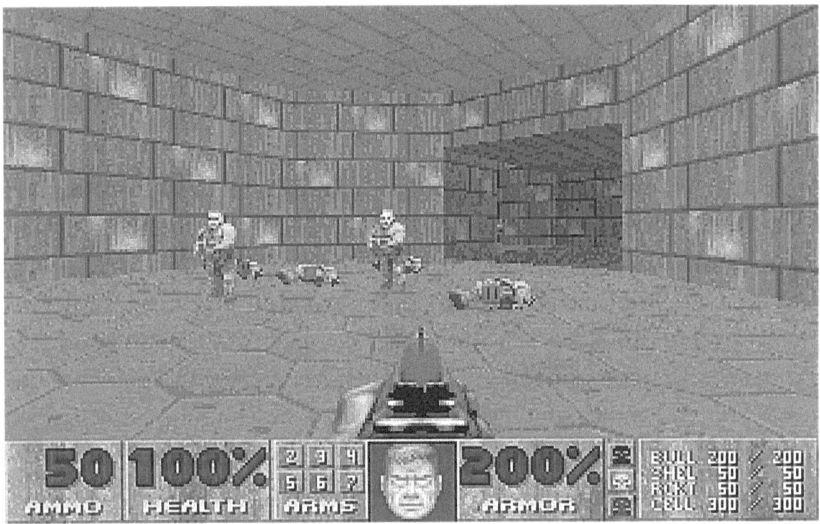

Abb.5: Computerspiel *"Doom"*.

Spiele wie diese evozieren während ihres Vollzuges beim Spieler die Vorstellung eines Eintauchens in die auf dem Bildschirm als dreidimensional simulierte *Welt*: Für die Dauer des Spielverlaufs ist man selbst der "Held" des Spiels und somit der Dreh- und Angelpunkt dieser egozentrisch zugeschnittenen Spielwelt, was sich letztlich auch im Reden der Spieler *über* solcherlei Spiele niederschlägt:

"When users comment on the course of the game, they always make reference to themselves as being the agents on the screen. They are virtually immersed in the artificial environment."[240]

Der Chat-Raum nun jedoch lebt als solcher *ohne* solcherlei graphisch-visuelle Suggestion[241], sondern allein aufgrund und innerhalb der Kraft seiner metaphorischen Benennung. Zudem ist die Beziehung zwischen Benutzer und Gegenüber im Computerspiel eine Beziehung der Form *I - "you"* (mit dem Gegenüber als rein *virtuellem* Partner), während Chat-Kommunikation eine Interaktion zwischen Charakteren darstellt, die von *realen* Personen dirigiert werden (*I - you* ohne Anführungszeichen)[242], die außerhalb der Datenspeicher von Computernetzwerken existieren, aus Fleisch und Blut sind und in ihren Verhaltens- und Reaktionsweisen nicht nur lediglich vorprogrammierte Befehlsroutinen ausführen.

Einerseits wird durch die Bezeichnung Chat-"Raum" die Vorstellung eines Vorhandenseins einer irgendgearteten Räumlichkeit in Assoziation zu aus der Alltagswelt bekannten Räumen befördert, andererseits scheinen Physikalität und Dimensionalität dieser *konzeptionellen* Räumlichkeit nur insoweit für die in diesen "Räumen" Interagierenden Relevanz zu besitzen, als sie von potentieller Funktionalität für die jeweilige kommunikative Interaktion sind. Dies zeigt sich zum Beispiel darin, daß Raumdeixis sowie die Bezugnahme auf die Anordnungsverhältnisse und Konstellationen im (antizipierten) dreidimensionalen Raum (also das physische Vor-, Hinter- und Nebenein-

---

240 Ipsen 1997, 568.

241 Zumindest in dem hier untersuchten, rein textbasierten Chat und ähnlich gearteten Chat-Diensten.

242 Die Typenbezeichnungen *I-"you"* bzw. *I-you* wurden hier übernommen aus Janneys Ansatz zur Typologisierung verschiedener Grade der Ausprägung von "cybernetic ego" in der E-Mail-Kommunikation (Vgl. Janney 1997, 529ff.). Janneys Ansicht, daß Internet-Kommunikation mit Personen, die man nur aus der Netzwelt kennt, auch - in gradierbarer Intensität - eher die Vorstellung eines virtuellen denn eines realen Kommunikationspartners zugrundeliege, soll hier nicht diskutiert werden.

ander) nur dann zur Anwendung kommen, wenn etwa Nähe zum Kommunikationspartner hergestellt, Parasprachliches ausgedrückt oder eine Kontaktaufnahme initiiert werden soll:

(1) ***ineli26 schaut burzel mal von der seite an und fragt sich, ob er endlich vergessen hat, was das fuer anschuldigen meinerseits waren*** [243]

(2) (**rudolf**) Moin, Leute, schön, dass ihr da seid...
(**fee1**) Ruuuuudoooolf! sei ein braves Tier! Komm her![244]

(3) ***Burzel setzt sich auf s sofa und hört zu ...*** [245]

(4) ***laberkopp schiebt etwas melone rueber zu burzel*** [246]

(5) ***nordhäus meint das es mal heute wieder ziemlich voll ist*** [247]

(6) **Winston_Smith** kommt aus dem Raum **dumdidum** herein.
(**Winston_Smith**) Anybody at home?
(**lena19**) Hi
(**Winston_Smith**) Ah.. Aus einer dunklen Ecke des Raumes...
(**Winston_Smith**) Wie geht´s?[248]

In (1) signalisiert *ineli26* ihrem Kommunikationspartner *Burzel* dadurch, daß sie ihn "von der Seite" (nicht frontal!) ansieht in Verbindung mit der Formulierung einer als unausgesprochen deklarierten inneren Frage, daß sie sich so ihre Gedanken macht über die erwähnten "Anschuldigungen". Dieses Ansehen von der Seite soll vermutlich ein insgeheimes Betrachten der anderen Person ohne deren Wissen darstellen; dadurch, daß dies jedoch wiederum in der 3. Person zur Äußerung gebracht wird, soll damit ein Signal an *Burzel* gegeben werden, zu den insgeheimen Gedanken von *ineli26* Stellung zu nehmen.

In (2) dient die Referenz auf räumliche Distanz ("Komm her!") *fee1* dazu, dem angesprochenen *rudolf* Gesprächsinteresse zu signalisieren. Ähnlich verhält es sich in (6), als *Winston_Smith* die Tatsache, daß sich tatsächlich jemand im Raum befindet, damit quittiert, daß

[243] Mitschnitt vom 10.12.98.
[244] Mitschnitt vom 1.12.98.
[245] Mitschnitt vom 10.12.98.
[246] Mitschnitt vom 10.12.98.
[247] Mitschnitt vom 26.11.98.
[248] Mitschnitt vom 15.2.99.

die Anwesenheitsbekundung von *lena19* aus "einer dunklen Ecke des Raumes" gekommen sei, wodurch er Distanz- und Sichtverhältnisse im gedachten Raum konstituiert, aufgrund derer er seine Nachfrage "Anybody at home?" legitimieren kann; denn schließlich muß *Winston_Smith* wissen, daß ein Chat-"Raum" jeweils nur so lange existiert, als sich jemand in ihm befindet. Durch seine Nachfrage "Anybody at home?" wird also nicht danach gefragt, ob jemand anwesend ist, sondern vielmehr danach, ob jemand der im Raum Anwesenden Gesprächsbereitschaft signalisieren möchte. Die Bezugnahme auf den Raum dient also sowohl in (2) als auch in (6) der Kontaktaufnahme.

In (3) nimmt *Burzel* Bezug auf einen fiktiven Einrichtungsgegenstand, wodurch der Raum in diesem Punkt hinsichtlich seines möglichen Inhalts eine vorstellbare Konkretisierung erfährt. Diese Konkretisierung ist jedoch wiederum an eine kommunikative Absicht gebunden, insofern durch das in der 3. Person geschilderte Sich-Setzen und Zuhören dem/den Kommunikationspartner(n) Aufmerksamkeit signalisiert wird.

Beispiel (4) steht im Interaktionskontext eines Spiels mit einem fiktiven Objekt (Melone). Um dieses fiktive Objekt auch für die anderen Interaktionsbeteiligten verfügbar zu machen, muß ein ebenso fiktiver Raum vergegenwärtigt werden. Dies vollzieht *laberkopp* dahingehend, daß er, indem er *Burzel* "etwas melone rueber[schiebt]", vorgibt, Distanz zu überwinden und somit implizit die Annahme eines fiktiven Gegebenseins dreidimensionaler und spatial bestimmter Räumlichkeit von seinem Kommunikationspartner einfordert.

In (5) macht *nordhäus* eine Aussage über den Chat-Raum, indem er selbigen als für seine Begriffe "voll" bezeichnet. Er scheint also zumindest eine vage Vorstellung über die Abmessungen des Raumes zu haben, ansonsten könnte er selbigen nicht für "voll" diagnostizieren. Hiermit soll *nordhäus* natürlich nicht unterstellt werden, daß er ein konkretes *Bild* des Raumes im Kopf hätte. Seine Aussage dient vermutlich vielmehr dazu, sich als anwesend bemerkbar zu machen oder durch Thematisierung der hohen Teilnehmerzahl (paraphrasiert: "Hier ist aber viel los!") die Bereitschaft zur Kommunikationsaufnahme zu signalisieren.

Die Suggestion dreidimensionaler Situiertheit und von Personenkonstellationen im Rahmen der Chat-Kommunikation zeigt sich also als einer konzeptionell mündlichen Kommunikationshaltung unterworfen, insofern sie dazu dient, eine nicht gegebene, aber konzeptionell antizipierte Form der relativen physischen Nähe zu den Kommunikationspartnern im Rahmen einzelner Episoden des Kommunikationsvollzugs zum Ausdruck zu bringen und auf simulativem Wege herzustellen. Das "Verständnis der Rede aus den Situationsumständen", wie es Karl Bühler für die Interpretation der Funktionsweisen alltäglicher Dialogsituationen einfordert und das zuvorderst über das Gegebensein von "Gesten und psychologisch äquivalente[n] sinnliche[n] Daten" zustandekommt[249], zeigt sich also gerade in Chat-"Gesprächen", in welchen eben diese Daten nicht unmittelbar gegeben sind, als relevant. Will man vergegenwärtigen, wie solcherlei Situations- und Positionsgebundenheit der Rede über semiotische Simulationen für die Chat-Kommunikation mittelbar und somit wahrnehmbar gemacht werden, so gilt es zunächst, von der allgemeinen und grundlegenden Leibgebundenheit von Äußerungen in der Alltagskommunikation auszugehen und nach Indizien zu suchen, wie diese in der Chat-Kommunikation kompensiert wird. Während in der Alltagskommunikation das Gegebensein von Dreidimensionalität erlaubt, eine "räumliche Herkunftsqualität" der Äußerungen eines Gegenübers auszumachen und die leibliche Konstituiertheit eines Gesprächspartners dessen Stimmäußerungen einen unverwechselbaren "Individualcharakter" verleiht, sind *hier* und *ich* von Charakteren im Chat einzig und ausschließlich an deren Namen gebunden: Ein Chat-Teilnehmer erhält für seine Kommunikationspartner "sein *hier* [...] und sein *ich*" nicht aus der Herkunftsqualität des geäußerten Lautes

[249] Bühler 1982, 84.

und aus seinem "personalen Stimmcharakter"[250], sondern dadurch, daß jede seiner Äußerungen vom Steuerprogramm durch Nennung seines Namens als *zu ihm gehörig* und *von ihm herkommend* ausgezeichnet wird: Eine Eingabe der Form E_1 seitens eines Teilnehmers *wulf* führt in der Anzeige der anderen Teilnehmer zu einer Anzeige der Form A_1:

(E_1): Hallo zusammen! :-)

(A_1): (**wulf**) Hallo zusammen! :-)[251]

Der "personale Stimmcharakter", also die parasprachlich-phonischen Eigenheiten von Äußerungen, findet im Chat als rein graphisch orientiertem Trägermedium sein Äquivalent in einem "personalen Zeichenfolgencharakter", insofern sich hier die Individualität eines Kommunikationsbeteiligten einzig in der Singularität seiner Selbstbenennung ausdrückt. Die "Herkunftsqualität" von Teilnehmeräußerungen ist ebenfalls auf diese Selbstbenennung fixiert: Da der Chat-Raum keinen Raum von dreidimensionaler Qualität darstellt, kann die Herkunft von Teilnehmeräußerungen auch nicht als Punkt hinsichtlich Länge, Breite und Tiefe dieses Raumes lokalisiert werden, sondern stellt die semiotische Repräsentiertheit der Teilnehmer durch ihren Namen *selbst* diesen Ort dar. Die Identifikationsleistung, die ein Frager in der Alltagskommunikation leisten muß, wenn "die Stimme aus dem Unsichtbaren [...] auf *wer da?* mit *ich* reagiert"[252], wird im Chat durch Angabe eben dieser semiotischen Repräsentationsform des jeweiligen Antworters ermöglicht:

(**Andra**) wer da?

(**wulf**) ich

Der Nickname eines Chat-Charakters besitzt also für Äußerungen Signalfunktion sowohl hinsichtlich der *Positionalität* als auch hinsichtlich der *Individualität* des jeweiligen Äußerungsproduzenten.

---

[250] Vgl. Bühler 1982, 91.

[251] Vgl. Turns des Typs (i) in Kap. 2.2.7.

[252] Bühler 1982, 95.

Um hiervon ausgehend die Funktion solcher Positions- und Situationsdeiktika im Rahmen von Chat-Äußerungen zu verstehen, seien die zuvor besprochenen Beispiele an dieser Stelle ein weiteres mal untersucht, diesmal jedoch nicht hinsichtlich ihrer eventuellen Bedeutung als kommunikativ-funktionale und kontextgebundene Einheiten (also hinsichtlich dessen, *warum* in ihnen auf Situiertheit und Positionalität referiert wird), sondern hinsichtlich der Art und Weise, *wie* in ihnen die Bezugnahme auf Situiertheit und Positionalität im gedachten Raum erfolgt:

(1) ***ineli26 schaut burzel mal von der seite an und fragt sich, ob er endlich vergessen hat, was das fuer anschuldigen meinerseits waren*** [253]

(2) **(rudolf)** Moin, Leute, schön, dass ihr da seid...
(feel) Ruuuuudoooolf! sei ein braves Tier! Komm her![254]

(3) ***Burzel setzt sich auf s sofa und hört zu ...*** [255]

(4) ***laberkopp schiebt etwas melone rueber zu burzel*** [256]

(5) ***nordhäus meint das es mal heute wieder ziemlich voll ist*** [257]

(6) **Winston_Smith** kommt aus dem Raum **dumdidum** herein.
(**Winston_Smith**) Anybody at home?
(**lena19**) Hi
(**Winston_Smith**) Ah.. Aus einer dunklen Ecke des Raumes...
(**Winston_Smith**) Wie geht´s?[258]

In (6) bietet sich uns ein parodistisches Spiel mit der Verortung von Redeäußerungen, und zwar seitens *Winston_Smith* in bewußter Verwechslung der dreidimensionalen Verortbarkeit von Äußerungen aus der Alltagskommunikation mit der semiotischen Verortbarkeit von Äußerungen im Chat. Nachdem *lena19* auf seine Frage "Anybody at home?" mit "Hi" geantwortet hat, persifliert er die Gebundenheit sowohl der Individualität als auch der Positionalität von Äußerungen im Chat an die semiotische Repräsentiertheit des Äußernden dadurch, daß er aus der Äußerung von *lena19* auf die Möglichkeit einer exak-

---

[253] Mitschnitt vom 10.12.98.

[254] Mitschnitt vom 1.12.98.

[255] Mitschnitt vom 10.12.98.

[256] Mitschnitt vom 10.12.98.

[257] Mitschnitt vom 26.11.98.

[258] Mitschnitt vom 15.2.99.

ten Situiertheit derselben in einem dreidimensionalen Raum schließen zu können vorgibt: "Ah.. Aus einer dunklen Ecke des Raumes...".

In (2) präsupponiert *rudolf* für alle im Chat-Raum Anwesenden das Gegebensein einer gemeinsamen Origo, indem er äußert "schön, dass ihr da seid..." (Ergänzung: "... wo *ich hier* und *jetzt* auch bin!"). Die Äußerung von *fee1* im selben Beispiel hingegen zeigt, daß mit der eigenen Individualität zugleich auch eine eigene Positionalität (und insofern individuelle Origo im gedachten Raum) beansprucht wird, indem sie *rudolf* auffordert, *ihr* Hier zu seinem Hier zu machen ("Komm her!"), also eine antizipierte Distanz zu überwinden, um durch Aufgabe der eigenen räumlichen Position physische und somit kommunikative Nähe herzustellen. Die Annahme einer prinzipiellen individuellen Positioniertheit und dreidimensionalen Situiertheit entspricht in diesem Zusammenhang der Orientierung und Selbsterfahrung von Individualität in der Alltagswelt, in welcher die Erfahrung individueller Positioniertheit im Raum stets im Zusammenhang steht mit dem Prozeß einer Auseinandersetzung des Individuums mit seiner Umwelt: Um *Ichwelt* und *Umwelt* voneinander abzugrenzen, *Innerhalb* und *Außerhalb* in bezug auf die Wahrnehmung des eigenen Selbst unterscheiden zu können, bedarf es Rede- und Denkweisen, die das Eigene als spatial getrennt vom *Nicht*-Eigenen dar- und vorstellbar machen, die sich in konkreten Situationen explizit machen lassen etwa durch Aussagen wie "x befindet sich *hinter* mir", "dieses x da *neben* mir" oder "*vor* mir steht x", die mit präpositionalen Zeigwörtern operieren. Die Wahrnehmung eines *Anderen* (des "x") wird somit also dadurch gewährleistet, daß ich auf es als ein Extra-Individuelles *zeigen* kann, als etwas, das ich außerhalb der Geschlossenheit meiner Ich-Befindlichkeit und insofern als *nicht-eigen* erfahre und dem ich somit (für mich) ein eigenes, autonomes Sein zusprechen kann, welches in seinem "tatsächlichen" Gegebensein zu überprüfen mir möglich ist kraft meiner Fähigkeit zur dreidimensionalen Verortung von dessen Situiertheit sowie kraft meines Selbstverständnisses als identitär geschlossener Einheit.

In den Beispielen (3) und (4) drückt sich ebenfalls die Forderung aus, daß jedes Individuum selbst in einer nicht-dreidimensionalen Umgebung wie dem Chat-Raum eigenständig positioniert und situiert sei, insofern in (4) vorgegeben wird, Spatialität überwinden zu müssen, um einem anderen Teilnehmer ein (fiktives) Objekt zukommen zu lassen und in (3) die Implikation von "Anwesenheit" in der Alltagswelt, eine autonome "Bewegungsfunktionalität des Körpers zur Orientierung, Navigation und Interaktion zu beanspruchen"[259], auf den Chat übetragen wird, indem sich *Burzel* "auf s sofa" "setzt".

In Beispiel (5) bezeichnet *nordhäus* den Chat-Raum als "voll" und spricht somit sein Unbehagen darüber aus, daß seine autonome Bewegungsfunktionalität in einem als dreidimensional gedachten Raum aufgrund zu hoher Teilnehmerzahl eingeschränkt werden könnte, wobei hier - aufgrund der Metapher "Raum" und der damit verbundenen Vorstellung von etwas topologisch Vorstellbarem wie einem Zimmer - eine Unübersichtlichkeit des Kommunikationsgeschehens gleichgesetzt wird mit einer Eingeschränktheit der eigenen physisch-räumlichen Interaktion, wie dies etwa bei einer gut besuchten Party der Fall sein könnte, bei welcher die Anwesenden dicht gedrängt stehen und somit in ihrer Bewegungsfreiheit eingeschränkt sind.

Beispiel (1) schließlich zeigt einen interessanten Fall der Deixis am Phantasma, bei der - im Gegensatz etwa zur Deixis in literarischen Texten - die fiktionale Bezugnahme auf positionale Situiertheit in einer Dialogsituation und ohne das Gegebensein der Möglichkeit zur Orientierung in einem faktisch vorhandenen dreidimensionalen Raum vollzogen wird, wodurch die Bezugnahme auf die relative Positioniertheit eines *Ich* zu einem *Anderen* stets auch ein Postulat an die Origo-Vorstellung dieses *Anderen* impliziert: Indem *ineli26* äußert, daß sie *Burzel* "von der Seite" anschaue, wird diesem damit zugleich

[259] Müller 1996.

eine Vorstellung suggeriert, daß gemäß seiner eigenen Origo *ineli26* sich folglich links oder rechts von seinem dreidimensionalen Wahrnehmungsfeld befinden müsse.

3.2.2 Aspekt II: *Spiel*

Daß alles, was in alltagsweltlichen Kommunikationssituationen bei der Äußerung von Diskursbeiträgen den Kommunikationspartnern über nonverbale Kanäle und teilweise unbewußt mit an die Hand gegeben wird, im Chat bei Bedarf sprachlich expliziert und insofern *bewußt* thematisiert werden muß, macht es notwendig, das Phänomen des Chat-Raumes nicht nur unter dem Aspekt der Kommunikation, sondern darüber hinaus auch noch unter dem Aspekt des Spiels und der damit verbundenen Simulation und Inszenierung beziehungsweise *Aufführung* von Sachverhalten zu betrachten. Inszenierungen im Sinne von kommunikativen Aufführungsspielen sind nicht nur gebunden an eine Synchronizität der Zeichenproduktion, sondern auch an einen "besonderen Ort"[260]: Aufführungen werden erst leibhaftig "in einem gemeinsamen Kommunikationsraum", und diesem Raum wird für die Aufführung anhand bestimmter semiotischer Systeme ästhetische Zeichenhaftigkeit verliehen (im traditionellen Theater etwa durch den Einsatz von Beleuchtung, Requisiten und Dekoration).[261] Am "besonderen Ort" des Spiels wird somit durch die Konstruktion von Bildhaftem ein möglicher Raum erzeugt, der die schöpferische Einbildungskraft der Aktanten, der Teilnehmer und des Publikums anregen und für die Dauer des Aufführungszusammenhangs eine fiktive Welt simulieren soll, in deren Grenzen und unter deren die Imagination konstituierenden Prämissen das zu vollziehende Spiel als *wirklich* gedacht und erlebt werden kann.

[260] Kloepfer 1995, 101.
[261] Vgl. ebd., 101-103.

Um Irritationen vorzubeugen, sei an dieser Stelle darauf hingewiesen, daß der im folgenden vorzunehmende Vergleich von Chat-Interaktion mit dem Theater nicht beabsichtigt, den Chat mit dem Theater *gleichzusetzen*: Für den Chat soll weder das Gegebensein eines *Publikums* postuliert werden[262], noch ist für die Konstitution von Aufführungen im Chat nach einem Vorhandensein derselben Determinanten zu suchen, wie sie sich etwa bei Theateraufführungen den klar unterscheidbaren Funktionen des *Autors*, des *Regisseurs*, des *Schauspielers*, der *Rolle* und der *Maske* für das Zustandekommen des jeweiligen Spielvollzugs zuordnen lassen. Vielmehr zeigen sich im (hier untersuchten) Chat diese unterschiedlichen Funktionen alle als in der Kompetenz jedes einzelnen Teilnehmers vereint, worauf an späterer Stelle noch näher einzugehen sein wird.[263] Der Vergleich mit dem Theater bezieht sich hier also lediglich auf den simulativen Charakter und die imaginative Bestimmtheit von 'Spiel' und nicht auf die unterschiedlichen Instanzen, die für den Vollzug eines Schauspiels verantwortlich zeichnen.

Am Rande sei hierbei darauf hingewiesen – ohne hierüber einen ausführlichen Exkurs anbringen zu wollen –, daß es neben Webchats wie dem hier untersuchten beispielsweise mit den sogenannten *MUDs* (*'Multi User Dungeons'*) auch noch andere Formen textbasierter, direkter und synchroner Internet-Kommunikation gibt, bei welchen aber ein Szenario beziehungsweise ein vorgefertigtes und textuell repräsentiertes Bühnenbild als eine "fiktionale textbasierte

---

[262] Gerade die Tatsache, daß im Chat im Gegensatz zum traditionellen Theater keine Trennung zwischen produzierender und rezipierender Klintel besteht, ist ein wesentliches Merkmal dafür, daß es sich beim Chat um ein Trägermedium *interaktiver*, beim Theater aber um ein Trägermedium *distributiver* Kommunikation handelt.

[263] Die hier wiederholt formulierte Einschränkung meiner Darlegungen auf den exemplarisch untersuchten Chat ist notwendig, insofern etwa in Hinblick auf nicht-textbasierte (grafikunterstützte) oder themenorientierte bzw. moderierte Chats die Frage nach einer (zumindest ansatzweisen) Trennung von Regisseur- und Aktantenebene bzw. Autor- und Aktantenebene neu gestellt und anders angegangen werden müßte.

Spiellandschaft"[264] für alle Teilnehmer bereits vorgegeben und der Spielcharakter des Kommunikationsgeschehens somit bereits unabhängig von den Teilnehmer-Aktionen in gewisser Weise vor-initiiert ist.

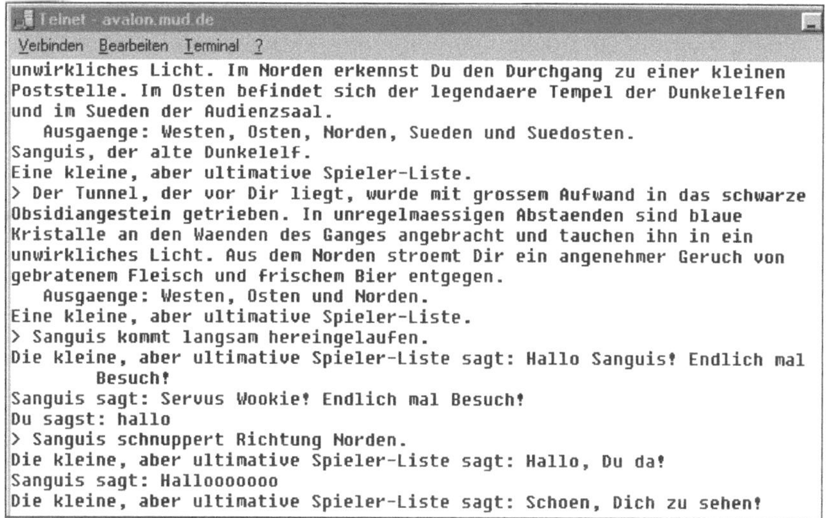
Telnet - avalon.mud.de
Verbinden Bearbeiten Terminal ?
unwirkliches Licht. Im Norden erkennst Du den Durchgang zu einer kleinen Poststelle. Im Osten befindet sich der legendaere Tempel der Dunkelelfen und im Sueden der Audienzsaal.
Ausgaenge: Westen, Osten, Norden, Sueden und Suedosten.
Sanguis, der alte Dunkelelf.
Eine kleine, aber ultimative Spieler-Liste.
> Der Tunnel, der vor Dir liegt, wurde mit grossem Aufwand in das schwarze Obsidiangestein getrieben. In unregelmaessigen Abstaenden sind blaue Kristalle an den Waenden des Ganges angebracht und tauchen ihn in ein unwirkliches Licht. Aus dem Norden stroemt Dir ein angenehmer Geruch von gebratenem Fleisch und frischem Bier entgegen.
Ausgaenge: Westen, Osten und Norden.
Eine kleine, aber ultimative Spieler-Liste.
> Sanguis kommt langsam hereingelaufen.
Die kleine, aber ultimative Spieler-Liste sagt: Hallo Sanguis! Endlich mal Besuch!
Sanguis sagt: Servus Wookie! Endlich mal Besuch!
Du sagst: hallo
> Sanguis schnuppert Richtung Norden.
Die kleine, aber ultimative Spieler-Liste sagt: Hallo, Du da!
Sanguis sagt: Hallooooooo
Die kleine, aber ultimative Spieler-Liste sagt: Schoen, Dich zu sehen!

Abb.6: MUD *"Avalon"*[265].

Sandbothe 1997 bezeichnet diejenigen MUD-Teilnehmer, die Programmierrechte besitzen und somit Einfluß auf die den übrigen Teilnehmern präsentierten simulierten Spielumgebungen nehmen können, als "Architekten und Dramaturgen eines virtuellen *Theaters*, auf dessen elektronischen *Bühnen* die räumliche Grundstruktur unserer

---

264 Sandbothe 1997, 62.

265 telnet://avalon.mud.de.:7777/. Die Betreiber dieses MUDs verstehen ihr Prgramm als interaktives Spiel in der Art einer rein textbasierten Variante von Egoplayer-Games (vgl. voriges Kapitel dieser Arbeit) wie *Quake* und *Doom* (die sich mittlerweile auch interaktiv via Internet spielen lassen): "Avalon *eng.* [*awalon*]. Deutschsprachiger Vertreter eines *Multi User Dungeons m.* (kurz MUD), eines (->) virtuellen *Treffpunktes* für Spieler aus aller Welt, die vor einem gemeinsamen Fantasy-Hintergrund *Abenteuer* erleben, gemeinsam *Rätsel* lösen oder sich einfach nur *unterhalten*. Rein (->) textorientiert setzt es sich ein MUD von rein (->) graphikorientierten Spielen wie z.B. *Quake* oder *Earth 2140* ab und betont stärker *Phantasie* und *Vorstellungskraft*." (URL dieses Info-Textes am 11.7.99: http://avalon.mud.de/tunnel.html).

Wahrnehmungen selbst Gegenstand der Inszenierungen sind."[266] Im Webchat hingegen gibt es keine solche privilegierte Benutzergruppe, zumindest nicht hinsichtlich der Kompetenz, fiktionale Umgebungen für die übrigen Teilnehmer vorzugeben.[267] Insofern können die *virtuellen Kommunikations-Räume* prinzipiell von *jedem* Teilnehmer ausstaffiert werden zu Spielbühnen für interaktive Aufführungen. Zunächst einmal sei daher im folgenden überlegt, auf welchem Wege auf dem Theater und im Hörspiel Vorstellungs- bzw. Imaginationsräume konstituiert werden, um anschließend zu einem Ansatz zu gelangen, inwieweit der Chat-Raum ebenfalls und unter den spezifisch eigenen Vorzeichen der Interaktivität von Chat-Kommunikation als Bühne bzw. Spielsphäre beschrieben werden kann.

Im Schauspiel etwa wird visuell realisiert, was jeweils vom Dichter im Rahmen mehr oder weniger ausführlicher Bühnenanweisungen als Raum (i. S. v. fiktionaler Umgebung) für eine Szene, einen Akt, eine Sequenz vorgegeben ist. Schikaneders Libretto zu Mozarts *Zauberflöte* eröffnet das Spiel beispielsweise mit der Anweisung:

> *Das Theater ist eine felsige Gegend, hie und da mit Bäumen überwachsen; auf beiden Seiten sind gangbare Berge, nebst einem runden Tempel.*

Der Dichter überführt die Welt, die er im Kopf hat, in eine Beschreibung, die dem Leser oder Regisseur dazu dienen soll, die Handlung und den Sinn seines Werkes im Rahmen dieser gesetzten Welt zu erfassen und seine eigene Imagination nachzuvollziehen. Solcherlei Beschreibungen können mehr oder weniger konzis sein, je nachdem, inwieweit der Dichter der Imagination des Lesers/Publikums oder des Inszenierenden eigenen Raum zu lassen beabsichtigt. Stets jedoch wird der Raum in irgendeiner Weise spezifiziert, der Topos des (drei-

---

[266] Sandbothe 1997, 65; Hervorhebungen von mir.

[267] Vereinzelt haben Chat-Teilnehmer den Status von "Administratoren" (kurz: "Admins"). Diese können jedoch keinen Einfluß auf eine eventuelle fiktionale Konsitution der Chat-Räume nehmen, sondern lediglich in sämtliche auf dem jeweiligen Chat-Server geöffnete Kommunikations-Räume "hineinlauschen" und gegebenenfalls die Registrierungen auffälliger Chatter löschen, um somit

dimensionalen) Raumes wird genutzt, um der Vorstellung des Rezipienten ein bestimmtes Programm vorzugeben, in dessen Rahmen sie sich zu bewegen hat. In Goethes *Faust II* sind diese "Programme" etwa in folgenden Raumbezeichnungen greifbar:

> *Anmutige Gegend* (I, 4607)
> *Saal des Thrones* (I, 4728f.)
> *Hochgewölbtes enges gotisches Zimmer* (II, 6568)
> *Pharsalische Felder* (II, 7001f.)
> *Schattiger Hain* (III, 9576)

Die Umsetzung solcher "Programme" ist jeweils abhängig von dem Trägermedium, in welchem das Spiel zur Ausführung kommen soll. Im Film und auf dem Theater beispielsweise bedient man sich hierzu vorwiegend visueller Präsentationen und Effekte (man denke beispielsweise an Karl Friedrich Schinkels Entwürfe für das Bühnenbild der *Zauberflöte*-Inszenierung von 1815). Im Hörspiel hingegen, bei dessen Aufführung der Rezipient lediglich mit den Ohren zugegen ist, muß der Raum anders erzeugt werden, etwa vermittels einer unterlegten Geräuschkulisse oder durch explizite Beschreibung des Raumes durch einen Sprecher, wie etwa in den folgenden Beispielen:

> *Akustik eines größeren Raumes. Die Tür wird behutsam geöffnet. Leise, rücksichtsvolle Schritte näherkommend.*[268]

> *Strassenlärm - Trams, Hupen, menschliche Stimmen usw. -, der während der folgenden Schilderung deutlich hörbar bleibt.*[269]

> *Sprecher:* Am 30. Januar 1948, um 8 Uhr früh, ging Gandhi aus seinem Heim zu dem Ort, wo er sein Gebet zu verrichten pflegte. Der Wind wehte von den Bergen und war frisch. Am Himmel stand eine kleine weisse Wolke, deren Ränder in die Bläue verschwammen. Der Fluss zog träg und dampfte im Morgenlicht. [...][270]

Im Chat schließlich fallen Drehbuch und Aufführung zusammen: Da vor dem Spiel (ähnlich wie beim Improvisationstheater) kein Konzept in Form eines vorgefertigten Äußerungs- und Handlungsplans exi-

---

eine Art Kontrollfunktion hinsichtlich eventueller verfassungsfeindlicher Gesprächsthemen auszuüben.

[268] Wolfgang Hildesheimer, *Herrn Walsers Raben* (Bayerischer/Norddeutscher Rundfunk 1960).

[269] Fuyuhiko Kitagawa, *Im Bauch des Riesen* (Süddeutscher Rundfunk 1964).

stiert, wird der Verlauf des Spiels spontan und interaktiv entwickelt. Wie eingangs bereits herausgestellt, bestehen im Chat keine unterschiedlichen Instanzen- und Kompetenzebenen mehr, sondern besitzt jeder Mit-*Spieler*, indem er eine *Rolle* einnimmt, zugleich auch die Verfügungsgewalt über deren jeweilige Maske und ist obendrein ihr alleiniger Autor als auch Regisseur in Personalunion. Auch ein Publikum ist – im Gegensatz zur distributiven und somit monodirektionalen Kommunikation bei der Schauspielaufführung – nicht mehr gegeben, sondern jeder Teilnehmer ist prinzipiell gleichermaßen in das jeweilige Spielgeschehen involviert, je nach dem, mit welchem Engagement er seine Teilhabe an der Entwicklung des jeweiligen Spielverlaufs verfolgt. Mit der Theater-Metapher ausgedrückt: Das "Drehbuch" von Chat-Interaktionen entsteht aus dem Spiel heraus und zeitgleich mit dem Spiel selbst, beziehungsweise alles, was schriftlich geäußert oder per Beschreibung als Handlung oder hinsichtlich einer als dreidimensional antizipierten räumlichen Umgebung deklariert wird, kommt sofort (kraft Äußerung) zur Aufführung und steht somit unmittelbar als (rein semiotisch existente) Referenzentität für die übrigen Aktanten zur Disposition. So kann ein Teilnehmer eine Imagination über die Eigenschaften der Umgebung zur Disposition stellen, indem er mit dem entsprechenden Steuerbefehl "/j" plus der Wahl einer Benennung einen neuen Chat-Raum konstituiert. Dieser "Raum" wird also erschaffen kraft Benennung, und sobald er benannt ist, befindet sich der Namensgeber in ihm, um anschließend weitere Teilnehmer zu sich einladen zu können.

Viele Benennungen solcher Räume lesen sich wie die Raumbezeichnungen in Schauspieltexten (zum Beispiel wie die oben angeführten Bezeichnungen aus *Faust II*):

> *Gemütliche_Almhütte_in_den_Bergen*
> *Besenkammer*
> *CC_Zauberwald*
> *edelsteinhöhle*
> *hexenhaus*

---

[270] Walter Erich Schäfer, *Die fünf Sekunden des Mahatma Gandhi* (Süddeutscher Rundfunk 1949).

Kaminzimmer
LichtFerneRegenWaldDuftWärme
märchenland
Romantisches_Lokal
Room_A_Thousand_Years_Wide
See_der_Tränen_meiner_Einsamkeit
wunderbarer,wuselnder,Wunsch-Punsch-Raum
Zauberland
Zauberwald

In Ermangelung anderer Zeichensysteme als der Schrift fällt hierbei die medial-simulative Umsetzung der beschriebenen Eigenschaften des gedachten Raumes zusammen mit der Angabe dieser Eigenschaften. Mit der Angabe "Gemütliche_Almhütte_in_den_Bergen" wird nicht nur benannt und beschrieben, sondern die Benennung/Beschreibung zugleich auch schon als Bühnenbild konstituiert, indem dieser Raum nämlich unmittelbar nach seiner Benennung/Beschreibung auch schon wie aus dem Nichts um seinen Namensgeber herum vorhanden und in seinen Eigenheiten durch zunächst einmal nichts anderes bestimmt ist als durch die Bedeutung seines Namens.

Hiermit eröffnet sich ein zweiter Aspekt in Hinblick auf das Phänomen des Chat-Raums, der keineswegs als Widerspruch zu dem oben skizzierten Ansatz vom *virtuellen Kommunikations-Raum* aufgefaßt werden muß: Je nach dem, welcher Art und zu welchem Teil fiktional ein Chat-Teilnehmer zu gestalten beabsichtigt, kann die Schaffung eines neuen virtuellen Kommunikations-Raumes qua Benennung einhergehen mit dem Bestreben, damit zugleich eine Bühne zu konstituieren (qua Simulation), um somit vermittels der Suggestion einer *Spiel*-Umgebung ein Tableau vorzugeben für nachfolgende *mögliche* fiktionale Spielvollzüge in den zu eröffnenden Kommunikations-Räumen. Was hierbei unter *Spiel* und *Simulation* verstanden werden soll, sei im folgenden - wieder ausgehend vom Spielcharakter theatralischer Interaktionsvollzüge - verdeutlicht.

Wie oben bereits angesprochen, funktionieren Spiel und Aufführung, Theatralität im weitesten Sinne, nur im Rahmen bestimmter Setzungen seitens mindestens eines setzenden Individuums. Diese Setzungen sind zeichenhaft im weitesten Sinne und dienen dazu, der Imagination der übrigen Mitspieler und/oder Rezipienten gewisse konkrete Anhaltspunkte über die Situiertheit des Spiels vorzugeben beziehungsweise vorzuschlagen. Diese Anhaltspunkte wiederum sind *simuliert* aufgrund ihrer Setzung: Sie sind nicht das, was sie aufgrund ihrer Beschaffenheit sind, sondern das, als was sie *ins Spiel gebracht* werden. So ist eine bemalte Leinwand, die hinter einer Theaterbühne aufgespannt ist, im Rahmen des Spiels keine bemalte Leinwand mehr, sondern erfüllt für die Dauer des Schauspiels die Funktion einer Landschaft. *Eine Funktion erfüllen* kann etwas nur im Rahmen einer jeweils konkreten Spielsituation, in welcher es kraft Setzung oder stillschweigender Übereinkunft zu dem gemacht wird, als was man es *gebrauchen* will. Wenn - um bei dem eben angeführten Beispiel zu bleiben - klar ist, daß die bemalte Leinwand im Rahmen der Theateraufführung als Landschaft gebraucht werden soll, dann kann sie für die Beteiligten in diesem Spielzusammenhang auch problemlos als eine solche fungieren. In der Theaterpause aber und nach Ende des letzten Aktes, also wenn das Spiel unterbrochen wird oder endet, ist die Leinwand dann wieder nur das, was sie materiell ist und nicht mehr die nur im Rahmen der Dauer des Spiels funktionierende Simulation etwa von Bäumen, Wiese und Wasserlauf. Somit ist selbst ein Messer, dem im Rahmen der Theateraufführung die Funktion eines Messers zukommt, im Rahmen des Spiels nichts anderes als lediglich die Simulation eines Messers, da es bei Theateraufführungen nicht die Regel ist, daß auf der Bühne tatsächlich jemand erstochen wird.[271]

[271] Ein Messer kann also - unter Verwendung der Differenzierungen in Weichhart 1997 - unter zwei verschiedenen Aspekten Sinn gewinnen, nämlich entweder in seiner Eigenschaft als "physische Makrostruktur, mit deren Hilfe es möglich ist, in der physischen Welt Veränderungen herbeizuführen" oder aber als kontextgebundener (also wie in dem angeführten Beispiel in Relation zu den jeweiligen *Spiel*-Regeln stehender) "Bedeutungsträger", der "in einem bestimmten kulturellen und kommunikativen Kontext [...] als Element eines semiotischen Prozesses anzusehen" ist. (Vgl. Weichhart 1997, 177). So gewinnt das Messer Bedeutung jeweils gänzlich unterschiedlicher Dimension, je nach dem, ob es als Werkzeug oder als semiotischer Träger von kontextgebundenen Sinnbezügen (z.B. als Requisit auf dem Theater) verwendet wird.

Insofern ist ein Spiel, eine Aufführung, Theatralität im weitesten Sinne, bedingt durch das Vorhandensein von mindestens einer Simulation. Durch das Vorhandensein von Simulationen wird die Alltagswelt für die Dauer des Spieles kraft Setzung und Übereinkunft verändert, nämlich dahingehend, daß mindestens ein Gegenstand oder Sachverhalt nicht so ist beziehungsweise als das fungiert, als was er in der Alltagswelt angesehen wird/fungiert.[272] Da nun also im Rahmen des Spiels die Welt in zumindest einem Punkt umkonstruiert ist, ist auch das Agieren der am Spiel beteiligten Personen hinsichtlich mindestens eines Punktes ein anderes, als es in der Alltagswelt der Fall wäre. Insofern ist jeder, der im Rahmen einer Spielsituation agiert, auch nicht ganz derjenige, als der er in der Alltagswelt agieren würde. Das bedeutet: Im Rahmen von Spielsituationen sind die jeweils Beteiligten nicht als die Personen anzusehen, als die sie außerhalb des Spieles anzusehen wären, sondern unter dem Gesichtspunkt der jeweiligen *Rolle*, die sie im Rahmen des Spieles annehmen.[273] Wichtig ist daher bei Spielen, daß über die Grund-Setzungen des Spiels Übereinkunft zwischen den Beteiligten herrscht, da ansonsten für keinen von ihnen im Rahmen des Spiels die Rollen klar erkennbar sowie die jeweilige Funktionalität der relevanten Gegenstände und Sachverhalte (also die Simulationen) eindeutig ersichtlich wären.[274] Insofern können diese Grund-Setzungen nur konsensuell

---

272 Überlegungen dahingehend, inwiefern nicht auch das, was wir gemeinhin als "Alltagswelt" bezeichnen, letztendlich nur ein Spiel bzw. eine *Spielart des Möglichen* darstellt, sollen hier - obwohl sicherlich interessant - ausgeklammert werden.

273 In Anknüpfung an die vorangehende Anmerkung ließe sich an dieser Stelle weitergehend die Frage stellen, inwiefern ein Agieren außerhalb von Rollen überhaupt denkbar ist, d.h., ob wir nicht beständig, also auch in der "Alltagswelt", irgendwelche beständig wechselnden Rollen in beständig wechselnden Spielen annehmen. Diese Frage würde jedoch in diesem Zusammenhang zu weit führen und die Klärung des hier zu Klärenden unnötig problematisieren.

274 Da Spiele in dem hier vorgestellten Sinne "weltschaffende Tätigkeiten" (Goffman 1973, 30) darstellen, ist es für alle Beteiligten unabdingbar, die diese Welten determinierenden Konstituenten und damit deren simulierte Unterschiede zu den Objektivationen der Alltagswelt zu kennen, um in ihrem Rahmen kompetent agieren zu können, da es – eben aufgrund des Gegebenseins

verändert werden beziehungsweise muß ein Beteiligter, der ohne vorherige Absprache eine neue Simulation ins Spiel bringt oder eine Simulation verändert, damit rechnen, daß er sich mit diesem Akt im Zweifelsfalle von den übrigen Beteiligten isoliert, wenn diese nicht gewillt sind, diesen seinen Vorstoß in Richtung einer Änderung der Simulationen zu akzeptieren.

Wenn ich hier vorsichtig von *Simulationen* rede, so möchte ich damit bewußt den Begriff Spiel-*Regel* vermeiden, um der Problematik einer Diskussion um die Phänomenologie von *Regeln* zu entgehen. Wenn überhaupt, dann läßt sich das, was ich hier als *Simulation* bezeichne, bestenfalls dann mit *Regel* gleichsetzen, wenn man *Regel* analog zu Searle 1986 im Sinne einer *konstitutiven Regel* (und in Abgrenzung zu *regulativen Regeln*) der Form 'X gilt als Y' oder 'X gilt als Y im Kontext C' faßt[275] und *Spiele* als spezifische Arten von *Handlungen* bzw. *Tätigkeiten* versteht, in deren Rahmen *konstitutive Regeln* "eine Tätigkeit bzw. Handlung erst als eine ganz bestimmte" begründen, während *regulative Regeln* "eine bereits existierende Tätigkeit oder Handlung" determinieren[276].

Der Bezug von *Spielen* – als einer durch Simulationen konstituierten *besonderen* Form (möglicher) gesellschaftlicher Interaktion – zum Chat-Raum – als einer Sphäre möglicher Kommunikation – läßt sich dadurch herstellen, daß man fokussiert, was im Zuge des Eröffnens eines virtuellen Kommunikations-Raums mitvollzogen werden kann, nämlich die simulative Konstitution eines virtuellen sozialen Spiel- und Experimentierfeldes, in welchem mit Spielsituationen und -wendungen fast jeder erdenklichen Art kreativ, provokativ oder ironisch und nach Herzenslust experimentiert werden kann. Denn während die sozialen Spiele der Realwelt oftmals schwierig zu erler-

von grundlegenden Simulationen – "außerhalb der verschiedenen Spiele keine Welt gibt, die ganz mit der vom Spiel geschaffenen Realität korrespondiert" (ebd.) und insofern nur über Kenntnis der jeweiligen Spielkonstituenten die "Welt" des jeweiligen Spiels einschließlich ihrer Postulate im Gegensatz zur Alltagswelt für einen Teilnehmenden mittelbar wird.

[275] Searle 1986, 56.

nen sind und über komplizierte, einander bedingende Regelwerke und Verhaltenskodizes verfügen, die ein adäquates und befriedigendes Mitspielen in vielen Fällen problematisch machen oder als mühsam erscheinen lassen, ist das Mitspielen in der Chatwelt unproblematisch und auch kaum mit den Risiken so mancher realweltlicher Spiele verbunden, bei denen Verstöße gegen die schwierig zu überblickenden Verhaltenskanones mit sozialer oder letztendlich sogar existentieller Degradierung seitens der Mitspieler sanktioniert werden können. Natürlich läßt auch der Chat Möglichkeiten zu, das Handeln anderer Teilnehmer zu sanktionieren, doch bestehen diese schlimmstenfalls darin, ignoriert oder aus den Räumen anderer Teilnehmer ausgeschlossen zu werden.

Insofern besitzt ein Chat-Teilnehmer, indem er einen Chat-Raum eröffnet, die Möglichkeit, diesen als ein Spiel zu konstituieren, indem er eine eigenmächtige Setzung vornimmt und somit über eine irgendgeartete Simulation den Ausgangspunkt schafft für eine spezifische Art von Interaktion, die insofern *artifiziell* ist, als sie in mindestens einem Punkt - dem der vorgegebenen Simulation - ihren Teilnehmern ein Agieren abverlangt, das dem spezifischen Charakter dieser Simulation verpflichtet ist, und die insofern zunächst einmal lediglich *virtuell* ist, als es sich in der Folge erst herausstellen muß, ob irgendein anderer Teilnehmer Bereitschaft signalisiert, dieser Simulation auch tatsächlich zuzustimmen. Derjenige, der den neuen Raum und somit zugleich das neue Spiel konstituiert, stellt die diesem zugrundeliegende Simulation also zunächst einmal lediglich zur Disposition, in der Erwartung, daß andere Teilnehmer sich gewillt zeigen, darauf einzusteigen. Da das *'Räume-Eröffnen als Konstituieren von Spielen'* lediglich einen anderen Aspekt auf das *'Räume-Eröffnen als Konstituieren virtueller Kommunikationsräume'* darstellt, ist natürlich auch die primäre Konsequenz aus solcherlei Eröffnungsakten unter beiden Aspekten dieselbe, nur unter anderem Vorzeichen: Der Teilnehmer ist in seinem neu eröffneten Raum bezeich-

[276] Harras 1983, 175.

nenderweise zunächst einmal solange alleine, sprich sozial isoliert, bis ein oder mehrere andere Teilnehmer sich entscheiden, seine qua Raumbenennung aufgestellte spielkonstitutive Simulation zu akzeptieren und ihm in diese Spiel*welt* zu folgen beziehungsweise seine Einladung nach dorthin anzunehmen. Die Wahl zwischen den verschiedenen Räumen und damit der Teilnahme an unterschiedlich konstituierten Spielen steht jedem Teilnehmer frei; ob er selbst ein eigenes Spiel zur Disposition stellen oder sich lieber in ein von jemand anderem konstituiertes Spiel *Gemütliche_Almhütte_in_den_Bergen* oder *Arschloch* begeben will, ist seine eigene Entscheidung, wobei seine Entscheidung - sofern er denjenigen, der das jeweilige Spiel konstituiert hat, nicht kennt - sicherlich davon geleitet sein wird, inwieweit ihm die im Namen des jeweiligen Raumes formulierte Simulation zusagt oder nicht. Ebenso ist die Anwesenheit innerhalb eines solchen Raumes (Spieles) nicht verbindlich. Ist ein Teilnehmer an dem Spiel, in dessen Rahmen er sich befindet, nicht mehr interessiert, so kann er jederzeit wieder in einen anderen Raum (und somit in einen anderen Spielzusammenhang) mit anderen Simulationen wechseln. Verläßt der vorletzte Mitspieler ein Spiel, so ist dessen weiterer Vollzug ausgesetzt und das Spiel seinem Charakter nach nur noch virtuell, bis sich mindestens ein neuer Teilnehmer zu ihm einfindet; verläßt auch noch der *letzte* Teilnehmer das Spiel, so endet es gänzlich, da sich dann der Chat-Raum als solcher ins Nichts auflöst und somit auch die spielkonstituierende Simulation nicht mehr weiterbesteht: Spiele enden immer dann, wenn niemand mehr mitzuspielen gewillt ist und auch niemand mehr die zugrundeliegende(n) Simulation(en) für gegeben erachtet.

Unter dem Aspekt des Spiels ist der "Superuser" derjenige in einem Chat-Raum, dem die Verantwortung für die das jeweilige Spiel konstituierende und mit dem Raumnamen gegebene erste Simulation obliegt. Er kann Zuwiderhandlungen gegen den Charakter der von den Spielteilnehmern konsensuell akzeptierten Simulationen oder gegen im Rahmen des Spiels konsensuell akzeptierte allgemeine

Verhaltensregeln sanktionieren und führt somit die Aufsicht über den Spielverlauf. Verläßt er selbst den Raum (und somit das Spiel), so kann er seine Privilegien auf einen anderen Teilnehmer übertragen, um diese Aufsicht über das von ihm initiierte Spiel auch weiterhin gewährleistet zu wissen.

In Hinblick auf die in ihm mögliche Konstitution und interaktive Realisierung von *Spielen* ließe sich der Chat-Raum in Anlehnung an Sandbothe 1997 auch als ein *pragmatischer Handlungsraum* beschreiben, in dessen Rahmen das, was im vorangegangenen Abschnitt als *Simulationen* bezeichnet wurde, prinzipiell in Form von Schriftzeichen materialisiert werden muß, die im weitesten Sinne bildlich sind, indem sie durch ihre eigene semiotische Physizität auf - ebenfalls im weitesten Sinne bildhafte - Vorstellungen verweisen, ebenso wie in o.a. Beispiel die bemalte Leinwand auf dem Theater auf das Bild verweist, welches auf ihr visuell dargestellt wird und im Rahmen der Simulation über 'die Leinwand als Landschaft' als Bühnenbild zu fungieren imstande ist: "Ähnlich wie die Bilder, die in einer Theateraufführung auf der Bühne eine dramaturgische Rolle spielen, vom Zuschauer nicht isoliert als Bilder rezipiert werden, sondern als Bilder, die Bilder darstellen, können piktoriale Zeichen [i.S.v. auf bildlich Vorstellbares verweisende Zeichen; M.B.] auf dem digitalen Schauplatz des Docuverse als Verweisungen fungieren, die in den konkreten Handlungsraum des pragmatischen Netznutzungsgeschehens eingebunden sind."[277] Die schriftsprachlichen Deklarationen solcher Simulationen fungieren somit im Rahmen des Spielgeschehens als "textuelle Substitute für einen sonst fehlenden physischen Kontext der Kommunikation"[278], insofern mit ihnen entweder auf ein imaginäres Gegebensein von Gegenständen oder Sachverhalten verwiesen wird oder auf imaginäre Handlungen, welche in bezug auf diese Gegenstände oder Sachverhalte vollzogen werden.

---

[277] Sandbothe 1997.

[278] Wagner/Schlese 1997, 251.

3.3 Inszenierung von Identität und Aktion

3.3.1 Identität und Konstitution von Anwesenheit

Will man nicht nur begrifflich, sondern auch phänomenologisch eine "Alltagswelt" von einer "Netzwelt" unterscheiden und in Absetzung zueinander adäquat beschreiben, so ist als ein wesentliches Paradigma für die verschiedenartige Ausprägung und Wahrnehmung dieser beiden "Welten" (hier im Sinne von Umfeldern eines jeweils spezifisch sich organisierenden Gesellschaftsvollzugs) zunächst einmal das Zugrundeliegen verschiedenartiger *Identitätsprojekte* zu berücksichtigen. Während sich in dem, was hier provisorisch als "Alltagswelt" bezeichnet werden soll, Identität stets als ein kompliziertes Ineinandergreifen komplexer Faktoren und als ein Produkt (oder Konstrukt) des Zusammenwirkens unterschiedlichster Instanzen und Autoritäten manifestiert, begegnet uns das Identitätsprojekt in der "Netzwelt" des Chat als wesentlich in den Modalitäten seines Zustandekommens simplifiziert und als dem Zugriff aller potentiell einflußnehmenden Instanzen und Autoritäten bis auf eine - nämlich der des Identitätsträgers selbst - entzogen.

In der "Alltagswelt" kann man Identität - nach Keupp 1996 - als ein Projekt begreifen, "das zum Ziel hat, ein individuell gewünschtes oder notwendiges 'Gefühl von Identität' [...] zu erzeugen"[279]; Identität darf hierbei jedoch "nicht als individueller autonomer Prozeß begriffen werden"[280], insofern sie beständig kollaborativ seitens mehrerer Instanzen (dem eigenen Selbst, einzelner Anderer, sowie der Gesamtgesellschaft mit ihren jeweiligen Normen und Objektivationen als solcher) projektiert und relativ zu den Veränderungen der Instanzen (mit jeweils spezifischer und sich wandelnder eigener Identität) neu konstituiert, korrigiert und umkonstruiert wird; die sich ergebenden und stets verändernden Identitätskonstrukte erhal-

[279] Keupp 1996, 402.
[280] Keupp 1996, 395.

ten ihre Relevanz und Faktizität, indem sie stets von neuem in zwei unterschiedliche Dimensionen projiziert und dort jeweils neu als wahrnehmbare Entitäten reproduziert werden. Diese Dimensionen sind zum einen diejenige der eigenen Wahrnehmung von Identität und zum anderen diejenige der Wahrnehmung der eigenen Identität durch andere beziehungsweise durch die Gesellschaft. Insofern läßt sich das Identitätsprojekt der "Alltagswelt" bestimmen als eine fortwährende dialektische Auseinandersetzung des Individuums mit seiner Umwelt einerseits und der Umwelt mit den Einzelindividuen andererseits (wobei die "Umwelt" hier weder als ein homogenes Ganzes noch als personifiziert zu denken ist).[281]

In der "Netzwelt" des Chat ist die Wahrnehmung der eigenen Identität durch andere nicht mehr zwingend an die Selbstwahrnehmung gekoppelt. Das Individuum kann sich hinter der schützenden Anonymität des Bildschirms eine Netz-Identität konstruieren, die - je nach Belieben - mehr oder weniger oder überhaupt nicht an die eigene "Alltags"-Identität angelehnt und die gänzlich in Hinblick auf die Rezeption durch andere konzipiert ist. Aufgrund der Unüberprüfbarkeit der Angaben, mit der ein Chat-Teilnehmer seine "Netz"-Identität konstituiert, bestückt und somit seinen Auftritt *inszeniert*, wird die "Netzwelt", vor allem das Forum des Chat, zur Bühne für ein "Spiel mit realen und virtuellen Identitäten"[282]. Reid 1991 sieht hierin - zu Recht - einen grundlegenden Aspekt sowohl für die Konsitution von Wirklichkeit im Rahmen von Chat-Kommunikation, als auch für die Abgrenzung gegenüber der "alltagsweltlichen" Vis-à-vis-Kommunikation. Die aufgrund der Eigenheiten des Mediums ermöglichte absolute Anonymität eröffnet die Chance, anderen von der eigenen realen oder fiktiven Identität nur dasjenige erfahrbar zu machen, was man selbst preiszugeben gewillt ist oder zu suggerieren beabsichtigt:

> "Our conventional presentation of self assumes that we cannot change the basics of our appearance. Physical characteristics, although open to

[281] Vgl. Berger/Luckmann 1977, 142.
[282] Hoffmann 1997.

> cosmetic or fashionable manipulation, are basically unalterable. What we look like, we have to live with. This is, however, not the case on IRC."[283]

Um die eigene Anwesenheit im Chat herzustellen, muß ein Chatwilliger zunächst einmal - und dies ist grundlegend! - die *Möglichkeit* der eigenen Anwesenheit im Rahmen des gewählten Chat-Dienstes etablieren, indem er die Existenz der eigenen Identität qua Benennung deklariert.[284] Denn ohne Name ist es unmöglich, an einem Chat teilzunehmen, da in einem Medium mit der Schrift als einzigem semiotischem System nur die graphische Reproduktion eines Namens auf dem PC-Bildschirm von der Anwesenheit einer Person zeugt: Man *ist* allein durch die Tatsache, daß man ein spezifisches Benanntsein vorweisen und reproduzieren kann und nicht, wie in der Vis-à-vis-Situation, aufgrund des Gegebenseins von Körperlichkeit, die nichtsprachlich (etwa über visuelle, auditive, olfaktorische und haptische Wahrnehmung) erfahrbar ist. Das Eintreten in selbstgewählte *Masken* in Form "künstliche[r] Identitäten" ist somit zwingenderweise daran gebunden, "implizit oder explizit in der virtuellen Realität als semiotische Repräsentation 'vertreten' [zu] sein", die gewählte Identität "in symbolische Formen" zu chiffrieren: "Nicht Personen, sondern arbiträr gewählte 'characteres' (lat.: 'Zeichen') agieren im Netz."[285]

Mit dem Akt der Selbstbenennung wird also - mit den Worten von Becker 1999 - die "Rahmenbedingung" für virtuelle "Subjektkonstruktionen" erfüllt[286], wobei in der Regel die jeweils gewählte Benennung (der "Nickname") selbst bereits Teil der Subjektkonstruktion und damit dem individuellen Inszenierungsvorhaben verpflichtet ist:

> "Der Nickname ist nicht nur die Eintrittskarte in den Chat, er stellt gleichzeitig auch so etwas wie die Visitenkarte des jeweiligen Chatters dar. Mit

[283] Reid 1991.
[284] Vgl. Gallery 2000.
[285] Krämer 1999, 2; vgl. auch Krämer 1997, 96, sowie Gallery 2000.
[286] Becker 1999.

ihm werden Identitäten aufgebaut und Teilrepräsentationen des Selbst gezeigt."[287]

Da beim Eintritt in den Chat von der Maske, in welcher man das eigene Selbst zu inszenieren beabsichtigt, zunächst einmal nicht mehr Indiz gibt als lediglich deren Benennung, sind die gewählten "Nicknames" häufig mehr als bloße Spitznamen, indem sie etwa anstatt eines Personennamens eine Typenbezeichnung (z. B. *Räubertochter*) darstellen oder indem ihnen durch Namenszusätze Etikettierungen und Attribute, also irgendgeartete Spezifizierungen, verliehen werden (z.B. *DieKleineJulia, lena19* oder *Raubritterin-chrissi*).[288] Insofern kommt, "da alle anderen Persönlichkeitsmerkmale der Teilnehmer (...) unsichtbar bleiben, (...) diesen Namen eine zentrale Identifikationsfunktion zu"[289].

Über die strukturelle Generiertheit solcher "Nicknames" läßt sich eine grobe Typologie aufstellen, aus der sich ersehen läßt, nach welchen Mustern in die Selbstbenennung Informationen über das virtuelle Subjekt integriert werden. In der Veranschaulichung dieser typologischen Einteilung (siehe nächste Seite, Fig.7) steht *Nukleus* immer für den zentralen Teil des jeweiligen "Nicknames" - unabhängig davon, ob es sich bei diesem nun um einen Personennamen (*zora*), um eine Typenbezeichnung (*Räubertochter*) oder um eine programmatische Benennung (*happy*) handelt.

Bei der Einteilung dieser Typen wurden als "Spezifizierungen" nur solche Nukleuszusätze verstanden, die sich direkt auf den jeweiligen Nukleus beziehen, z. B. *DieKleine* als attributiver Zusatz zu *Julia* oder *derSack* als Beiname zu *Andi*. Als "Angaben" wurden diejenigen Zusätze verstanden, denen sich unterstellen läßt, daß sich anhand ihrer weitergehende Informationen über die mit dem jeweiligen Nukleus Bezeichneten erschließen lassen. So läßt der Zusatz *19* auf das Alter von *lena* und der Zusatz *HD* auf den Wohnort von *Stefan*

---

[287] Gallery 2000, 76.

[288] Vgl. Runkehl/Schlobinski/Siever 1998a, 85ff.; Becker 1999.

[289] Bahl/Beck 1996, 39.

schließen (aber selbstverständlich nicht zwingenderweise, da aufgrund der weitgehenden Anonymität im Chat keine dieser Angaben ohne Zutun des Namensträgers ernsthaft überprüft werden kann).

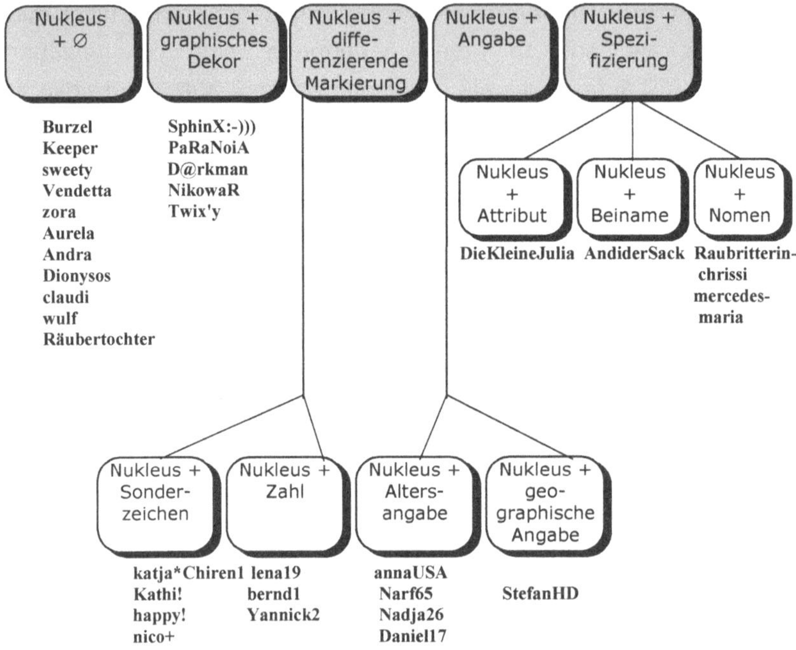

Fig.7: Strukturelle Typologie von Nicknames.

Unter "differenzierende Markierungen" wurden all diejenigen Nukleuserweiterungen gefaßt, die vermutlich dazu dienen sollen, einen Nickname benutzen zu können, der bei dem jeweiligen Chat-Dienst bereits an einen anderen Teilnehmer vergeben ist. Chat-Dienste erlauben es nämlich in der Regel nicht, einen Nickname zu benutzen, der bereits von einem anderen Teilnehmer verwendet wird; da hierbei seitens des Steuerprogramms jedoch lediglich überprüft wird, ob die gewählte Zeichenfolge mit einer anderen bereits vergebenen Zeichenfolge identisch ist, genügt es, dem gewünschten Namen irgendein zusätzliches Zeichen (etwa eine Zahl oder ein Sonderzeichen) hinzuzufügen, um diesen Namen trotzdem verwenden zu können. So ist es beispielsweise kein Problem, als *katja** den Chat zu betreten, wenn der Nickname *katja* bereits vergeben ist.

Runkehl/Schlobinski/Siever 1998a haben aufgezeigt, daß sich solche "Nicknames" zudem - obwohl in der Regel seitens der Chat-Teilnehmer gänzlich frei wählbar - auch hinsichtlich ihrer Zugehörigkeit zu einem "semantischen Feld" (zumindest grobklassig) typologisch fassen lassen, wenn auch die Zuordnung in Einzelfällen nicht immer eindeutig möglich ist.[290] Der Versuch einer typologischen Differenzierung von Nicknames aus 11 Mitschnitten des dieser Arbeit zugrundeliegenden Korpus hinsichtlich solcher "semantischer Felder" ergab - zunächst unabhängig von Runkehls et al. exemplarischer Ordnung einer Auswahl von Nicknames - in etwa dieselben Typenklassen:

Namen	**wynona, Viola, thea, René, nico+, Nadja26, Nadinchen, Peter18, Mona, Perry, Micha, Matze, maja*, Ilse, Evie,** [...]
Literarische Figuren	**faust** [Goethe], **McBeth** [Shakespeare], **Baghira** [aus Rudyard Kiplings *Dschungelbuch*], **DeepThought, slartibartfass** [aus Douglas Adams' *Hitchhiker's Guide to the Galaxy*], **Grinsekatze** [aus Lewis Carroll's *Alice im Wunderland*], **KleinerPrinz, KleinerEisbär** [beides Kinderbuchfiguren] **Beutlin** [aus J.R.R. Tolkiens *Herr der Ringe*], [...]
Film/TV-Charaktere	**Norman_Bates** [aus Alfred Hitchcock's *Psycho*], **BLADE_RUNNER** [aus dem gleichnamigen Science-Fiction-Film], **Gizmo** [aus Steven Spielberg's *Gremlins*], **Skywalker** [aus *Star Wars*], **loretta, Schwanzus_Longus** [beide aus Monty Python's *Life of Brian*], **Lt.Riker** [aus der TV-Serie *Star Trek*], **Mrproper** [Werbefigur], [...]
Comic/ Trickfilm-Charaktere	**wilma** [aus der Zeichentrickserie *Familie Feuerstein*], **Bart___Simpson, Homer_Simpson, MargeSimpson** [aus der Zeichentrickserie *Die Simpsons*], **FixundFoxi, Popey, gaston, Marsupilami, spawn1802, Goofy98** [Figuren aus gleichnamigen Comicserien], **Idefixx** [aus *Asterix*], **LoisL** [aus *Superman*], **GelberSchlumpf** [aus *Die Schlümpfe*], **Grisu** [Titelheld einer Zeichentrickserie], **Arielle** [aus dem gleichnamigen Disney-Film], [...]
Musik	**AXXIS, Depeche_Mode, PublicEnemy** [Bands], **HoochieCoochieMan** [Songtitel], [...]
Prominente/ historische Personen	**BradP** [Schauspieler], **VascoRossi, NikkiSixx** [Musiker], **IngeborgBachmann** [Schriftstellerin], **jfk** [für John F. Kennedy], **michelangelo, Cicero, Mona_Lisa,** [...]
Mythische Figuren	**Parzival, Parsifal, casanova5, Odin, Penelope, SphinX:-))), hermes1, Genoveva, Charon,** [...]

[290] Vgl. Runkehl/Schlobinski/Siever 1998a, 85f.; ob es sich dabei tatsächlich um "Felder" in einem semantischen Sinne handelt (gerade z. B. bei Eigennamen!), ist natürlich diskutabel. Unverfänglicher wäre es hier wohl, von 'Lehnbereichen' zu sprechen.

Märchen/Fantasy-Figuren	**ElfenKönigin, Paladin, Princess, schneeprinzessin, boesefee, snowwhite, [...]**
Tiere	**Raebchen, Kaefer, käfer, Frettchen, Honigbiene, elchi, catfather, Huhn, [...]**

3.3.2 Der Chat-Teilnehmer als Autor-Regisseur der *Rollen* seiner *Maske* – Selbstinszenierung als virtuelle *dramatis persona*

"Die Nachahmung von Handlung ist der Mythos. Ich verstehe hier unter Mythos die Zusammensetzung der Geschehnisse, unter Charakteren das, im Hinblick worauf wir den Handelnden eine bestimmte Beschaffenheit zuschreiben [...]. [...] die Tragödie ist nicht Nachahmung von Menschen, sondern von Handlung und von Lebenswirklichkeit. [...] Folglich handeln die Personen nicht, um die Charaktere nachzuahmen, sondern um der Handlung willen beziehen sie Charaktere ein. [...] *Der Charakter ist das, was die Neigungen und deren Beschaffenheit zeigt*."

(Aristoteles, *Poetik*, 6[291])

"Das Netzwerk bietet eine virtuelle Welt, die es uns erlaubt, eine oder mehrere virtuelle Identitäten aufzubauen. Die Möglichkeit, in der fremden Bar einer Großstadt für eine Nacht eine andere Person mit einer anderen Biographie zu spielen, wird auf Dauer gestellt und zugleich der Kontrolle der anderen an diesem Spiel beteiligten Personen weitgehend entzogen."

(Hubertus Buchstein[292])

Auf dem Theater ist unter einem *Charakter* dasjenige zu verstehen, auf was die *Maske*, unter welcher eine bestimmte *Figur* in einem Spielgeschehen gezeigt wird, verweist. Zur Maske gehört all dasjenige Zeichenhafte, was dazu beiträgt, diese *Figur* als dramatis persona (*Charakter*) zu *konfigurieren*, also all dasjenige, was Rückschlüsse zuläßt auf die spezifischen Eigenschaften (Aussehen, gesellschaftlicher Status, Auftreten, Charakter etc.), die durch diese Figur in einem Spielzusammenhang dargestellt beziehungsweise mimetisch abgebildet werden sollen. Die *Maske* ist somit all dasjenige Zeichenhafte, durch das von einem Rezipierenden eine Figur vorgestellt werden kann; die *Figur* ist das Konzept, welches dieser Maske zugrundeliegt. Diese *Figur* wiederum ist immer fiktiv (weil von ihrem

[291] Aristoteles (ed. Fuhrmann) 1994, 19-23; Hervorhebung von mir.

Autor konstruiert und/oder in einer bestimmten Weise angelegt), kann aber auf reale Persönlichkeiten verweisen. Dennoch ist und bleibt die Figur - selbst, wenn sie als "Wallenstein" oder "Julius Cäsar" benannt ist - ein Konstrukt, da selbst, wenn ihr als Vorlage eine reale Persönlichkeit zugrundeliegt, diese reale Persönlichkeit vom Autor entlang bestimmter Topoi mimetisch in eine dramatische Figur mit einer bestimmten Maskerade überführt wird.

Die nachfolgenden, aus Schillers *Kabale und Liebe* entnommenen Spezifikationen von dramatis personae sind Figurenkonstitutionen:

> Lady Milford, *Favoritin des Fürsten*
> Wurm, *Haussekretär des Präsidenten*
> Miller, *Stadtmusikant oder, wie man sie an einigen Orten nennt, Kunstpfeifer*

Die Masken, in welchen diese Figuren im Rahmen einer Inszenierung des Stücks als solche erfahrbar werden, sind zum einen bedingt durch die Art und Weise, in welcher sie bei der Aufführung visuell präsentiert werden, als auch durch sämtliche ihrer Handlungen, sofern diese Rückschlüsse auf ihre Neigungen und ihre Charakterzüge zulassen.

Zu unterscheiden von der *Figur* ist die *Rolle*, welche diese Figur im Rahmen des Spielkontexts einnimmt. *Figuren* können im Gegensatz zu *Rollen* prinzipiell auch außerhalb eines konkreten Spielgeschehens betrachtet werden. Beispielsweise kann sich ein Literaturwissenschaftler einer Untersuchung über die 'Vaterfiguren in den Dramen des jungen Schiller' widmen, die Figuren also als solche ins Auge fassen und das Geschehen der jeweiligen Einzeldramen nur insoweit in seine Betrachtungen miteinbeziehen, als daraus Rückschlüsse auf die jeweils vom Autor intendierte Konzeption der untersuchten Figuren gezogen werden können.

Die *Rolle* hingegen ist diejenige Funktion, die einer *Figur* im Rahmen eines konkreten Spielkontexts zukommt. Stellt man sich ein dramatisches Spielgeschehen vor als eine Menge an Relationen, die zwi-

[292] Buchstein 1998, 120.

schen Figuren angelegt werden, so besteht die *Rolle* einer *Figur* in der spezifischen Art und Weise, in welcher sie an diesen Relationen (und aus diesen heraus an der Entwicklung des Spielgeschehens) teilhat.

Zur Veranschaulichung der Differenzierung zwischen *Maske*, *Figur* und *Rolle*, wie sie hier vorgenommen wird, diene ein Beispiel aus Sophokles' *Ödipus*-Drama: Die *Figur* des Teiresias ist die eines Sehers; die *Rolle* dieser Figur besteht darin, den Ödipus auf den Weg der Selbsterkenntnis zu geleiten. Die *Maske* dieser Figur ist diejenige, in welcher er in der Inszenierung visuell präsentiert wird und die Art und Weise, wie ihn Sophokles bei seinen Auftritten in Erscheinung treten läßt, nämlich die eines Blinden, der stets in Rätseln spricht und mit stoischer Ruhe beständig darauf insistiert, Selbstfindungshilfen zu geben und die Wahrheit der Götter zu verkünden.

Wie ist es nun in theatraler Hinsicht um dasjenige Phänomen bestellt, welches in der Literatur über und in der Flut journalistischer Annäherungsversuche an die "Netzwelt" häufig als "virtuelles Subjekt" bezeichnet wird? Welcher Art sind solcherlei "Subjektkonstruktionen"[293], in deren Rahmen sich ein Individuum, das in der Alltagswelt zu denken, zu handeln und sich beständig mit seinem eigenen Identitätsprojekt auseinanderzusetzen gewohnt ist, eine alternative und risikofreie Chiffren-Identität entwirft? – Becker 1999 vermerkt hierzu Folgendes:

> "Im Wesentlichen umschreibt dieser Begriff [des 'virtuellen Subjekts'; M.B.] die Konstruktion einer fiktiven Figur in virtuellen Spiel- und Konversationsumgebungen. [...] Die Erfindung einer solchen Figur erfolgt vorwiegend über Texte [...]. [...] Die Rahmenbedingungen derartiger 'Subjektkonstruktionen' sind allerdings begrenzt. So präsentieren sich die Teilnehmer in den jeweiligen Spiel- und Konversationsumgebungen als virtuelle Subjekte, indem sie sich mittels Text einen fiktiven Namen geben, sich ein Geschlecht [...] und weitere Erscheinungsmerkmale zuweisen (Haarfarbe, Figur, Größe), und bestimmte psychische Charakteristika, Hobbies, Interessen sowie möglicherweise einen Beruf beschreiben. Dieses 'virtuelle

[293] Becker 1999; der Ausdruck ist bei Becker ebenfalls in Anführungszeichen gesetzt.

> Subjekt' tritt über den Austausch von Texten mit anderen 'virtuellen Figuren' in Kontakt. In diesen Texten werden weitere Verhaltensweisen, Vorlieben und Antipathien, Wünsche und Bedürfnisse präsentiert, die der virtuellen Inszenierung entsprechen. In der Interaktion mit anderen Mitspielern gewinnt die jeweilige Figur Kontur, verändert sich entsprechend den Spiegelungen und Rückmeldungen, changiert, wechselt die Rollen, entpuppt sich dabei als fluides Konstrukt."[294]

Die *Maske* eines Chat-Teilnehmers ist somit zunächst einmal diejenige semiotische Gestalt, unter welcher er in den Kommunikations- und Spielzusammenhängen des Chat "auftritt", also der Nickname (z.B. *Gangster, stipe, LaGata, Arktikus, desertstorm, Rumpelstilzchen*)[295], der in etwa als Äquivalent betrachtet werden kann zur visuellen Präsentation einer Figur auf der Theaterbühne: Ebenso, wie Kleidung und Ausstattung eines Schauspielers auf dem Theater oftmals bereits auf die Figur verweisen, die er darstellt, lassen Nicknames in vielen Fällen Rückschlüsse zu auf das Konzept, das der durch sie repräsentierten Figur als Subjektkonstruktion konzeptuell zugrundeliegt. Zur *Maske* sind im Chat des weiteren all diejenigen Äußerungen und mit diesen Äußerungen deklarierten Verhaltens- und Handlungsweisen zu rechnen, die – unabhängig vom jeweils aktualen Kommunikations- und Spielzusammenhang – ebenfalls Rückschlüsse auf die vom jeweiligen Chat-Teilnehmer intendierte Figur zulassen

---

294 Becker 1999.

295 Ähnlich sieht dies Kilian in seinem Aufsatz zu Indizien für Literarizität in verschiedenen Formen der Online-Kommunikation: "die Namen [im Chat] sind Aushängeschilder für die Figuren, für die Rollen, die gespielt werden sollen [...]. Die Teilnehmerinnen und Teilnehmer haben in den Rollenspiel-Chats [...] Sprache als Material zur Erschaffung erdachter Welten entdeckt und nutzen dieses Mittel zur Selbstdarstellung." (Kilian 2000, 75). – Vgl. auch Vogelsangs Beitrag zu "ludischen Identitäten" im Netz am Beispiel von MUDs: "(...) je nach dem, wer oder was sie [die Teilnehmer; M.B.] sein wollen, müssen sie auch ihre Eigenschaften und ihr Auftreten sprachlich entwerfen, so dass mit der Zeit aus einem bloßen Namen und einer rudimentären Beschreibung des Äußeren in der Interaktion mit den anderen ein wirklicher, d.h. einmaliger und unverwechselbarer Spiel-Charakter entsteht." (Vogelgesang 2000, 246). – Sassen beschreibt Nicknames – metaphorisch treffend – als "indexikalische Strohhalme" (wobei das jeweils Indizierte natürlich simuliert sein kann), insofern Nicknames "eine der wenigen Optionen" bieten, um "Merkmale – wenn vielleicht auch nur vermeintliche – potentieller Gegenüber zu erkunden, solange man mit diesen noch nicht in Kontakt getreten ist" (Sassen 2000, 100).

bzw. befördern sollen. In folgendem Beispiel, in welchem *Indianer* über die Deklaration von Simulationen vorgibt, die zuvor seitens eines Teilnehmers *Homer_Simpson* getätigten Äußerungen zu sanktionieren, verhält sich *Indianer* entsprechend der Figur, auf die sein Nickname verweist:

Indianer haut noch ei paar Scharten in den Tomahawk. Damits auch schön weh tut Homer...
[...]
Indianer legt den Tomahawk am Haaransatz von Homer an
[...]
Indianer löst schön langsam die Kopfhaut von Homer's Schädel...[296]

Ebenso wie ein Grobkonzept der Figuren eines Theaterstücks oftmals im Programmheft oder in dessen Textausgabe in einem Verzeichnis der dramatis personae nachzulesen ist, besteht auch in dem hier untersuchten Webchat für registrierte Teilnehmer die Möglichkeit, das Konzept, auf welches sie mit ihrer selbstgewählten Maske und mit ihrem Auftreten verweisen, schriftlich zu fixieren, und zwar in Form eines Info-Textes, welcher von anderen Chat-Teilnehmern vermittels eines Steuerbefehls "/info <Name> ↵" aufgerufen und eingesehen werden kann.[297] Die in diesen Info-Texten gegebenen Beschreibungen der Figuren, die den Masken zugrundeliegen, lesen sich häufig ähnlich wie die Beschreibungen der dramatis personae in Schauspieltexten. Zum Vergleich sei nachfolgend noch einmal o.a. Beispiel aus Schillers *Kabale und Liebe* wiedergegeben und anschließend aus einigen Info-Texten von Chattern zitiert:

Schiller:

Lady Milford, *Favoritin des Fürsten*
Wurm, *Haussekretär des Präsidenten*
Miller, *Stadtmusikant oder, wie man sie an einigen Orten nennt, Kunstpfeifer*

Chat:

- **Gangster**, der die Welt mit offenen Augen sieht.
- **stipe**, das irrlichternde wesen aus athens

[296] Mitschnitt vom 12.2.99.
[297] Vgl. Kap. 1.4.

- **LaGata**, die geheimnisvolle
  ...das süße kätzchen, das auch mal auf spanisch miaut...und bisweilen auch schnurrt, wenn ein lieber Kater sie am Bauchi krault...*g*
- **Arktikus**, das Wesen aus dem ewigen Eis, welches auch seine warmen Seiten hat
- **Hausdrache**, der richtig teufelisch ist.
- **desertstorm**, die wüstenfüchsin
- **Meriana**, die Lady of the Stars
  The Stars & the Universe is where I belong...
- **lauren**, der langweilige, übermäßig realitätsgebundene Spießbürger
- **Rumpelstilzchen**, das sich immer Beinchen ausreißen muß
  Es ist 683 Jahre alt
  Immer wenn das Rumpel gaaanz glücklich ist, fängt es zu singen und zu reimen an...
- **laberkopp**, der der den mund nicht zukriegt
- **Marienkäfer**, die immer irgendwo herumfliegt...
- **ZOOL**, der etwas andere ....
- **PaRaNoiA**, das verworrene Geschöpf, das bald die Toplist aufrollen wird

Diese *Figuren* sind somit die virtuellen Subjektkonzeptionen, die den *Rollen*, die ein Chat-Teilnehmer in jeweils aktualen Kommunikations- und Spielkontexten einnimmt, zugrunde liegen.

Exkursorisch sei an dieser Stelle darauf hingewiesen, daß sich neuerdings auch partiell graphisch orientierte Chat-Dienste etabliert haben, in welchen zwar nach wie vor über den Austausch von Texten kommuniziert wird, in welchen aber die Möglichkeit besteht, zusätzlich zum Nickname als weitere Komponente der eigenen *Maske* einen graphisch dargestellten Personentypus zu wählen, der dann jeweils beim Übermitteln eines eigenen Beitrags mitangezeigt wird. In solchen Chat-Diensten zeigt sich die Unterscheidung zwischen *Maske/Figur* und jeweils aktual verschiedener *Rolle* deutlich dadurch, daß der Kommunikationszusammenhang beziehungsweise das Spiel, in welchem sich ein Teilnehmer befindet, stets wechselt, der gewählte und graphisch realisierte Typus, von dem sich der Teilnehmer im Rahmen der Kommunikation repräsentieren läßt, aber stets derselbe bleibt. So bietet der *Microsoft ComicChat* seinen Teilnehmern etwa die folgenden Maskentypen für den Einstieg in das Chat-Geschehen zur Auswahl:

Abb.7: Maskentypen aus dem *Microsoft ComicChat*.

Daneben bietet die Firma *Microsoft* ein Editorenprogramm an, das es ermöglicht, sich selbst eine individuelle graphische Maske zu kreieren, mit welcher dann am Chat teilgenommen und dort in unterschiedliche Rollen geschlüpft werden kann.

Abb.8: Mitschnitt aus dem *Microsoft ComicChat*.

Die Theatralität des Agierens mit "virtuellen Subjektkonstruktionen" im Chat läßt sich abschließend wie folgt zusammenfassen:

1. Im Chat agieren und kommunizieren die Teilnehmer unter Verwendung von *Masken*, die sich zusammensetzen aus der Spezifik des jeweils gewählten Nicknames sowie aus der Art und Weise, wie ein Teilnehmer aus seinem kommunikativen und interaktiven Auftreten Rückschlüsse zuläßt beziehungsweise suggeriert auf etwas, das er als dieser Maske zugrundeliegend verstanden wissen möchte.

2. Das, auf was die jeweilige *Maske* verweist, kann angesehen werden als die *Figur* beziehungsweise das *Konzept*, welche(s) sich ein Teilnehmer als Identität für die Kommunikation und Interaktion im Chat entworfen hat und unter deren/dessen spezifischen Eigenheiten er im Kontext seines kommunikativen Agierens gesehen werden möchte. Mit der Konstruktion einer solchen "virtuellen" *Figur* konstituiert der Teilnehmer also einen *Aspekt*, unter dessen Maßgabe er im Chat wahrgenommen zu werden beabsichtigt.

3. Jeder Chat-Teilnehmer ist im Rahmen der sich abspielenden Kommunikations- und Interaktionsvollzüge sowohl *Autor* (i.S.v. 'Urheber') als auch *Regisseur* (i.S.v. 'Inszenierendem') zugleich, und zwar in Hinblick auf diejenigen Teile des Geschehens, die seiner alleinigen Verantwortung unterliegen (als da wäre die Inszenierung seiner *Figur* in den jeweiligen Kontexten der jeweils aktualen Kommunikations- und Interaktionsvollzüge und somit die Steuerung der *Rolle*, die seine *Figur* im Rahmen dieser jeweils aktualen Kommunikations- und Interaktionsvollzüge *spielt*), als auch in Hinblick auf diejenigen Teile des Geschehens, die der gemeinsamen Verantwortung aller zu einem Zeitpunkt an diesem Geschehen beteiligten Teilnehmer unterliegen (als da wäre die Einflußnahme auf Verlauf und Entwicklung des jeweiligen Kommunikations- und Interaktionsgeschehens durch spezifische Handhabung der eigenen *Figur* und kontextorientierte Entwicklung der jeweiligen *Rolle* dieser Figur).

4. *Maske* und *Figur* bestimmen als "virtuelle Subjektkonstruktion" die Art und Weise, wie und in welcher *Rolle* sich ein Chat-Teilnehmer im Rahmen des jeweils aktualen Kommunikations- und Interaktionsvollzugs in Szene setzt.

3.4 Konstitution und kooperative Inszenierung von Welt im Spiel mit der Virtualität

3.4.1 *Welt* und *Wirklichkeit(en)*: Konstitution von Welt als konsensuelle Fokussierung einer Möglichkeit

In einem Kapitel, das darauf zielt, die Konstitution von und das Spiel mit fiktiven Gegenständen und Sachverhalten zu beschreiben, ist es kaum umgänglich, sich griffiger Ausdrücke wie *Welt* und *Wirklichkeit* zu bedienen. Doch gerade die "Griffigkeit" solcher Ausdrücke läßt die vorzunehmende Beschreibung Gefahr laufen, in ihren Aussagen ebenso vage bestimmt zu bleiben wie die Verwendungsweisen und vielfältigen Kategorisierungen, die *Welt* und *Wirklichkeit* in der Alltagssprache erfahren: "Griffig" ist ein sprachlicher Ausdruck dann, wenn zum Behufe unterschiedlichster Benennungsnotwendigkeiten auf ihn zugegriffen werden kann, und "abgegriffen" wird er dadurch, daß aufgrund eines sich somit einstellenden inflationären Gebrauchs letztlich eine Klärung darüber, was eigentlich unter ihm zu verstehen ist, für Kontexte, in welchen man um begriffliche Exaktheit bemüht ist, nicht ohne weiteres mehr herbeizuführen ist. Daher gilt es an dieser Stelle zunächst, verschiedene Begriffe von *Wirklichkeit* voneinander abzugrenzen und anschließend einen Aspekt zu benennen, unter welchem *Wirklichkeit* im Rahmen dieser Arbeit Verwendung finden soll, sowie zu definieren, was im folgenden unter *Welt* zu verstehen ist und inwiefern eine solche *Welt* unter dem angesetzten Begriff von *Wirklichkeit* als *wirklich* gedacht werden kann.[298]

---

[298] Es geht hierbei also um die Definition brauchbarer *Arbeitsbegriffe* von *Welt* und *Wirklichkeit*, nicht um die Erarbeitung von *Termini*, da eine solche eine erheblich ausführlichere Vorarbeit notwendig machen würde. Dennoch soll – zumindest ansatzweise – in Hinblick auf einen herauszuarbeitenden Arbeitsbegriff von *Wirklichkeit* in ähnlicher Weise vorgegangen werden wie bei der Terminologisierung, indem das Ansetzen eines "Soll-Zustandes" für das, was der Ausdruck im Rahmen dieser Arbeit repräsentieren soll, auf der Grundlage eines Überblicks über den "Ist-Zustand" des Gebrauchs des Ausdrucks in alltagssprachlichen Kontexten vorgenommen werden soll. (Vgl. Oeser/Budin 1998, 2171).

Nach Welsch 1998 läßt sich der alltagssprachliche Gebrauch von *Wirklichkeit* in vier grundlegenden Kategorien beschreiben.[299] Die erste dieser Kategorien umfaßt diejenigen Verwendungen, bei denen mit dem Ausdruck *Wirklichkeit* auf das "Insgesamt des Gegebenen" referiert wird, wobei entweder - in *komprehensiver* Verwendung - das "Insgesamt" fokussiert werden kann oder - in *basal-faktischer* Verwendung - auf das Gegebene, "wie es unabhängig von unseren Interpretationen besteht und deren Grundlage und unverrückbares Maß bildet", bezug genommen wird. Solche Verwendungsweisen entsprechen einem Wirklichkeitskonzept, das - wie etwa in Berger/Luckmann 1994 referiert - definiert ist "als Qualität von Phänomenen [...], die ungeachtet unseres Wollens vorhanden sind"[300], das also davon ausgeht, daß unserem subjektiven Erleben und Ansehen eine universale und objektive, "ontologisch begründete Welt"[301] vorgeordnet ist. Daß die Annahme einer solchen vor aller subjektiven Wahrnehmung gegebenen Basalwirklichkeit unter konstruktivistischer Perspektive kaum begründbar ist, ist in Glasersfeld 1997 dargestellt; in alltäglichen Verwendungskontexten des Ausdrucks *Wirklichkeit* ist diese Annahme jedoch häufig nachweisbar.

Glasersfeld fordert, bei einem wissenschaftlichen Reden über Wirklichkeit diese konsequent und nur in Relation zur "Erlebniswelt" des denkenden und handelnden Subjekts zu beschreiben[302] und folgt damit Wilhelm von Humboldts erkenntnistheoretischem Relativismus:

> "Um zu reflektieren, muß der Geist in seiner fortschreitenden Tätigkeit einen Augenblick stillstehn, das eben Vorgestellte in eine Einheit fassen, und auf diese Weise, als Gegenstand, sich selbst entgegenstellen.
> Die Einheiten, deren er sich auf diesem Wege mehrere bilden kann, vergleicht er wiederum untereinander, und trennt und verbindet sie nach seinem Bedürfnis." (Humboldt) [303]

[299] Vgl. Welsch 1998, 175-178.
[300] Berger/Luckmann 1994, 1.
[301] Glasersfeld 1997, 32.
[302] Ebd.
[303] Humboldt 1995, 3.

Annäherungsweise erfüllt die zweite der von Welsch aufgezeigten Kategorien die Forderung einer Koppelung dessen, was unter Wirklichkeit zu verstehen ist, an Subjekt und/oder Situation, indem *Wirklichkeit* in Ausdrücken wie 'die menschliche Wirklichkeit' entgegen der ersten Kategorie in einem "relativen" bzw. "partialen" Sinne verwendet wird, also in Hinblick auf einen konkreten Bezugspunkt, von dessen Koordinaten aus oder im Rahmen von dessen Situiertheit in der Welt auf dasjenige geblickt wird, was in diesem Fall unter Wirklichkeit verstanden wird: Die 'menschliche Wirklichkeit' ist somit entweder "die Gesamtwirklichkeit [i.S.v. Kategorie I; M.B.], wie sie sich aus der Perspektive des Menschen darstellt" oder derjenige "Bereich innerhalb der Wirklichkeit [als des für wirklich Gehaltenen; M.B.], [...] de[r] für uns Menschen relevant" ist.[304]

Als dritte Verwendungsweise von *Wirklichkeit* benennt Welsch die Wirklichkeit in Relation zur Existenz: Die 'Wirklichkeit Gottes' etwa zielt auf die Frage, "ob es Gott gibt - und nicht etwa, wie sich die Gesamtwirklichkeit aus seinem Blickpunkt darstellt" beziehungsweise darauf, wie die Ausprägung der Existenz einer Sache als "Lebensform" zu denken ist.[305]

In einer vierten Verwendungsweise wird *Wirklichkeit* synonym verwendet zu *Wahrheit*, etwa in Ausdrücken der Art 'in Wirklichkeit verhält es sich ganz anders', und dient somit dazu, die Faktizität des Gegebenseins von Gegenständen oder Sachverhalten zu thematisieren.[306]

Für die Beurteilung von *Wirklichkeit* in Hinblick auf die Konstitution und Konstruktion fiktiver Gegenstände und Sachverhalte im Rahmen kommunikativer (Spiel-)Züge im Chat erscheint es sinnvoll, diesen Ausdruck unter Maßgabe der Kategorien II und III zu verwenden, also sowohl unter dem Aspekt ihrer Gebundenheit an Perspektive

[304] Welsch 1998, 177.

[305] Ebd., 177f.

und Dafürhalten der beteiligten Individuen, als auch unter dem Aspekt der Existenz beziehungsweise spezifischen Ausprägung derjenigen *Welt*, der in diesem Zusammenhang eine relative und situative, textuell vermittelte Faktizität verliehen wird.

Der Begriff *Welt* soll somit ebenfalls in einem speziellen Sinne verwendet werden, insofern mit ihm das *und nur das* bezeichnet wird, was in einer konkreten Situation für *wirklich* oder zumindest für *möglich* erachtet wird, d.h. dasjenige, dem in einer konkreten Situation *Wirklichkeit* beigemessen oder zugesprochen wird, selbst wenn den beimessenden oder zusprechenden Individuen klar ist, daß diese Wirklichkeit nur auf konsensueller Antizipation oder beidseitig akzeptierter Simulation beruht (also - in Hinblick auf den Chat - lediglich ein Spiel mit *Möglichkeiten* darstellt und insofern erst im Augenblick ihrer Konstitution von der *Virtualität* zur *Wirklichkeit* übergeht und als solche auch nur zwischen den beteiligten Individuen Relevanz besitzt).

Welt bezieht sich also auf eine *Vorstellung* von der Tatsächlichkeit bestimmter Gegenstände oder Sachverhalte und kann somit in diesem weit gefaßten Sinne auch angewandt werden auf Situationen, deren Wirklichkeit eine höchst relative ist, insofern die Faktizität der in ihrem Rahmen relevanten Bezugsgegenstände und -sachverhalte lediglich auf einem Spiel mit *Möglichkeiten* beruht, also *fiktiv* ist, aber im Rahmen des *Spiel*charakters der Situation durchaus als *faktisch* gedacht werden kann.

Welten existieren nach dieser Definition folglich in all denjenigen Situationen sozialer, kommunikativer und interaktiver Vollzüge, bei denen auf *Mögliches* referiert wird, unabhängig davon, ob diesem *Möglichen* unter basal-faktischer oder existentieller Perspektive nun eine vorstellungs-*externe* Wirklichkeit beigemessen werden kann oder nicht.

---

[306] Ebd., 178.

Welten sozialer, kommunikativer und interaktiver Natur sind - in Abgrenzung zu *privaten* Identitäts-Welten - immer *dann* als konstituiert anzusehen, wenn zwischen mindestens zwei Individuen eine Dimension des Möglichen aufgespannt wird, die ihren Sinn aus dem beidseitig akzeptierten beziehungsweise antizipierten Gegebensein von mindestens einem Gegenstand oder Sachverhalt erhält, auf den bedeutungsvoll referiert werden kann. Anders ausgedrückt: Eine *Welt* gründet immer auf einer kraft zwei- oder mehrseitigem Einvernehmen eröffneten *Möglichkeit* in bezug auf mindestens eine *Referenzentität* als Ausgangspunkt und sinnkonstituierendem *Inhalt*. Hierbei sind die konstituierenden *Referenzentitäten* nicht zwingend als etwas Dingliches oder als dinglich Gedachtes anzusehen, sondern können ebensogut in Form von *Simulationen* (bzw. *konstitutiven Regeln*) bestehen, die die Interaktion in der somit konstituierten *Welt* und das Referieren auf deren relevante Inhalte vorgeben. Insofern kann man als *Welt* dasjenige ansehen, was sich im Rahmen eines *Spiels* (im oben vorgestellten Sinne) kommunikativ und interaktiv ereignet.

3.4.2 Kooperative Inszenierung von Welt als *Welt-in-progressu* – Exemplarische Analyse zweier Chat-Mitschnitte

Kooperation kann unter dem Aspekt der Kommunikation aufgefaßt werden als das Gegebensein eines minimalen Interesses am Gelingen einer Verständigung über einen Gegenstand oder Sachverhalt X bei denjenigen Individuen, die bestrebt sind, sich aus einem gegebenen Anlaß A über diesen Gegenstand oder Sachverhalt auszutauschen. Mit Grice 1979 ausgedrückt: Der Vollzug eines "talk exchange" im Sinne einer Interaktion mit Sprachverwendung impliziert stets das Zugrundeliegen eines gewissen Maßes an "kooperativen Bemühungen", die gerichtet sind auf Ziel und/oder Zweck des Kommunikationsvollzuges (bzw. auf die sich aus dem Anlaß ergebenden Teilnehmerintentionen) und die ihre jeweilige Ausprägung durch dieses jeweils anvisierte Ziel beziehungsweise den angenommenen Zweck erhält.[307] Dieses Prinzip läßt sich in Hinblick auf den Chat mit nur geringen Modifikationen auch auf Kooperation unter dem Aspekt des Spiels übertragen, da spielerische Interaktion in einem rein schriftbasierten Trägermedium in Ermangelung anderer Zeichenkanäle notwendigerweise auf ausschließlich schriftsprachliche Realisation angewiesen ist, wodurch unter dem Kriterium der Medialität der Sprachverwendung sowohl *Kommunikation* als auch *Spiel* im Chat als Interaktionsformen desselben Typs angesehen werden können.

Kooperation kann unter dem Aspekt des Spiels folglich aufgefaßt werden als das Gegebensein eines minimalen Interesses am Gelingen einer Interaktion auf der Grundlage einer spielkonstitutiven und konsensuell akzeptierten Simulation X bei denjenigen Individuen, die bestrebt sind, aus einem gegebenen Anlaß A aus X heraus ein Spiel zu vollziehen. Da Quantität, Qualität und Relevanz[308] der im Rahmen dieses Spiels sprachlich und insofern in Form von Äußerungen zu realisierenden Züge von der spezifischen Ausprägung von X abhängen, muß bei allen Teilnehmern ein Mindestmaß an "kommunikativen Bemühungen" (i.S.v. 'Bemühungen, sich an X und somit an den spezifischen Charakter des mit X konstituierten Spiels zu halten') gegeben sein, um dem Zweck beziehungsweise dem Ziel des Spiels, nämlich das Spielinteresse zu befriedigen, gerecht zu werden.

Das Gegebensein eines minimalen Kooperationsinteresses in Hinblick auf eine gemeinsam zu vollziehende Kommunikation beziehungsweise ein gemeinsam zu spielendes Spiel kann für den Chat bereits da angesetzt werden, wo sich eine bestimmte Anzahl an Teilnehmern (mindestens zwei) in ein- und demselben Chat-Raum befindet. Da der Chat-Raum, wie oben ausgeführt, als virtueller Kommunikations-Raum beziehungsweise als Spiel konstituiert ist durch seinen Namen

[307] Vgl. Grice 1979, 248f.

[308] *Quantität*, *Qualität* und *Relevanz* sind bei Grice die notwendigen Maximen, an welche sich sprachliche Interaktionsvollzüge zu halten haben, um als gelungen und in sich kohärent bewertet werden zu können. (Vgl. Grice 1979, 249f.).

als Kommunikationsinteresse signalisierendem Ausdruck beziehungsweise als spielkonstitutiver Simulation (Regel), bedeutet die Tatsache, daß mindestens ein anderer Teilnehmer sich ebenfalls in diesem Raum einfindet, eine positive Reaktion auf dieses Signal im Sinne einer stillschweigenden Zustimmung zu der gesetzten Simulation, womit in diesem grundlegenden Punkt also somit ein Minimalkonsens hergestellt ist hinsichtlich eines beiderseitigen Interesses an Kommunikation (also der Eröffnung eines Kommunikations-Raumes im Chat-Raum) beziehungsweise an einem gemeinsam zu vollziehenden Spiel. Dies bedeutet zugleich, daß beide Teilnehmer zumindest eine minimale Kooperationsbereitschaft an den Tag zu legen gewillt sein müssen, da ansonsten das konsensuelle Interesse nicht als befriedigender Interaktionsvollzug realisiert werden könnte. 'Minimale Kooperationsbereitschaft' bedeutet in diesem Zusammenhang allerdings zunächst nicht mehr, als sich kohärent und sinnvoll *verständigen* zu wollen in Hinblick auf den Gegenstand der Kommunikation beziehungsweise adäquat *agieren* zu wollen hinsichtlich der Simulation als konstitutiver Regel für das zu vollziehende Spiel. Da Verlauf und Globalziel der zu vollziehenden Kommunikation beziehungsweise des zu vollziehenden Spiels für keinen der Teilnehmer von vornherein absehbar sind (aufgrund des dialogischen beziehungsweise interaktiven Vollzugscharakters, auf welchen in der Regel *alle* Teilnehmer Einfluß haben und der nicht lediglich von *einem* Teilnehmer bestimmt wird[309]), kann nicht davon ausgegangen werden, daß der anfängliche Konsens und die damit einhergehende Kooperationsbereitschaft auch für jegliche nachfolgenden kommunikativen Äußerungen beziehungsweise simulativen Spielzüge Bestand behalten. 'Sich verständigen' beziehungsweise 'kooperativ agieren' zu wollen bedeutet also nicht zugleich auch 'auf bedingungsloses wechselseitiges Einvernehmen bestrebt sein'. Vielmehr muß über jedem neuen kommunikativen Vorstoß, beziehungsweise (und vor allem) unter dem Aspekt des Spiels über jede zusätzlich deklarierte Simulation der anfängliche

[309] Man könnte in diesem Zusammenhang auch von einem "zieloffenen Spiel"

Konsens neu verhandelt werden: Jede seitens eines Teilnehmers per Deklaration neu in die Spiel-*Welt* eingebrachte Simulation ist darauf angewiesen, daß sie von den anderen Teilnehmern akzeptiert wird, somit also in den Grundkonsens miteinbezogen wird, um tatsächlich als funktionaler Teil dieser Spiel-*Welt* Relevanz zu erhalten. Ist dies nicht der Fall, so bleibt sie lediglich eine ignorierte Proposition oder kann im schlimmsten Fall sogar zu einer Aufgabe des Grundkonsenses und somit zu einem Abbruch des Spiels führen.

Deklariert ein Teilnehmer A für die Spiel-Welt eine neue Simulation S, so erfolgt in der Regel immer eine Reaktion seitens der übrigen Teilnehmer, die damit jeweils Zustimmung oder Ablehnung in bezug auf S zum Ausdruck bringen. Die unterschiedlichen Typen solcher Reaktionen lassen sich in zwei Kategorien fassen, die im Folgenden zunächst beschrieben und anschließend anhand von Beispielen exemplifiziert werden sollen. Primäres Kategorisierungskriterium ist hierbei die spezifische Zustimmung zur oder die Ablehnung der Simulation als solcher, sekundäres Kategorisierungskriterium ist die Zustimmung/Ablehnung bezüglich des propositionalen Gehalts dieser Simulation.

I. *Ablehnung* der deklarierten Simulation S_1 und damit auch ihres propositionalen Gehalts P_{S1} qua Unterlassungsreaktion.

Im Sinne der Handlungstheorie kann auch eine nicht ausgeführte Handlung als Handlung betrachtet werden, und zwar genau dann, wenn "ihre Ausführung aufgrund einer Vorkommunikation [..] oder aufgrund einer bestehenden Norm oder Konvention [...] erwartbar gewesen wäre".[310] Insofern kann das Unterlassen einer Reaktion auf die Deklaration von S_1 dahingehend als Reaktion beschrieben werden, als für die Einbeziehung von S_1 (einschließlich P_{S1}) in ein aktual sich vollziehendes Spiel eine reaktive Handlung seitens der übrigen Spielteilnehmer er-

---

sprechen.

forderlich ist, in welcher diese ihre Zustimmung oder Ablehnung zu S_1 und/oder P_{S1} qualifizieren. Wird eine solche Reaktion unterlassen, so zeitigt diese Unterlassung die Folge, daß S_1 – insofern von keiner Seite außer der des Deklarierenden darauf referiert wird – nicht in das aktual sich vollziehende Spiel integriert wird. *Folgen* können sich jedoch nur aus Handlungen ergeben. Daher kann die Nichtrealisierung einer erwarteten Reaktion dieser Art als *Unterlassungsreaktion* beschrieben werden.

II.a *Zustimmung* zur deklarierten Simulation S_1, aber *Ablehnung* ihres propositionalen Gehalts P_{S1}.

Sobald auf eine deklarierte Simulation S_1 referiert wird, kann dies als zustimmende Reaktion aufgefaßt werden dahingehend, daß ein mit Deklaration von S_1 ins Spiel gebrachter fiktiver Gegenstand oder Sachverhalt *dann* als innerhalb der Spiel-Welt *wirklich* angesehen werden kann, wenn seitens mindestens eines anderen Teilnehmers auf ihn referiert wird. 'Zustimmung' bedeutet also zunächst einmal nicht mehr als die Tatsache, daß ein anderer Teilnehmer die Integration von S_1 als solcher in die Spiel-Welt zuläßt, unabhängig davon, ob er mit P_{S1} einverstanden ist oder nicht. In Fällen wie diesen zeigt sich das Walten des Kooperationsprinzips besonders deutlich: Auf der einen Seite sind die Teilnehmer bestrebt, sich mit einander zu *verständigen*; – ob in bezug auf dasjenige, über was man sich verständigt, aber auch *Einvernehmen* herrscht, ist eine andere Sache. Gegeben eine Situation, in welcher ein Teilnehmer A eine Simulation S_A deklariert und ein Teilnehmer B, indem er in einer anschließenden Äußerung auf S_A referiert, eine positive Reaktion zu dieser Deklaration (R^+_{SA}) im Sinne einer Zustimmung zu S_A *als solcher* zum Ausdruck bringt, so integriert B mit R^+_{SA} die Simulation S_A zwar um der Kooperation willen in die ge-

[310] Harras 1983, 72.

meinsame Spiel-Welt, kann aber dennoch - anschließend - eine negative Reaktion auf P_{SA} (R^{-}_{PSA}) zum Ausdruck bringen.

Eine Möglichkeit, eine aufgrund ihres propositionalen Gehalts nicht akzeptable Simulation abzuwehren ist es, eine Reaktion auf deren Deklaration zu unterlassen (wie in I. beschrieben); eine andere - dem Kooperationsprinzip verpflichtete - Möglichkeit ist die hier unter II.a beschriebene, nämlich diejenige, die Simulation zunächst einmal in die Spiel-Welt zu integrieren, um dann - *innerhalb* der Spiel-Welt - Einspruch gegen ihren propositionalen Gehalt zu erheben. (Eine dritte Möglichkeit wäre es, seine Ablehnung zu der deklarierten Simulation dadurch zum Ausdruck zu bringen, daß man die Spiel-Welt verläßt, indem man deren Simulationen mit einemmal außer Kraft setzt, um sich in einem simulationsfreien Kommunikations-Raum - und somit außerhalb des Spiels - über die Inakzeptabilität der deklarierten Simulation auseinanderzusetzen, oder - im schlimmsten Fall - sein Mißfallen dadurch zum Ausdruck zu bringen, daß man den Chat-Raum verläßt und somit der Inakzeptabilität der deklarierten Simulation dadurch Ausdruck verleiht, daß man sowohl die Bereitschaft zum Weiterspielen als auch die Bereitschaft zur weiteren Kommunikation als nicht mehr gegeben signalisiert.)

II.b *Zustimmung* zur deklarierten Simulation S_1 und zugleich zu deren propositionalem Gehalt P_{S1}.

Der Idealfall für einen reibungslosen Spielvollzug bietet sich, wenn neu ins Spiel gebrachte Simulationen jeweils von mindestens einem anderen Teilnehmer sowohl in die Spiel-Welt integriert als auch hinsichtlich ihres propositionalen Gehalts akzeptiert und gegebenenfalls durch nachfolgende Simulationen weiterentwickelt werden. Dies kann beispielsweise dadurch geschehen, daß Teilnehmer B seine positive Reaktion R^{+}_{SA} auf eine seitens Teilnehmer A deklarierte Simulation S_A zum Ausdruck bringt und zugleich (im Rahmen derselben Äußerung) auch seine Zustimmung zum propositionalen Gehalt P_{SA} zum Ausdruck bringt, indem er seinerseits eine neue Simulation S_B deklariert, die in ihrem propositionalen Gehalt P_{SB} an P_{SA} anknüpft.

Ein Spiel dieser Art zwischen zwei Teilnehmern A und B ließe sich formal in etwa wie folgt skizzieren:

(A): $!S_{A1}$
(B): R^{+}_{SA1} : $!S_{B1}$ (mit $P_{SB1} \leftarrow P_{SA1}$)
(A): R^{+}_{SB1} : $!S_{A2}$ (mit $P_{SA2} \leftarrow P_{SB1}$)
(B): R^{+}_{SA2} : $!S_{B2}$ (mit $P_{SB2} \leftarrow P_{SA2}$)
(A): R^{+}_{SB2} : $!S_{A3}$ (mit $P_{SA3} \leftarrow P_{SB2}$)
[...]

Legende: [***A, B***] - Teilnehmersiglen; [R^{+}_{S}] - positive Reaktion auf S; [***:*** (Doppelpunkt)] - lies: 'in Form von'; [***!S***] - lies: 'Deklaration von S'; [P_S] - propositionaler Gehalt von S; [$P_{Sy} \leftarrow P_{Sx}$] - lies: 'P_{Sy} ergibt sich aus P_{Sx}'.

Im Folgenden sei für jeden der drei beschriebenen Reaktionstypen (I., II.a, II.b) ein Beispiel gegeben und kurz analysiert:

I./II.a

billine legt sich wieder an den strand
(**tinetine**) he, billine, war's dir zu kalt?
(**nobody**) 2 stunden nur schwimmen, keine strecke vorgegeben, es ging nur um die 2 stunden
(**billine**) ne zu schnell
(**nobody**) billine soll ich dich eicremen?
(**tinetine**) *hihi*
(**tinetine**) *räusperntu*
nobody holt sonnencreme aus der tasche
tinetine legt sich neben billine
nobody redet zu Dir: da gigts nix zu lachen tinchen
nobody hat 2 hände
(**nobody**) *g*
(**nobody**) *grins*
billine findet das nobody auch tinetine eincremen soll
(**nobody**) logen
(**nobody**) schon dabei
tinetine rutscht mit ihrem handtuch etwas weg.
(**billine**) ...wenn er sich schon so aufdrängt
nobody kniet sich zwischen euch
billine schreit HILFE
tinetine guckt böse. ich bin schon braun und brauch keine creme
(**nobody**) und ich verpasse euch einen dicken spritzer

nobody redet zu Dir: egal
(**billine**) nanana
Du redest zu **billine**: soll ich ihn rauswerfen?
(**nobody**) sonnencreme natürlich
billine redet zu Dir: jop
Du ernennst billine zum Superuser.
(**nobody**) mensch biline
(**tinetine**) mach du, billine.
billine redet zu Dir: wie mach ich das
(**nobody**) so ich creme euch jetzt mal ein
(**nobody**) *massier*
(**nobody**) *eincreme*
(**nobody**) von obern nach unten
Du redest zu **billine**: du mußt /k nobody einsame_insel_fernab_jeglicher_zivilisation schreiben
(**tinetine**) *lol*
(**nobody**) (ämmm, also wenn ich eure bikinis öffnen würde, könnte ich schon besser eincremen)
(**nobody**) (was dagegen)#
(**nobody**) *creme*
(**tinetine**) ja.
billine lockt **nobody** weg. [311]

Dieser Mitschnitt bietet im Rahmen ein- und desselben Spielkontexts Reaktionen hinsichtlich deklarierter Simulationen des Typs II.a (Z.6-22) und I. (Z.23-45).

Zunächst versucht *nobody* über eine Frage (Z.6), die Erfolgsaussichten für eine ins Spiel zu bringende Simulation zu eruieren. Diese Frage ("billine soll ich dich eicremen?") bleibt zunächst unbeantwortet; bestenfalls könnte die Äußerung von *tinetine* (Z.8: "*räusperntu*") einen die Frage disqualifizierenden Kommentar darstellen.[312] Jedenfalls ist eine explizite Reaktion seitens *tinetine* und/oder *billine* zu *nobodys* Frageäußerung nicht explizit zu erkennen[313], so

[311] Mitschnitt vom 18.11.98; Der Chat-Raum und somit das in diesem Mitschnitt dokumentierte Spiel trägt den Namen *Strand*.

[312] *tinetine*s Äußerung in Z.7 bezieht sich noch auf das Vorangegangene, auf *billine*s Äußerung in Z.5, in welcher diese proponiert, das vorangegangene Wettschwimmen (welches in vorliegendem Exzerpt nicht wiedergegeben ist) sei ihr "zu schnell" gewesen.

[313] Dies bedeutet nicht, daß nicht seitens *billine* eine Antwortäußerung per "Flüstern" an *nobody* hätte erfolgt sein können. Der vorliegende Mitschnitt zeigt das Chat-Geschehen gemäß der Anzeige auf dem Bildschirm von *tinetine*; somit ist nicht ausgeschlossen, daß gleichzeitig 'Privatnachrichten' zwi-

daß *nobody* in Z.9 als Simulation S_{n1} das Hervorziehen einer Sonnencreme deklariert. Auf diese Deklaration erfolgt zunächst einmal ebenfalls keine eindeutige Reaktion, insofern *tinetine*s Deklaration in Z.10 (S_{t1}: "tinetine legt sich neben billine") eine Reaktion auf *billine*s in Z.1 deklarierte Simulation S_{b1} ("billine legt sich wieder an den strand") und zugleich eine Anknüpfung an deren propositionalen Gehalt P_{Sb1} darstellt. Durch die Reaktionsunterlassung seitens *tinetine* und *billine* ist das Einbringen von S_{n1} in die Spiel-Welt somit gescheitert.

nobody bleibt allerdings hartnäckig, indem er in Z.12 selbst (implizit) auf S_{n1} rekurriert und zugleich noch einmal auf die Intention seiner im Rahmen der Vorkommunikation zur Deklaration von S_{n1} geäußerten Frage (Z.6) anspielt: "nobody hat 2 Hände". Hinsichtlich seiner Intention (nämlich *billine* einzucremen) kann diese Äußerung also als variierte Wiederholung $!S_{n1'}$ der Deklaration von S_{n1} (Z.9) aufgefaßt werden. Die Äußerung Z.13 und ihre Wiederholung Z.14 stellen einen Kommentar zum propositionalen Gehalt $P_{Sn1'}$ dar. In Z.15 schließlich äußert *billine* eine positive Reaktion auf die Deklaration von S_{n1} beziehungsweise $S_{n1'}$, indem sie durch impliziten Rekurs auf die Sonnencreme beziehungsweise *nobodys* Hände die Integration dieser Simulation(en) in die Spiel-Welt zuläßt ("billine findet das nobody auch tinetine eincremen soll"), woraufhin *nobody* eine weitere Simulation deklariert (S_{n2}, Z.17), die in ihrem propositionalen Gehalt an seine vorige Simulation anschließt, indem er vorgibt, mittlerweile mit dem Eincremen begonnen zu haben ("schon dabei"). Hierauf reagiert in Z.18 *tinetine* auf diese neue Deklaration, integriert sie durch impliziten Rekurs auf den Vollzug des Eincremens in die Spiel-Welt und deklariert zugleich selbst eine Simulation S_{t2}, mit welcher sie ihre Ablehnung gegenüber dem von *nobody* mit S_{n2} Proponierten zum Ausdruck bringt ("tinetine rutscht mit ihrem handtuch etwas weg"). Anstatt *nobodys* Deklaration $!S_{n2}$ *als solche* abzulehnen, ver-

schen *nobody* und *billine* (in einem parallel geöffneten Kommunikations-Raum) übermittelt wurden, die nur auf deren Bildschirmen zur Anzeige kamen.

fährt *tinetine* – entsprechend dem Kooperationsprinzip – dahingehend, daß sie die Wirklichkeit des von *nobody* mit $!S_{n2}$ Proponierten als gegeben hinnimmt, um sich anschließend mit diesem als integralem Teil der Spiel-Welt auseinanderzusetzen. *billine* bringt in Z.19 ihre Zustimmung zu dem von *tinetine* mit S_{t2} proponierten Wegrükken in Form eines Kommentars zum Ausdruck, womit sie zugleich *nobody*s Deklaration aus Z.17 ihrerseits in die Spiel-Welt integriert, deren propositionalen Gehalt aber ebenfalls ablehnt.

nobody läßt sich jedoch weiterhin nicht beirren und macht in Z.20 mit einer erneuten Deklaration deutlich, daß er sein Vorhaben des Eincremens beziehungsweise der Annäherung fortzusetzen beabsichtigt (S_{n3}: "nobody kniet sich zwischen euch"), was von *billine* und *tinetine* offenbar eindeutig als Affront empfunden wird: Beide akzeptieren zwar (wiederum) die Wirklichkeit des mit S_{n3} Deklarierten, indem sie implizit darauf reagieren, ihre Reaktionen simulieren jedoch zugleich explizite Absagen an das damit Proponierte (nämlich eine weitere Annäherung *nobody*s an die beiden Damen im Rahmen der konstituierten Spiel-Welt): *billine* deklariert, um Hilfe zu rufen (Z.21) und *tinetine* weist trocken darauf hin, daß sie es nicht nötig habe, eingecremt zu werden, da sie bereits braun sei (Z.22).

Die gesamte Sequenz Z.6-22 läßt sich formal wie folgt veranschaulichen (Äußerungen, die sich auf die vorangegangene Sequenz beziehen oder zu dieser gehören, sind in eckige Klammern gesetzt):

[1	*billine*	$!S_{b1}$]
6	*nobody*	$vkÄ_1$
8	*tinetine*	$vkÄ_2$ (?)
9	*nobody*	$!S_{n1}$
[10	*tinetine*	R^+_{Sb1} : $!S_{t1}$ (mit $P_{St1} \leftarrow P_{Sb1}$)]
12	*nobody*	$!S_{n1'}$
13/14	*nobody*	(Kommentar zu $P_{Sn1'}$)
15	*billine*	$R^+_{Sn1/Sn1'}$
17	*nobody*	$!S_{n2}$ (mit $P_{Sn2} \leftarrow P_{Sn1/Sn1'}$)
18	*tinetine*	R^+_{Sn2} : $!S_{t2}$ (mit $P_{St2} \leftarrow P_{Sn2}$ und $P_{St2} = R^-_{PSn2}$)
19	*billine*	R^+_{St2} (zugleich R^+_{Sn2} und R^-_{PSn2})

20	*nobody*	$!S_{n3}$
21	*billine*	$R^{+}_{Sn3} : !S_{b2}$ (mit $P_{Sb2} \leftarrow P_{Sn3}$ und $P_{Sb2} = R^{-}_{PSn3}$)
22	*tinetine*	$R^{+}_{Sn3} : !S_{t3}$ (mit $P_{St3} \leftarrow P_{Sn3}$ und $P_{St3} = R^{-}_{PSn3}$)

Legende: [***vkÄ***] - Äußerung im Rahmen der Vorkommunikation; [***!S***] - lies: 'Deklaration von S'; [$\boldsymbol{R^{+/-}_{S}}$] - positive/negative Reaktion auf S; [**:** (Doppelpunkt)] - lies: 'in Form von'; [$\boldsymbol{P_S}$] - propositionaler Gehalt von S; [$\boldsymbol{P_{Sy} \leftarrow P_{Sx}}$] - lies: '$P_{sy}$ ergibt sich aus P_{Sx}'; [$\boldsymbol{P_S = R_{PS}}$] - lies: '$P_S$ entspricht R_{PS}'.

Die Folgesequenz Z.23-45 zeigt Stellungnahmen auf deklarierte Simulationen, die nach Typ I. in Form von Reaktionsunterlassungen ausgeführt sind:

Nachdem *nobody* auf *billine*s und *tinetine*s Zurückweisungen (Z.21/23) hin nach wie vor nicht zurückzustecken bereit ist, sondern vielmehr in Z.23 eine weitere Simulation deklariert (S_{n4}: "und ich verpasse euch einen dicken spritzer"), deren doppeldeutig-anzügliche (und wohl auch so intendierte) Formulierung erst in Z.27 nach Einspruch von *billine* (Z.25: "nanana") entschärft wird ("sonnencreme natürlich"), unterlassen *billine* und *tinetine* eine Reaktion auf seine nachfolgende neuerliche Ankündigung des Eincremens (Z.33) und die Deklaration dieses Eincremens in Form von Handlungsbeschreibungen (S_{n5}, Z.34/35: "*massier*", "*eincreme*") sowie einer spezifizierenden Beschreibung (Z.36: "von oben nach unten") und bringen damit zum Ausdruck, daß sie nicht gewillt sind, diese weitere simulative Annäherung in die Spiel-Welt zu integrieren. Vielmehr hecken sie qua "Flüstern" und somit unbemerkt von *nobody* einen Plan aus, diesen aus dem Chat-Raum zu verbannen.

Erst in Z.44 ist wieder eine Reaktion auf eine der von *nobody* getätigten Äußerungen festzustellen, nachdem dieser in Z.40/41 versucht hat, über eine suggestive Aussage ("wenn ich eure bikinis öffnen würde, könnte ich schon besser eincremen", "was dagegen") kommunikativ auf eine weitere Simulation hinzuarbeiten. Durch *tinetine*s Absage wird jedoch unmißverständlich deutlich gemacht, daß seitens der anderen Teilnehmer eine solche Simulation nicht erwünscht ist. Unmittelbar anschließend verbannt *billine nobody* aus dem Chat-

Raum, so daß dieser nicht mehr in der Lage ist, die von ihm beabsichtigte neuerliche Simulation wenigstens zu deklarieren.

II.b

Im Folgenden sei ein Beispiel für den Idealtyp eines Simulations-Reaktions-Schemas gegeben, also für einen Spielvollzug, bei welchem jede neu deklarierte Simulation zugleich die zustimmende Reaktion zu einer vorangegangenen Simulation darstellt. Da sich in diesem Beispiel das Spiel spontan aus einem Kommunikationsvollzug heraus konstituiert und parallel zu den im selben Chat-Raum geöffneten Kommunikations-Räumen entwickelt und weiterinszeniert wird, wurden die Beiträge der übrigen im Raum befindlichen Teilnehmer nicht gekürzt, sondern sind lediglich kleiner gesetzt; die spielrelevanten Äußerungen wurden zudem durch Unterstreichung hervorgehoben. Erst gegen Ende des Beispiels eröffnet einer der beiden Spielteilnehmer (*Daniro*) einen eigenen Chat-Raum unter einem Namen, der dem aktuellen Spielstand entspricht (*Einsame_Insel*) und konstituiert somit eine eigene Sphäre für den weiteren Vollzug des Spiels, nach welcher hin ihm sein Spiel-Partner (*Matrose*) dann auch folgt.

(**Princess**) Also ich fliege andauernd raus, was soll ich jetzt machen?
(**Knut**) ???
TOAO Hoffentlich kommt slimslin bald...
(**sanna**) *kicher*
(**zora**) Jetzt noch ein bischen Party Mucke? Wer schlägt was vor? **(1) vkÄ$_1$**
Parzival betritt den Raum.
(**Knuddler**) Aia!!!!!!1
(**sanna**) princess: kannse nix machen
thunderbolt verlässt den Raum.
(**Knut**) *langeweile*
(**Matrose**) stromgitarrenmusik!! **(2) vkÄ$_2$**
soo...Casi hat genug gesehen....Bis dann mal...cya @ all... *winkindieRunde*
Hauke holt schon mal die Ohrstöpsel
(**herzblut**) wie wärs mit radiohad?
(**Knuddler**) *lalalala*
al betritt den Raum.
Tebor betritt den Raum.
René. betritt den Raum.
D@rkman verbeugt sich erneut und wuenscht Princess viel Compi-glueck
(**D@rkman**) CU CASI
al verlässt den Raum .
(**D@rkman**) moin al

(Casi) *logwech*
(Knuddler) Al, heite schon Al Bundy gesehen?
Casi verlässt den Raum.
Aia wwinkt allen, den die Bowle von zora hat mich doch mehr mitgenommen, als ich dachte
(herzblut) mag oder kennt niemand diese musik?
Daniro nimmt Matrose seine Musik weg (3) !S_1

SabinaS betritt den Raum.
(Hauke) wech is se
SabinaS hat die Farbe gewechselt.
(SabinaS) hi
Matrose knuepft daniro an der obersten rah uaf (4) R^+_{S1} : !S_2
Tebor geht in einen anderen Raum: ***Tebor's_Home***
Krümelchen betritt den Raum.
(sanna) *nerrrvvv*
(Knuddler) Hilfe!!!!!! Aia!!!!!!
zora hat auch einen ganz bösen Wodka Anteil reingetan
(Aia) was ist knuddler?
JOY geht in einen anderen Raum: ***Tocotronic***
baltarsar betritt den Raum.
(sanna) *hicks*
al betritt den Raum.
(Knuddler) Mich hat keiner beachtet!!!
zipflgsicht betritt den Raum.
janick betritt den Raum.
Daniro wehrt sich mit Händen und Füßen (5) R^+_{S2} : !S_3
(baltarsar) Hi Leute
(herzblut) ...zugegeben...keine partymusik
(Knut) sanna:na zu viel intus ?
(zora) Radiohead wär coool!
(al) nabend
Matrose laeest daniro zur strafe erstmal auspeitschen (6) R^+_{S3} : !S_4
(Aia) werde mich rächen zora *zwinker*
(al) radiohead??
(sanna) lallallawas knnnut?
(Aia) also CUall
(herzblut) ...muß ich mir wohl allein anhören, zora...
(baltarsar) Was ist denn radiohead
(al) wo ist meine cd von radiohead....
(janick) hallo leute

D@rkman verlässt den Raum.
(Matrose) ca aia
(Knuddler) Hilfe!!!!!! Aia!!!!!!
(zipflgsicht) hat irgend jemand paranoia gesehen?
D@rkman betritt den Raum.
(Princess) Tzzz tzzz tzzz
(Knut) sanna:ist wohl zu laut bei dir?
(herzblut) ...gehe...bye ihr lieben!
(D@rkman) re
(al) grummel
Daniro hat die Peitsche mit einer Schaumgummipeitsche vertauscht (7) R^+_{S4} : !S_5
(zora) Mach das Aia!
(Princess) Toll jetzt ist er weg!
(baltarsar) und Tschüss
(Parzival) hallo, d-klammeraffe-Rkman!
(sanna) knut: könntest du dich für einen knut entscheiden? ich kann nicht mit euch beiden reden
(Matrose) princess: langweilig oder zuviel schlammbowle?
Knuddler geht in einen anderen Raum: ***umslebenknuddeln***
(janick) kennt hier jemand paranoia
(Parzival) ja ich
Dirk. betritt den Raum .
(SabinaS) hi

Matrose laesst daniro kielholen (8) R^{-}_{S5} : $!S_6$

(Aia) tja knuddler, wenn du mir nicht sagen kannst was ist kann ich dir nicht helfen *knuddeldichundweg*
(baltarsar) Hi Dirk
(zipflgsicht) schon gesehen, parzival?
(Parzival) ja
(janick) wo ist er
herzblut verlässt den Raum.
(Knut) sanna:nimm einfach immer den der links steht ,o.k.?
(Parzival) jetzt nicht mehr da
(D@rkman) wer ist weg?
Jill betritt den Raum.
(Princess) Bist ja doch nicht weg, D@rkman! :-))
(zipflgsicht) wann, wo, wie, warum, wieso... ?
nirwarna betritt den Raum.
Freddy30 betritt den Raum.
(Dirk.) Hallo zusammen...

Daniro zieht seinen Taucheranzug an (9) R^{+}_{S6} : $!S_7$

(sanna) jetz isser links, dann wieder rechts... *seufz*@knut
Taki betritt den Raum.
janick verlässt den Raum.
(Parzival) hallo jill
(nirwarna) Hi Anouk: FInd ich echt klasse die CD
(baltarsar) Kommt ihr aus Mainz, der schönstens Stadt Dt
(Parzival) *lach*
(Parzival) Mainz ist ein Kaff
(zora) Hallo Taki
Aia geht in einen anderen Raum: **umslebenknuddeln**

Matrose fuellt helium in daniros sauerstoffflasche (10) R^{+}_{S7} : $!S_8$

(Taki) hallo alle
(Anouk) nirwana ???
(baltarsar) Warum
(Parzival) Huch zora noch eine aus Bochzm
(Knut) sanna:dann schau beide an und rede einfach einer von beiden versteht dich dann schon
D@rkman kommt immer wieder, Princess, solange ihn der Server laesst
(Princess) Matrose, nichts von beidem, aber mein Compi spinnt!
(Dirk.) Mainz beibt Mainz, wie es singt und lacht....?
Schnief betritt den Raum.
al geht in einen anderen Raum: **ccc**
(Parzival) stinkt und kracht
(Jill) Hi Ihr alle
nirwarna hat die Farbe gewechselt.
(nirwarna) Anouk: Ja, so heiße ich.

Daniro schreit um sein Leben *wieMickyMaus* (11) R^{+}_{S8} : $!S_9$

Taki geht in einen anderen Raum: **chatgeflüster**
(baltarsar) so ist es
(Matrose) schade, princess, beim aldi gekauft??
(sanna) knut: stimmt, ich hab ja auch zwei augen...
(Hauke) Hi Jill
(zora) Du auch Parzi?
(Dirk.) Hi Jill...
(baltarsar) Aber der FSV Mainz 05 auch
(Knut) ach so?:-)
D@rkman begruesst Taki freudig
Freddy30 verlässt den Raum.
Freddy30 betritt den Raum.
(D@rkman) hallo Jill
(nirwarna) Gibts hier Leute aus Kassel oder so?

Matrose lacht sadistisch und schmeisst daniro ins wasser (12) $R^{+?}_{S9}$, $!S_{10}$

René. verlässt den Raum.
(Parzival) Zora nee aber Jill
(baltarsar) nein!
Hauke fragt sich ob Jill wieder kocht

Freddy30 sagt hallo zu allen
Schnief verlässt den Raum.
(**Princess**) D@rkman, ich komme doch auch immer wieder, aber wer verrät mir jetzt mal wie man sich in diesem Chat bewegt, ich bin sonst immer im DNC!!
Daniro ruft seinen Freund Flipper (13) $R^{+}_{S10} : !S_{11}$
L.E.N. betritt den Raum.
(**L.E.N.**) moin
(**nirwarna**) Anouk?
(**Knut**) sanna:vorm trinken immer ein glas orangensaft, das hält nüchtern
(**baltarsar**) Len, komischer NAme
(**Parzival**) Baltasar komischer name
Jennes betritt den Raum.
Matrose teilt daniro mit, dass flipper gestern auf seiner thunfischpizza gelandet ist (14) $R^{+}_{S11} : !S_{12}$
(**zora**) jill? Jill? Kommt mir irgendwie bekannt vor!
(**Jill**) test
(**baltarsar**) danke
Princess verlässt den Raum.
(**L.E.N.**) baltaersar ebenso...
Manuel37 betritt den Raum.
(**TOAO**) Ist Slimslin schon hier?
(**Psychator**) CU @ll
(**baltarsar**) es ist mein Spitzname
(**SabinaS**) sehr witzig
Freddy30 geht in einen anderen Raum: **Singleparty**
(**SabinaS**) und er heisst übrigens HARALD
Daniro schwimmt auf eine einsame Insel

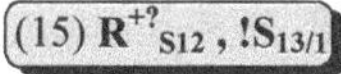

(**Parzival**) Jill: bestanden *g*
L.E.N. s Name ist nicht komisch!
TOAO verlässt den Raum.
(**nirwarna**) Kaspar, Melchior und Balthasar
Princess betritt den Raum.
TOAO betritt den Raum .
(**baltarsar**) Ich heiße David
Daniro geht in einen anderen Raum: **Einsame_Insel** (15) $!S_{13/2}$
Jennes geht in einen anderen Raum: **Tecina**
Matrose laesst die insel mit den bordkanonen beschiessen (16) $R^{+}_{S13/1} : !S_{14}$
(**Knut**) sanna:bist du eingeschlafen?
Jill hängt
(**sanna**) und direkt vorm schlafen gehn zwei aspirin knut
Matrose geht in einen anderen Raum: **Einsame_Insel** [314] (17) $R^{+}_{S13/2}$

Die von *Matrose* in (2) als Musikwunsch genannte "stromgitarrenmusik" wird von *Daniro* in (3) zu einer als gegenständlich zu denkenden Referenzentität erhoben und im Rahmen einer simulativen Deklaration S_1 *Matrose* "weggenommen". Diese humoristisch angehauchte Deklaration signalisiert *Daniros* Interesse an der Konstitution eines Spiels auf der Grundlage der weggenommenen Musik als fingiertem dramatischem Ausgangskonflikt. *Matrose* steigt auf diesen Spielvorschlag ein, insofern er in (4) S_1 implizit dadurch zustimmt,

[314] Mitschnitt vom 24.11.98.

daß er auf deren propositionalen Gehalt P_{S1} bezug nimmt, indem er nicht lediglich eine Äußerung tätigt, die sich auf P_{S1} *bezieht*, sondern indem er vielmehr auf simulativem Wege eine Handlung deklariert, die in einem irgendgearteten dreidimensionalen Raum (bzw. auf einer irgendgearteten *Bühne*) eine Sanktion für die von *Daniro* mit P_{S1} beschriebene Handlung *darstellen* könnte. Die Simulation eines dreidimensionalen Raumes wurde bereits von *Daniro* implizit eingeführt, indem er mit seiner Deklaration, er nehme *Matrose* die Musik weg, bereits eine Umgebung proponiert hat, in welcher Spatialität und Physizität gegeben ist und in welcher man folglich einen Gegenstand X von einem Ort A nach einem Ort B transferieren kann.

Die Simulation S_2, die *Matrose* in Reaktion auf *Daniro*s Spieleröffnung deklariert, zeigt in ihrem propositionalen Gehalt P_{S2} des weiteren, daß *Matrose* interessanterweise, kaum daß das Spiel eröffnet ist, auf die antizipierte dreidimensionale Umgebung gemäß der Eigenart seines Nicknames referiert, insofern er *Daniro* "an der obersten rah" aufknüpft. Eine Rah kann in der Regel nur als auf einem Schiff (auf welchem sich Matrosen stereotypischerweise befinden) vorhanden gedacht werden, was zeigt, daß *Matrose* mit seinem Eintritt in das von *Daniro* vorgeschlagene Spiel sich sofort gemäß der Konstituiertheit seiner *Maske* verhält und auch dementsprechend agiert. Zudem stellt seine Simulation S_2 einen Spielzug dar, an welchem sehr schön zu ersehen ist, wie eine zu Beginn eines Spiels eröffnete *Welt* von den an ihr Teilhabenden konstruiert und ausstaffiert wird: Während *Daniro* in seiner Deklaration einer spielkonstitutiven Simulation S_1 die Spiel-Welt lediglich als einen dreidimensional zu denkenden Raum (ähnlich einer leeren Theaterbühne) implizit beschrieben hat, wird die Beschaffenheit dieser Welt durch die Äußerung von *Matrose* (4) implizit bereits näher spezifiziert: Dadurch, daß er vorgibt, in der Maske eines Matrosen, *Daniro* "an der obersten rah" aufzuknüpfen, projiziert er in den fiktiven dreidimensionalen Raum Grundzüge einer Art Bühnenbild, welches etwa die Umgebung eines Schiffes zeigen könnte. Daß *Daniro* gegen die Spezifizierung, welche die Spiel-Welt somit erfahren hat, keinerlei Einwände zu hegen scheint, offenbart sich in seiner Äußerung (5), in welcher er zwar auf die von *Matrose* in P_{S2} proponierte Handlung bezug nimmt, nicht aber auf diejenige Implikation von P_{S2}, welche die Beschaffenheit der Spiel-Welt betrifft: "Daniro wehrt sich mit Händen und Füßen". Nachdem *Matrose* spätestens mit (8) erneut implizit auf die Art der fiktiven Umgebung referiert hat, zeigt sich in *Daniro*s Reaktion in (9) explizit, daß dieser das somit von *Matrose* vorgegebene Setting spätestens ab diesem Zeitpunkt nun auch für seine eigene Imagination angenommen hat: Nachdem *Matrose Daniro* "kielholen" (8) geschickt hat (was wiederum nur aus Abenteuergeschichten über die Bestrafungsgewohnheiten auf Schiffen bekannt ist), deklariert *Daniro* in (9), daß er "seinen Taucheranzug" anziehe, womit er sowohl das Bühnenbild 'Schiff' und damit auch das Umgebensein von Wasser als akzeptiert zu erkennen gibt (ansonsten müßte er abstreiten, daß *Matrose* die Möglichkeit besäße, ihn Kielholen zu schicken), als auch die von *Matrose* mit (8) implizit proponierte Dramatik des 'Unter-Wasser-Seins' (ansonsten würde er auf das "Kielholen" nicht dadurch reagieren, daß er deklariert, Schutzmaßnahmen gegen Ertrinken zu ergreifen).

Die Lust am Spiel, sowie das damit einhergehende Kooperationsinteresse scheint in vorliegendem Beispiel bei *Daniro* wie bei *Matrose* in nahezu identischer Ausprägung gegeben zu sein, so daß jede neue Simulation des anderen nicht zuvorderst kritisch beäugt und dann erst angenommen, sondern vielmehr als Herausforderung angesehen wird, kreativ und originell darauf zu reagieren und seinerseits dem anderen eine überraschende Wendung des Geschehens zu deklarieren, welche diesem dann im Gegenzug zu meistern aufgegeben wird. So stellen sämtliche der im Rahmen des Spiels getätigten Äußerungen jeweils zugleich eine Zustimmung zur vorangehenden Deklaration dar, als auch eine neue Simulation, bis auf zwei Ausnahmen – (12) und (15) – deren Deutung nicht klar entscheidbar ist: Aus (12) ist nicht klar ersichtlich, ob *Matrose* nun deshalb "sadistisch" "lacht", weil *Daniro* aufgrund des Heliums (10) "*wie MickyMaus*" "um sein Leben" "schreit" (11) oder ob sich dieses Lachen auf seine neue Deklaration, *Daniro* ins Wasser zu werfen, beziehen soll; in (15) ist unklar, ob *Daniro* deshalb auf "eine einsame Insel" "schwimmt", weil *Matrose* den von ihm zunächst zu Hilfe gerufenen Delphin Flipper (13) am Vortag "auf seiner Thunfischpizza" verspeist hat (14), oder ob er *mit* Flipper auf besagte einsame Insel schwimmt, was bedeuten würde, daß er *Matroses* Deklaration $!S_{12}$ (14) ignoriert hat.

Zu Ende des Spiel-Dialogs transferiert *Daniro*, indem er einen eigenen Chat-Raum eröffnet (15), das weitere Spielgeschehen auf eine eigene Bühne (*Einsame_Insel*) und isoliert die Spiel-Welt damit aus dem bisherigen Chat-Raum, in welchem nebenher auch noch andere Kommunikationsvollzüge im Gange waren. *Matrose* folgt dieser konstitutiven Regel *Einsame_Insel*, welche vermutlich eine neue Spielsequenz einleiten soll, und begibt sich in (17) ebenfalls in denjenigen Chat-Raum, in welchen *Daniro* entschwunden ist.

3.4.3 Die Relevanz von Bedeutungs- und Sachwissen für das Spiel mit fiktiven Referenzentitäten

Bereits aus den im vorigen Abschnitt analysierten Beispielen läßt sich ersehen, daß implizite Bezugnahmen auf deklarierte Simulationen dadurch vollzogen werden können, daß an eine seitens Teilnehmer A deklarierte Simulation S_A von Teilnehmer B angeknüpft wird, indem dieser seinerseits eine Simulation S_B deklariert, die in ihrem propositionalen Gehalt P_{SB} dem mit der Deklaration von S_A Proponierten (P_{SA}) verpflichtet ist. So ergibt sich etwa in obigem Beispiel der von *Daniro* in (9) eingeführte "Taucheranzug" aus der von *Matrose* in (8) eingeführten Simulation des "Kielholens" und ergibt sich die Einführung einer "Sauerstoffflasche" (10) wiederum aus der von *Matrose* akzeptierten Deklaration, *Daniro* habe einen "Taucheranzug" angelegt. Anschließend füllt *Matrose* "Helium" in die "Sauerstoffflasche"

(10), woraufhin *Daniro* seinerseits "um Hilfe" "schreit" "*wie Micky Maus*" (11).

Solcherlei impliziten Bezugnahmen liegt mehr zugrunde als lediglich ein sprachliches Wissen zu dem betreffenden Sprachzeichen, das von einem Teilnehmer A gebraucht wurde und auf das anschließend von einem Teilnehmer B mit einem anderen Sprachzeichen implizit referiert werden kann: Daß das Anlegen eines "Taucheranzugs" (9) eine Reaktion und somit eine implizite Bezugnahme auf das "Kielholen" (8) darstellt, ist nicht allein anhand sprachlichen Wissens erklärbar, sondern wird erst schlüssig vor dem Hintergrund eines Quantums an Weltwissen, das *Matrose* und *Daniro* hinsichtlich der Dinge, auf welche sie referieren, in ähnlicher Ausprägung besitzen müssen, um sich zu *verstehen*, d. h., um eine selbstgetätigte Äußerung, in welcher ein fiktiver Gegenstand oder Sachverhalt X deklariert wird, und eine nachfolgende Äußerung des anderen, in welcher dieser auf X nicht durch Wiederholung des Sprachzeichens Z_X, das X repräsentiert, referiert, sondern unter Deklaration eines anderen Gegenstandes oder Sachverhalts Y, als kohärent miteinander zusammenhängend zu begreifen.

Die Relevanz von *Sachwissen* in bezug auf Gegenstände, auf welche zwar lediglich als fiktive Größen referiert wird, von denen aber - da es sie in der Welt gibt - trotzdem etwas gewußt werden kann bzw. muß, um Zusammenhänge zwischen einzelnen Äußerungsbedeutungen erschließen zu können, soll nachfolgend anhand eines Ausschnitts aus einem weiteren Chat-Mitschnitt verdeutlicht werden:

(1)

billine und tinetine gehen zu der tropisch anmutenden bar, wo schon ein paar andere leute sitzen.
(**tinetine**) ich nehm einen... *überleg*
billine bestellt für beide einen tropischen super cocktail
(**tinetine**) was nimmst du?
(**tinetine**) ok, überredet.
(**billine**) ups ,hab für dich einfach mal mitbestellt
(**billine**) hmm was ist da eigentlich alles drin
tinetine kostet mal
(**tinetine**) auf jeden fall ananas

(**tinetine**) ja. ananas
(**tinetine**) und etwas cocos
(**billine**) iehhhgittt ,bloss keine ananas
(**tinetine**) der is aber nicht ohne alkohol!
(**billine**) ich schmecke eigentlich nur kokos und...
(**billine**) kiwi...
(**tinetine**) oh, könnte auch kiwi gewesen sein.
(**tinetine**) irgendwie logischer. bei ananas wäre er ja gelb gewesen und nicht grün.
(**billine**) das mir das nicht gleich aufgefallen ist[315]

Damit beide Kommunikant(inn)en adäquat und unmißverständlich auf den in Z.4 von *billine* deklarierten und somit als Referenzentität ins Gesprächsuniversum eingeführten "tropischen super cocktail" in gleicher Weise bezug nehmen können, müssen sowohl *billine* als auch *tinetine* über das *gegenstandskonstitutive Bedeutungswissen* für den usuellen Gebrauch des Wortes *Cocktail* verfügen. Unter diesem *gegenstandskonstitutiven Bedeutungswissen* ist – nach Wiegand 1988, Wiegand 1994 und Wiegand 1999 – "dasjenige Wissen" zu verstehen, "das wenigstens benötigt wird, wenn jemand" *Cocktail* "korrekt und usuell verwenden möchte"[316] und das "die usuellen bezugssemantischen Regeln" für *Cocktail* umfaßt, "also die Referenz- und Prädikationsregeln für den Gebrauch" von *Cocktail* "in usuellen Texten" (bzw. Dialogsituationen), "also für den korrekten Gebrauch in solchen Texten [bzw. Dialogsituationen; M.B.], die bezugssemantisch mit usuellen Benennungskontexten" für *Cocktail* "kompatibel sind"[317]. Daß *tinetine* über eben dieses Bedeutungswissen zu verfügen scheint, zeigt sich darin, daß sie zu erkennen gibt, daß sie die von *billine* in Z.4 deklarierte Simulation akzeptiert und somit deren Konstitution als integralen Teil der Spiel-Welt zuläßt: "ok, überredet" (Z.6). Die Einführung einer neuen (fiktiven) Referenzentität hat sich somit zunächst einmal sowohl in bezugssemantischer Hinsicht als auch hinsichtlich der dispositionalen Deklaration einer neuen Simulation (insofern ihr seitens *tinetine* zugestimmt wurde) als unproble-

[315] Mitschnitt vom 18.11.98.
[316] Wiegand 1999.
[317] Wiegand 1988, 772.

matisch gestaltet, so daß *tinetine* in Z.9 den *Cocktail* implizit wiederaufnehmen kann: "*tinetine kostet mal*". Daß *tinetine* hier *implizit* auf den Cocktail referieren kann, zeigt, daß das gegenstandskonstitutive Bedeutungswissen zum Wort *Cocktail* unter anderem auch Ausschnitte beinhalten muß aus einem *Kategorienwissen* zu derjenigen Entität, die in usuellen Kontexten mit dem Wort *Cocktail* bezeichnet wird.[318] Ansonsten wäre nicht einsichtig, weshalb *tinetine* - ohne zuvor von *billine* enzyklopädische Informationen über Cocktails erhalten zu haben - ihre Äußerung in Z.9 vollziehen könnte, wenn sie nicht wüßte, daß es sich bei Cocktails um Getränke handelt und daß Getränke in der Regel zum Verzehr bestimmt sind, man also *von ihnen kosten* kann. Hierbei korreliert das *Sachwissen* mit einem *Kategorienwissen* zum Wort *Cocktail*: 'Ein Cocktail ist ein Getränk und trägt folglich prominente Eigenschaften der mit *Getränk* bezeichneten Gegenstände' [kategoriale Einordnung]; 'eine prominente Eigenschaft dieser Gegenstände ist, daß sie flüssig und genießbar sind [Sachwissen!] und man daher von ihnen kosten kann'.

Implizites Wiederaufnehmen von zuvor eingeführten Ausdrücken bedeutet in diesem Zusammenhang, gewisse - für die grammatische Dimension der Textkohärenz *eigentlich* notwendige - "Zwischensätze" auszulassen. Solche Auslassungen führen nur dann nicht zu einem Kommunikationskonflikt (bzw. in textueller Dimension zu einem Kohärenzproblem), wenn diese ausgelassenen "Zwischensätze" ein *enzyklopädisches Sachwissen* repräsentieren, das bei beiden Kommunikanten als gegeben angesehen werden kann. Wollte man die in vorliegendem Beispiel von *tinetine* implizierten Zwischensätze explizieren, so könnte ihre Äußerung nach den in Brinker 1988 exemplarisch vorgenommenen Umformungen etwa wie folgt lauten: "*tinetine* (weiß, daß ein Cocktail ein Getränk ist, daß Getränke in der

[318] Zur Unterscheidung zwischen *sprachlichem Wissen*, *enzyklopädischem Sachwissen* und *gegenstandskonstitutivem Bedeutungswissen* vgl. Wiegand 1988, Wiegand 1994 und Wiegand 1999. Das *sprachliche Wissen* zum Ausdruck *Cocktail* umfaßt beispielsweise sowohl das Wissen, daß *Cocktail* ein substantivischer Prädikator ist, als auch das Kategorienwissen, das beinhaltet, daß es sich bei Cocktails um Getränke handelt.

Regel zum Verzehr bestimmt sind und man folglich von ihnen kosten kann und) *kostet* (daher) *mal*". Was Brinker in diesem Zusammenhang unter "Gegenstandsbeziehungen" versteht, die "im Sprachbesitz, in der Sprachkompetenz des Sprachteilhabers verankert" sind, umschreibt somit in etwa das, was Wiegand als dasjenige *gegenstandskonstitutive Bedeutungswissen* bezeichnet, das von einem Kommunikanten mindestens gewußt werden muß, um einen sprachlichen Ausdruck gemäß der eingespielten Regel seines Gebrauchs und somit bedeutungsvoll verwenden zu können.[319]

Verfügen zwei Kommunikanten zu einem Gegenstand, auf welchen sprachlich und in Abwesenheit (also fiktiv) referiert wird, nicht über dasselbe gegenstandskonstitutive Bedeutungswissen, so kann es zu Kommunikations- bzw. (Text-)Verstehenskonflikten kommen, die erst nach Explizierung bzw. Abgleichung der betreffenden Wissensinhalte zwischen den Kommunikanten bereinigt werden können, wie etwa in folgendem (konstruiertem) Beispiel:

(2*) ***billine bestellt für beide einen molotow-cocktail***
(**tinetine**) ok, überredet.
tinetine kostet mal
(**billine**) hä??! - an einem molotow-cocktail kann man doch nicht KOSTEN! Ein molotow-cocktail ist eine BOMBE und kein GETRÄNK!
(**tinetine**) oh... ach so... *rotwerd*

billine gibt *tinetine* hier Hinweise dafür, wie sie ihr (fälschliches) Kategorienwissen zu *molotow-cocktails* zu korrigieren hat, um die Äußerung "billine bestellt für beide einen molotow-cocktail" so zu verstehen, daß es demjenigen Kategorienwissen entspricht, über das *billine* selbst bei der Verwendung des Ausdrucks *molotow-cocktail* verfügt hat. Diese Hinweise bestehen zum einen in der Formulierung eines Teils des enzyklopädischen Sachwissens zu *Molotw-Cocktails* ("an einem molotow-cocktail kann man doch nicht KOSTEN!") und

[319] Brinker 1988, 35; Wiegand 1999. 'Regel des Gebrauchs' bezieht sich bei Wiegand auf den Regelbegriff des späten Wittgenstein, nach dem die Bedeutung eines sprachlichen Ausdrucks immer in engem Zusammenhang steht zur gesellschaftlichen Praxis einer Sprachgemeinschaft und zum jeweils spezifischen Sprachspiel, in dessen Rahmen der betreffende Ausdruck Verwendung findet.

zum anderen in einer Angabe der Kategorie, in welche *molotow-cocktail* semantisch korrekt einzuordnen ist ("... eine BOMBE und kein GETRÄNK!"). Verfügt *tinetine* über das gegenstandskonstitutive Bedeutungswissen zum somit benannten Hyperonym *Bombe*, dann wird ihr anschließend *billines* Behauptung, von einem Molotow-Cocktail könne man nicht kosten, einleuchten, da ein Teil dieses gegenstandskonstitutiven Bedeutungswissens in einem enzyklopädischen Wissen über prominente Eigenschaften von Bomben besteht (welches üblicherweise *nicht* beinhaltet, daß man von Bomben kosten kann).

Sobald Sachwissen in eine Kommunikationssituation einfließt, kann das Referieren auf fiktive Referenzentitäten Wendungen nehmen, die ich hier als *sachwissensaspekt-induzierte Objektivationswechsel* bezeichnen und im folgenden an obigem Dialogausschnitt (1) aufzeigen möchte. Hierzu sei zunächst einmal eine Passage aus Berger/ Luckmann 1994 zitiert, die sich mit der gesellschaftlichen Distribution von (Sach-)Wissen auseinandersetzt:

> "Mein Alltagswelt-Wissen ist nach Relevanzen gegliedert. Einige ergeben sich durch unmittelbare praktische Zwecke, andere durch meine gesellschaftliche Situation. Es ist irrelevant für mich, wie mir meine Frau mein Lieblingsgulasch kocht, solange es mir schmeckt. Es ist mir gleichgültig, ob Aktien fallen, die ich nicht habe, ob Katholiken ihre Lehre modernisieren, wenn ich Atheist bin. Und daß man jetzt ohne Halt nach Afrika fliegen kann, ist belanglos für mich, wenn ich gar nicht dort hinreisen will. *Meine Relevanzstrukturen überschneiden sich jedoch an vielen Punkten mit denen anderer. Daher kommt es, daß wir uns 'etwas Interessantes zu sagen haben'. Ein wichtiger Bestandteil meines Alltagswissens ist das Wissen um die Relevanzstrukturen von anderen.*"[320]

Nach Berger/Luckmann ist also die unterschiedliche Distribution des gesellschaftlichen (Sach-)Wissensvorrats auf die einzelnen Mitglieder der Gesellschaft abhängig von Relevanzen, die sich aus den Lebensumständen jedes einzelnen Individuums ergeben. Nun möchte ich hiervon ausgehend zudem behaupten, daß auch das (Sach-)Wissen, welches ein Einzelindividuum über Gegenstände und Sachverhalte besitzt, jeweils aktual nach Relevanzen gegliedert ist: Je nach Maßgabe einer Situation S, in welcher ein Gegenstand oder Sachverhalt X (z.B. diskursiv) thematisiert wird, werde ich nur denjenigen Teil des enzyklopädischen Wissens W_X, das ich zu X besitze, aktivieren bzw. reproduzieren, den ich für die spezifischen Klärungsnotwendigkeiten von S für relevant (notwendig) erachte. Welchen Teil von W_X ich also beispielsweise in eine Kommunikation über X einbringe, ist abhängig vom Aspekt, unter welchem X in dieser Kommunikationssituation thematisiert wird. Dies bedeutet zugleich, daß, wenn in einer Kommunikationssituation mit X als Thema einer der Kommunikanten einen Aspektwechsel vollzieht, indem er auf X mit einemmal unter dem Gesichtspunkt eines anderen Ausschnitts aus dem ihm zu X zur Verfügung stehenden Sachwissen W_X zu referieren beginnt, die Kommunikation eine Wendung nehmen kann, durch welche - um mit Berger/Luckmann 1994 zu reden - wir uns auf einmal "'etwas Interessantes zu sagen haben'", was daher rührt, daß durch den seitens des Kommunikanten 1 vollzogenen Aspektwechsel die Sachwissensausschnitte aus W_X, die von den Kommunikanten 1 und 2 jeweils individuell als gerade für die Kommunikationssituation *relevant* erachtet werden, einander angeglichen werden müssen. Um dies zu verdeutlichen, sei im folgenden noch einmal ein Ausschnitt aus dem Beispiel (1) wiedergegeben:

tinetine kostet mal
(**tinetine**) auf jeden fall ananas
(**tinetine**) ja. ananas
(**tinetine**) und etwas cocos
(**billine**) iehhhgittt ,bloss keine ananas
(**tinetine**) der is aber nicht ohne alkohol!
(**billine**) ich schmecke eigentlich nur kokos und...
(**billine**) kiwi...
(**tinetine**) oh, könnte auch kiwi gewesen sein.
(**tinetine**) irgendwie logischer. bei ananas wäre er ja gelb gewesen und nicht grün.
(**billine**) das mir das nicht gleich aufgefallen ist

Während nach Einführung der fiktiven Referenzentität *Cocktail* durch *billine* in Z.4 und der impliziten Zustimmung *tinetines* zu dieser Si-

[320] Berger/Luckmann 1994, 46f; Hervorhebungen von mir.

mulation in Z.6 bis einschließlich Z.9 der *Cocktail* unter einem ganz allgemeinen Aspekt Gegenstand des Dialoges war, referiert *tinetine* in Z.10-12 auf den *Cocktail* mit einemmal unter einem neuen, spezielleren Aspekt: Während es für das Funktionieren der Kommunikation über den fiktiven Cocktail in Z.4-9 ausreicht, daß sowohl bei *billine* als auch bei *tinetine* derjenige Sachwissensausschnitt zu Cocktails gegeben ist, der die Informationen trägt, daß (1) Cocktails Getränke sind, (2) Getränke für den Verzehr bestimmt sind und man folglich (3) an Cocktails kosten kann, besteht der Aspektwechsel, den *tinetine* ab Z.10 vollzieht, darin, daß nun auf einmal auch derjenige Sachwissensausschnitt zu Cocktails Relevanz für die Kommunikation erhält, der besagt, daß (4) Cocktails aus mehreren Komponenten gemischt sind und (5) diese Komponenten in der Regel in Fruchtsäften ("ananas", Z.10, "cocos", Z.12) und Alkohol (Z.14) bestehen (und nicht etwa in "Kaffee" oder "Tee"). Durch diesen Aspektwechsel eröffnet *tinetine* für die Kommunikation eine neue Dimension dessen, was von *billine* in Z.4 zunächst ganz allgemein als *Cocktail* eingeführt wurde; die fiktive Referenzentität wird somit unter einem neuen Aspekt *interessant*. In Z.18 schließlich bringt *tinetine* dann mit *Ananas* und *Kiwi* noch einmal zwei neue Sachbezüge ins Spiel und expliziert hinsichtlich des Cocktails enzyklopädische Sachwissensausschnitte zu dem durch *Ananas* und *Kiwi* usuell Bezeichneten: "bei ananas wäre er [der Cocktail] ja *gelb* gewesen und nicht *grün*". Während beim Kommunizieren über den Cocktail jedoch auf eine Referenzentität bezug genommen wird, die insofern *konkret* ist, als sie zuvor explizit in die aktuelle fiktive Spielwelt als Simulation eingeführt wurde, stellt die Referenz auf Ananas und Kiwi nur eine Bezugnahme allgemeiner Art dar, insofern damit nicht auf konkret im Rahmen der fiktiven Bühne für gegeben Erachtetes referiert wird, sondern auf Ausschnitte allgemeinen Weltwissens, die zur Klärung der Eigenschaften des aktual zu Beschreibenden (des fiktiven Cocktails) dienen sollen.

4 Zusammenfassung und Ausblick

Die Auswertung sprachlicher, textueller, semiotischer und prozeduraler Auffälligkeiten von Kommunikationsvollzügen, wie sie in den dieser Arbeit zugrundeliegenden Chat-Mitschnitten dokumentiert sind, unterstützt die These, daß für die kommunikative Grundhaltung beim Chatten ein konzeptioneller Hybrid anzusetzen ist, beziehungsweise daß das im Modell von Koch/Oesterreicher 1994 entwickelte Modell eines Kontinuums zwischen konzeptioneller Mündlichkeit und konzeptioneller Schriftlichkeit "mit Hilfe der neuen Medien der Computerkommunikation" - also durch Einwirkung der spezifischen Gegebenheiten des Trägermediums - "mit neuen Abstufungen erweitert" wird, "was zu konzeptionellen Verschiebungen führt."[321] So lassen sich einerseits auf der sprachlichen Ebene von Teilnehmeräußerungen im Rahmen der untersuchten Kommunikationsvollzüge Anhaltspunkte finden, die als verschriftete Mündlichkeit gedeutet werden können (Dialektschreibung, umgangssprachliche Ausdrücke, 'weiche' syntaktische Strukturen etc.). Des weiteren weist die Tatsache, daß die Metaphorik, mittels welcher im Chat auf Äußerungen und Äußerungssequenzen bezug genommen wird, aus dem Bildbereich 'mündliche Rede' (Gespräch) gespeist ist, darauf hin, daß das Chatten seitens seiner Teilnehmer als der Vis-à-vis-Kommunikation nahestehend angesehen wird. Andererseits zeigt sich aber auch, daß die trägermedial herbeigeführte Graphizität des Kommunikationsvollzugs sowie gewisse prozedurale Anforderungen, die zur aktiven Teilnahme am Chat-Geschehen erfüllt werden müssen, diese konzeptionell mündliche Grundhaltung dahingehend einschränken, als sie den Chat-Teilnehmern gewisse konzeptionelle Leistungen abverlangen, die einem Vis-à-vis-Konzept zuwiderlaufen bzw. dieses behindern, sowie zu Phänomenen führen, die eigentlich paradigmatisch sind für konzeptionelle Schriftlichkeit (z.B. die Trennung von Produzent und Produkt, wie sie sich an der Spezifik des Textproduktions-

321 Haase/Huber/Krumeich/Rehm 1997, 60.

und Äußerungsprozesses beim Chatten beobachten läßt, oder die Tatsache, daß der Adressatenbezug von Äußerungen oftmals explizit textuell hergestellt werden muß). Des weiteren stellt der Chat mit den "/me"-Anweisungen die Möglichkeit bereit, die Kommunikation um erzählerische und beschreibende Elemente zu erweitern, die so in der Vis-à-vis-Kommunikation nicht vorkommen, dafür aber aus theatralischen und fiktionalen (konzeptionell schriftlichen) Texten bekannt sind. Daß in der kommunikativen Grundhaltung beim Chatten die konzeptionelle Mündlichkeit und somit die Vorstellung von einer der Vis-à-vis-Situation ähnlichen kommunikativen Nähe aber deutlich überwiegt, zeigt sich darin, daß sich in Chat-Mitschnitten verschiedene Kompensationstechniken aufzeigen lassen, über die vermittels medial schriftsprachlicher Innovationen versucht wird, die sprechsprachliche Konzeption der Kommunikation trotz der trägermedial vorgegebenen Graphizität und Prozeduralität ihres Vollzugs weitgehend realisierbar zu machen. Solcherlei Innovationen dienen etwa als Techniken zur Ökonomisierung der Textproduktion (z.B. Kleinschreibung) oder zur Kompensation parasprachlicher und nonverbaler Signale (z.B. Versalien als Mittel der Hervorhebung, Smileys als graphematische Substitute für Mimik). Der Leistungsfähigkeit solcher Innovationen sind jedoch durch das Verschriften-Müssen und die Begrenztheit des dazu zur Verfügung stehenden Zeichensets Grenzen gesetzt, so daß sie in punkto Ökonomie und Differenziertheit den Ausdrucksmöglichkeiten des phonisch realisierten und mit para- und nonverbalen Signalen unterlegten Vis-à-vis-Gesprächs nur in Ansätzen nahezukommen imstande sind, "was dazu führt, daß das Gespräch einen Teil seiner persönlichen Note einbüßen muß"[322], daß Kommunikationsvollzüge aufwendiger vonstatten gehen und das Risiko von Mißverständnissen und Fehleinschätzungen größer ist.

Festzuhalten bleibt, daß eine adäquate Beurteilung von kommunikativen Vollzügen einschließlich der Spezifik ihrer medialen Manifestation und der ihnen zugrundeliegenden kommunikativen Grundhal-

[322] Haase/Huber/Krumeich/Rehm 1997, 61.

tungen im Hinblick auf die im Rahmen von Computernetzwerken gegebenen 'neuen' Kommunikationsformen nicht auskommt, ohne den Blick auf ihre Gegenstände unter eine trägermedien-kritische Perspektive zu stellen; denn wie sich am Beispiel Webchat zeigen ließ, nimmt in elektronisch vermittelter Kommunikation das Trägermedium (in diesem Falle das Zusammenspiel der Eigenarten von Steuerprogramm, WWW-Benutzeroberfläche, Datenübertragung und Computerbedienung) in erheblichem Maße Einfluß auf Vollzug und Ausprägung dieser Kommunikation und bestimmt somit auch die Positioniertheit der Grundhaltung seiner Benutzer auf dem Kontinuum zwischen Mündlichkeit und Schriftlichkeit aufgrund seiner technischen und prozeduralen Vorgaben in entscheidender Weise mit.

Darüber hinaus prägen das Trägermedium und die mit ihm eröffneten neuartigen und innovativen Kommunikationsmöglichkeiten auch die Sichtweise ihrer Benutzer auf Phänomenbereich und Situiertheit der kommunikativen Vollzüge, an welchen sie teilnehmen, insofern der Synchronizität des Texttransfers beim Chatten dadurch Rechnung getragen wird, daß mittels Metaphern aus den Bereichen 'Gespräch' und 'Räumlichkeit' die Art und Weise der kommunikativen Vollzüge sowie die antizipierte Situiertheit der zugeschalteten Teilnehmer auf geläufige alltagsweltliche Kommunikationsformen wie etwa das Vis-à-vis-Gespräch und die Partykommunikation abgebildet werden. Die paradigmatische 'Neuheit' des Trägermediums und der mit ihm eröffneten Möglichkeit, mit anderen, unbekannten und geographisch getrennten Personen anonym und spielerisch in kommunikativen Kontakt zu treten, wird somit in ähnlicher Weise zu fassen versucht, wie dies beispielsweise im 19. Jahrhundert in der sprachlichen (und somit auch begrifflichen) Aneignung damals 'neuer' Kommunikations(träger)medien geschah, nämlich auf dem Wege einer die Vorstellbarkeit des jeweils Neuen und Faszinierenden befördernden metaphorischen Übertragung von Bezeichnungen aus gewohnten Gegenstands- und Sachverhaltsbereichen auf das Neue, um dieses somit in Begriffe des Vertrauten zu fassen und es sprachlich vermittelter Erkenntnis zugänglich zu machen. So wurde im vorigen Jahrhundert auf den Telegraphen zunächst mit Metaphern aus dem Bildbereich des Transportverkehrs referiert und später auf das Telephon wiederum mit Metaphern aus dem Bildbereich der Telegraphie.[323]

Die Metaphorik in der Redeweise der Chatter über Kommunikation und Situiertheit in ihrem Trägermedium erfüllt also zuvorderst eine heuristische Funktion. So kann es hilfreich sein, sich vorzustellen, beim Chatten, das ähnlich synchron abläuft wie phonisch realisierte Vis-à-vis-Kommunikation, sich in einer physischen und sozialen Nähesituation mit den Kommunikationspartnern zu befinden und dies durch die Antizipation einer gemeinsamen Situiertheit in einem "Raum" zum Ausdruck zu bringen. Dafür, wie sich das, was hierbei als "Chat-Raum" bezeichnet wird, außerhalb solcher von topologischen Vorstellungen geleiteten Metaphorik fassen läßt, wurden in Kapitel 3.2. zwei Ansätze aufgezeichnet, in welchen versucht wurde, sowohl dem kommunikativen als auch dem theatralen Aspekt von Chat-Kommunikation Rechnung zu tragen und mit denen der "Chat-Raum" greifbar wird zum einen als ein *virtueller Kommunikations-Raum*, insofern er eine kommunikative Nähe zwischen Teilnehmern ermöglicht, und zum anderen als eine Sphäre zur Initiierung von *Spielen* bzw. zur Konstitution von qua Simulationen prozessierten Spiel-*Welten*. Die Konstitution von individueller "Anwesenheit" in solchen virtuellen Welten trägt ebenfalls theatrale Züge, insofern sie hergestellt wird vermittels fiktiver Subjektentwürfe, die in Form chiffrenartiger Masken und deklarativer Beschreibungstexte präsentiert und seitens des jeweiligen Teilnehmers als alleinverantwortlichem Autor konstruiert werden und deren Verhalten und Agieren von diesem als Regisseur in unterschiedlichen kommunikativen und simulativen Kontexten in jeweils neuen Rollen inszeniert wird. Somit interagieren die Chat-Teilnehmer nicht als das, was sie "in real life" darstellen, sondern als das, als was sie sich auf der Plattform des Chat darstellen *möchten* und konstituieren in diesem Sinne ein Set

[323] Vgl. hierzu Jakob 1999.

an *dramatis personae*, die im Rahmen von Chat-Räumen zu mimetischen Nachvollzügen sozialer Interaktion und/oder zur risikofreien und kreativen Inszenierung möglicher Welten zusammengeführt werden. Die Inszenierung solcher Welten erfolgt, indem zwischen mindestens zwei Teilnehmern durch Verständigung über eine erste Simulation als konstitutiver Regel eine Spieldimension aufgespannt wird, in die in der Folge über wechselseitige Deklaration weiterer Simulationen Schritt für Schritt weitere fiktive Gegenstände und Sachverhalte integriert werden. Die Wirklichkeit dieser textuell erzeugten Welten und der für in ihr als gegeben deklarierten Gegenstände und Sachverhalte steht und fällt hierbei mit der Kooperationsbereitschaft ihrer Konstrukteure, ebenso wie im Rahmen von Improvisationsspielen nur demjenigen Relevanz zukommt, was von seiten der Teilnehmer per Übereinkunft in den Spielzusammenhang aufgenommen wird. Verweigert ein Teilnehmer die Akzeptanz einer seitens eines anderen Teilnehmers deklarierten Simulation, so bleibt dieser die Integration in die jeweilige Welt versagt; steigt ein Teilnehmer aus dem Spiel aus, so setzt er für sich damit auch dessen Simulationen wieder außer kraft; beenden die Teilnehmer ihr Spiel, so endet auch die Wirklichkeit der in seinem Rahmen simulativ prozessierten Welt.

Obwohl sämtliche der im Rahmen solcherlei spielerischer Interaktion deklarierten Gegenstände und Sachverhalte lediglich simuliert und somit fiktiv sind, kommt die Verständigung über und die Bezugnahme auf sie nicht aus ohne die Aktivierung eines enzyklopädischen Sachwissens über die Gegenstände und Sachverhalte, auf die in der Alltagswelt mit denjenigen Bezeichnungen referiert wird, die in der Spiel-Welt das Gegebensein derselben Gegenstände und Sachverhalte lediglich simulieren. Denn etwas, worüber man kein Wissen besitzt, kann man sich nicht vorstellen und somit auch nicht simulieren, und eine Simulation ergibt nur dann Sinn, wenn dasjenige, was mit ihr konstituiert wird, auch als möglich gedacht und in bezug auf Gewußtes imaginativ rekonstruiert werden kann.

Abschließend ist für die weitere Beschäftigung mit der 'Kommunikation in virtuellen Welten' und die Beschreibung der in ihrem Rahmen beobachtbaren Subjektkonstruktionen und simulativen Interaktionen festzustellen, daß diese sicherlich davon profitieren dürfte, wenn sie in ihre Sichtweise auf den Chat künftig die Aspekte Theatralität und Inszenierung noch konsequenter integriert und neben der Untersuchung des Zusammenspiels von kommunikativer Grundhaltung, medialer Repräsentation und trägermedialer Determinanten die Spezifik der im Rahmen dieser 'neuen' Kommunikationsform vollzogenen simulativen Spiele und textuell erzeugten Spiel-Welten stärker in den Blick nimmt. Denn eine gewinnbringende Bewertung von Kommunikationsformen kommt nicht aus, ohne auch das, was zwischen ihren Nutzern kommunikativ *erzeugt* wird, hinsichtlich seiner Spezifik zu hinterfragen und in seiner jeweiligen Ausprägung und Eigenart als paradigmatisch für den Charakter und das weltkonstitutive Potential ihrer zulässigen Interaktionsvollzüge in die Beschreibung miteinzubeziehen.

5 Literatur

ANTOS, Gerd: *Grundlagen einer Theorie des Formulierens. Textherstellung in geschriebener und gesprochener Sprache*. Tübingen 1982 (Reihe Germanistische Linguistik 39).

ANTOS, Gerd: *Die Produktion schriftlicher Texte.* In: *Schrift und Schriftlichkeit. Writing and Its Use. Ein interdisziplinäres Handbuch internationaler Forschung.* 2. Halbbd. Hrsg. v. Hartmut Günther/Otto Ludwig. Berlin. New York 1996 (Handbücher zur Sprach- und Kommunikationswissenschaft 12.2), 1527-1535.

ARISTOTELES: *Poetik.* Griechisch/Deutsch. Übersetzt und herausgegeben von Manfred Fuhrmann. Stuttgart 1994.

ASSFALG, Rolf/Udo Goebels/Heinrich Welter: *Internet-Datenbanken. Konzepte, Modelle, Werkzeuge.* Bonn 1998.

ASSMANN, Jan: *Das kulturelle Gedächtnis. Schrift, Erinnerung und politische Identität in frühen Hochkulturen.* München 1997 (ND 1999).

BAHL, Anke/Stefan Beck: *Technogene Nähe.* In: *Tübinger Korrespondenzblatt* Nr. 46. 1996, 38-53.

BECKER, Barbara: *Die Inszenierung von Identität: Körper, Texte, Imaginäres.* WWW-Ressource. URL (7.6.2000): http://intertwine.aec.at/otxt/becker.html.

BERGER, Peter L./Thomas Luckmann: *Die gesellschaftliche Konstruktion der Wirklichkeit. Eine Theorie der Wissenssoziologie.* 5. Aufl. Frankfurt/M. 1977 (ND 1994).

BICKEL, Hans: *World-Wide-Web – eine neue Kommunikationsform auf dem Internet.* In: Werner Holly/Bernd Ulrich Biere (Hrsg.): *Medien im Wandel*. Opladen. Wiebaden 1998, 211-220.

BLACK, Max: *Die Metapher.* In: Anselm Haverkamp (Hrsg.): *Theorie der Metapher*. Darmstadt 1983 (Wege der Forschung CCCLXXIX), 55-79. [Original: 1954].

BLACK, Max: *Mehr über die Metapher.* In: Anselm Haverkamp (Hrsg.): *Theorie der Metapher*. Darmstadt 1983 (Wege der Forschung CCCLXXIX), 379-413. [Original: 1977].

BOLLMANN, Stefan (Hrsg.): *Kursbuch Neue Medien.* Hamburg 1998.

BOLLMANN, Stefan/Christiane Heibach (Hrsg.): Kursbuch Internet. Hamburg 1998.

BRINKER, Klaus: *Linguistische Textanalyse. Eine Einführung in Grundbegriffe und Methoden*. Berlin ²1988 (1985) (Grundlagen der Germanistik 29).

BUCHSTEIN, Hubertus: *Virtuelle Bürger*. In: Uwe Jochum/Gerhard Wagner (Hrsg.): *Am Ende das Buch. Semiotische und soziale Aspekte des Internet*. Konstanz 1998, 113-137.

BÜHLER, Karl: *Sprachtheorie. Die Darstellungsfunktion der Sprache*. Mit einem Geleitwort von Friedrich Kainz. Jena 1934 (ND Stuttgart 1982).

BUSCH, Carsten: *Metaphern in der Informatik. Theorie, Besonderheiten und Beispiele*. WZB Discussion Paper FS II 95-105. Wissenschaftszentrum Berlin 1995.

CAPURRO, Rafael: *Die Welt - ein Traum?* Vortrag im Rahmen der Tagung der Stiftung Lucerna 1996: Virtualität. Illusion. Wirklichkeit - Wie die Welt zum Schein wurde (Luzern 1996). WWW-Ressource. URL (7.6.2000): http://v.hbi-stuttgart.de/~capurro/luzern.html.

DEBATIN, Bernhard: *Der metaphorische Code der Wissenschaft. Zur Bedeutung der Metapher in der Erkenntnis- und Theoriebildung*. In: *European Journal for Semiotic Studies* 2. 1989, 793-820.

DEBATIN, Bernhard: *Die Rationalität der Metapher. Eine sprachphilosophische und kommunikationstheoretische Untersuchung*. Berlin. New York 1995.

DÖRING, Nicola: *Romantische Beziehungen im Netz*. In: Caja Thimm (Hrsg.): *Soziales im Netz. Sprache, soziale Beziehungen und Kommunikationskulturen im Internet*. Opladen. Wiesbaden 2000, 39-70.

DÜRR, Michael/Peter Schlobinski: *Einführung in die deskriptive Linguistik*. Opladen 1990.

FEILKE, Helmuth: *Sprache als soziale Gestalt. Ausdruck, Prägung und die Ordnung der sprachlichen Typik*. Frankfurt 1996.

FLEISCHER, Wolfgang/Irmhild Barz: *Wortbildung der deutschen Gegenwartssprache*. Unter Mitarbeit von Marianne Schröder. Tübingen ²1995.

FUCHS, Peter: *Realität der Virtualität - Aufklärungen zur Mystik des Internet*. WWW-Ressource. URL (7.6.2000): http://home.earthlink.net/~mterp/fuchs_t.htm.

GALLERY, Heike: *"bin ich-klick ich" - Variable Anonymität im Chat.* In: Caja Thimm (Hrsg.): *Soziales im Netz. Sprache, soziale Beziehungen und Kommunikationskulturen im Internet.* Opladen. Wiesbaden 2000, 72-88.

GLASERSFELD, Ernst von: *Konstruktion der Wirklichkeit und des Begriffs der Objektivität.* In: *Einführung in den Konstruktivismus.* Veröffentlichungen der Carl Friedrich von Siemens Stiftung 5. Hrsg. v. Heinz Gumin und Heinrich Meier. München [3]1997 (1992), 9-39.

GOFFMAN, Erving: *Interaktion: Spaß am Spiel. Rollendistanz.* München 1961 (ND 1973).

GOFFMAN, Erving: *Interaktionsrituale. Über Verhalten in direkter Kommunikation.* Frankfurt 1967 (ND 1971).

GRICE, H. Paul: *Logik und Konversation.* In: Georg Meggle (Hrsg.): *Handlung, Kommunikation, Bedeutung.* Frankfurt 1979 (ND 1993), 243-265.

HAASE, Martin/Michael Huber/Alexander Krumeich/Georg Rehm: *Internetkommunikation und Sprachwandel.* In: Rüdiger Weingarten (Hrsg.): *Sprachwandel durch Computer.* Opladen 1997, 51-85.

HARRAS, Gisela: *Handlungssprache und Sprechhandlung. Eine Einführung in die handlungstheoretischen Grundlagen.* Berlin. New York 1983.

HELLMANN, Martin: *"Tironische Noten sortiren..." Zur Lexikographie lateinischer Stenographie.* In: Herbert Ernst Wiegand (Hrsg.): *Wörterbücher in der Diskussion IV.* Tübingen 2000 (Lexicographica Series Maior 100), 155-173.

HINNENKAMP, Volker: *Mißverständnisse in Gesprächen. Eine empirische Untersuchung im Rahmen der Interpretativen Soziolinguistik.* Wiesbaden 1998.

HÖFLICH, Joachim R.: *"Electronic communities" as social worlds: Towards a socio-semiotic analysis of computer mediated interpersonal communication.* In: *Semiotics of the Media. State of the Art, Projects, and Perspectives.* Ed. by Winfried Nöth. Berlin. New York 1997 (Approaches to Semiotics 127), 507-517.

HOFFMANN, Ute: *Die erträgliche Leichtigkeit des Seins. Subjektivität und Sozialität in der Netzwelt.* WWW-Ressource. URL (7.6.2000): http://duplox.wz-berlin.de/texte/sein/. [Zuerst in: *Subjektorientierte Soziologie. Karl Martin Bolte zum 70.*

Geburtstag. Hrsg. von G.G. Voß und H.J. Pongratz. Leverkusen 1997, 95-125].

HOFFMANN, Ludger: *Ellipse und Analepse.* In: Angelika Redder/Jochen Rehbein (Hrsg.): *Grammatik und mentale Prozesse*. Tübingen 1999, 69-90.

HOLLY, Werner/Bernd Ulrich Biere (Hrsg.): *Medien im Wandel.* Opladen 1998.

HORSTER, Detlef: *Niklas Luhmann.* München 1997.

HUMBOLDT, Wilhelm von: *Über das vergleichende Sprachstudium in Beziehung auf die verschiedenen Epochen der Sprachentwicklung.* In: Ders.: *Schriften zur Sprachphilosophie* (Werke in fünf Bänden, Bd. III). Hrsg. v. Andreas Flitner u. Klaus Giel. Darmstadt 1963, 1-25.

HUMBOLDT, Wilhelm von: *Über den Nationalcharakter der Sprachen. Bruchstück.* In: Ders.: *Schriften zur Sprachphilosophie* (Werke in fünf Bänden, Bd. III). Hrsg. v. Andreas Flitner u. Klaus Giel. Darmstadt 1963a, 64-81.

HUMBOLDT, Wilhelm von: *Über Denken und Sprechen.* In: Ders.: *Schriften zur Sprache*. Hrsg. v. Michael Böhler. Stuttgart 1995, 3-5.

HUMBOLDT, Wilhelm von: *Über den Dualis.* In: Ders.: *Schriften zur Sprache*. Hrsg. v. Michael Böhler. Stuttgart 1995a, 21-29.

HUMBOLDT, Wilhelm von: *Einleitung zum Kawi-Werk.* In: Ders.: Schriften zur Sprache. Hrsg. v. Michael Böhler. Stuttgart 1995b, 30-207.

IPSEN, Guido: *Linguistic orientation in computational space.* In: *Semiotics of the Media. State of the Art, Projects, and Perspectives*. Ed. by Winfried Nöth. Berlin. New York 1997 (Approaches to Semiotics 127), 559-573.

JAKOB, Karlheinz: *Sprachliche Aneignung neuer Medien im 19. Jahrhundert.* Vortrag, gehalten auf der 35. Jahrestagung des Instituts für deutsche Sprache (IDS), Mannheim "Sprache und Neue Medien", 16. März 1999.

JAKOBS, Eva-Maria: *Mediale Wechsel und Sprache. Entwicklungsstadien elektronischer Schreibwerkzeuge und ihr Einfluß auf Kommunikationsformen.* In: Werner Holly/Bernd Ulrich Biere (Hrsg.): *Medien im Wandel*. Opladen 1998, 187-209.

JANNEY, Richard W.: *The cold warmth of communication in computer networks.* In: *Semiotics of the Media. State of the Art, Pro-*

jects, and Perspectives. Ed. by Winfried Nöth. Berlin. New York 1997 (Approaches to Semiotics 127), 519-534.

JASPERS, Karl: *Die Sprache.* In: Ders.: *Die Sprache. Über das Tragische*. München 1947 (ND 1990), 11-84.

KEUPP, Heiner: *Bedrohte und befreite Identitäten in der Risikogesellschaft.* In: Annette Barkhaus/Matthias Mayer/Neil Roughley/Donatus Thürnau (Hrsg.): *Identität, Leiblichkeit, Normativität. Neue Horizonte anthropologischen Denkens*. Frankfurt/M. 1996, 380-403.

KILIAN, Jörg: *Literarische Gespräche – online? Facetten des "dramatischen Dialogs" im Computer-Alltag.* In: *Zeitschrift für germanistische Linguistik* 28. 2000 [in Vorbereitung].

KLEIST, Heinrich von: *Über die allmähliche Verfertigung der Gedanken beim Reden. An R(ühle) v. L(ilienstern).* Gekürzt in: Heinrich Junker (Hrsg.): *Sprachphilosophisches Lesebuch*. Heidelberg 1948, 130-132. [Original: 1805].

KLEMM, Michael/Lutz Graner: *Chatten vor dem Bildschirm: Nutzerkommunikation zur alltäglichen Computerkultur*. In: Caja Thimm (Hrsg.): *Soziales im Netz. Sprache, soziale Beziehungen und Kommunikationskulturen im Internet.* Opladen. Wiesbaden 2000, 156-179.

KLOEPFER, Rolf: *Theatralität – Dramatik – Inszenierung*. Grundlagen einer Theatertheorie. Skript. Heidelberg 1995 (Arbeiten zur Semiotik und Kunst 5/1995).

KOCH, Peter/Wulf Oesterreicher: *Sprache der Nähe – Sprache der Distanz. Mündlichkeit und Schriftlichkeit im Spannungsfeld von Sprachtheorie und Sprachgeschichte*. In: *Romanistisches Jahrbuch 36*. 1985, 15-43.

KOCH, Peter/Wulf Oesterreicher: *Schriftlichkeit und Sprache.* In: *Schrift und Schriftlichkeit. Writing and Its Use. Ein interdisziplinäres Handbuch internationaler Forschung*. 1. Halbbd. Hrsg. v. Hartmut Günther/Otto Ludwig. Berlin. New York 1994 (Handbücher zur Sprach- und Kommunikationswissenschaft 12.1), 587-604.

KÖRKEL, Boris: *Rilkes Briefe über Cézanne. Künstlerische Wahrheit als produzierte Wirklichkeit.* Stuttgart 2000 [in Vorbereitung].

KRAHBERGER, Franz: *Virtuality goes Reality.* WWW-Ressource. URL (7.6.2000): http://atpmw3.tuwien.ac.at/e.journal/NeueMed/virtreal.html.

KRÄMER, Sybille: *Vom Mythos "Künstliche Intelligenz" zum Mythos "Künstliche Kommunikation" oder: Ist eine nicht-anthropomorphe Beschreibung von Internet-Interaktionen möglich?* In: *Mythos Internet*. Hrsg. v. Stefan Münker u. Alexander Roesler. Frankfurt/M. 1997, 83-107.

KRÄMER, Sybille: *Medien - Sprache - Kommunikation: Über Zusammenhänge zwischen Sprachgebrauch und Kulturtechniken.* Handreichung zum Vortrag im Rahmen der 35. Jahrestagung des Instituts für deutsche Sprache (IDS), Mannheim "Sprache und neue Medien", Mannheim, 16. März 1999.

KÜBLER, Hans-Dieter: *Kommunikation und Massenkommunikation. Ein Studienbuch.* Münster. Hamburg 1994 (Medien&Kommunikation 21).

LENKE, Nils/Peter Schmitz: *Geschwätz im 'Globalen Dorf' - Kommunikation im Internet.* In: *OBST (Osnabrücker Beiträge zur Sprachtheorie)* 50. 1995, 117-141.

LINKE, Angelika/Markus Nussbaumer/Paul R. Portmann: *Studienbuch Linguistik*. Tübingen 1991 (Reihe Germanistische Linguistik 121).

LÓPEZ ALSINA, Fernando: *Santiago de Compostela.* In: *Pilgerziele der Christenheit. Jerusalem - Rom - Santiago de Compostela*. Hrsg. v. Paolo Caucci von Saucken. Stuttgart 1999, 293-320.

LUHMANN, Niklas: *Politische Theorie im Wohlfahrtsstaat.* München. Wien 1981.

LUHMANN, Niklas: *Soziale Systeme. Grundriß einer allgemeinen Theorie.* Frankfurt/M. [7]1999 (1984).

MARTINÉ, Andrea: *Die Metaphorik der Benutzerschnittstelle Mensch-Computer. Metapherneinsatz in der User-Interface-Gestaltung/Netscape Navigator versus Microsoft Internet Explorer - ein Vergleich.* M.A.-Arbeit, Universität Heidelberg 1999.

MÖHLE, Dorothea/Manfred Raupach: *Prozesse der mündlichen Textproduktion.* In: Gerd Antos/Hans P. Krings (Hrsg.): *Textproduktion. Ein interdisziplinärer Forschungsüberblick*. Tübingen 1989, 437-462.

MÜLLER, Jörg: *Virtuelle Körper. Aspekte sozialer Körperlichkeit im Cyberspace.* WZB Discussion Paper FS II 96-105. Wissenschaftszentrum Berlin 1996. WWW-Ressource. URL (7.6.2000): http://duplox.wz-berlin.de/texte/koerper/.

MÜNKER, Stefan: *Was heißt eigentlich: "Virtuelle Realität"? Ein philosophischer Kommentar zum neuesten Versuch der Verdopplung der Welt.* In: *Mythos Internet*. Hrsg. v. Stefan Münker u. Alexander Roesler. Frankfurt/M. 1997, 108-127.

MUSCH, Jochen: *Die Geschichte des Netzes: ein historischer Abriß.* WWW-Ressource. URL (7.6.2000): http://www.psychologie.uni-bonn.de/sozial/staff/musch/history.htm. [Zuerst in: B. Batinic (Hrsg.): *Internet für Psychologen*. Göttingen 1997].

NUSSBAUMER, Markus: *Was Texte sind und wie sie sein sollen. Ansätze zu einer sprachwissenschaftlichen Begründung eines Kriterienrasters zur Beurteilung von schriftlichen Schülertexten.* Tübingen 1991 (Reihe Germanistische Linguistik 191).

OESER, Erhard/Gerhard Budin: *Grundlagen der Terminologiewissenschaft.* In: *Fachsprachen. Languages for Special Purposes. Ein internationales Handbuch zur Fachsprachenforschung und Terminologiewissenschaft*. Hrsg. v. Lothar Hoffmann/Hartwig Kalverkämper/ Herbert Ernst Wiegand. 2. Teilband. Berlin. New York 1998 (Handbücher zur Sprach- und Kommunikationswissenschaft 14.2), 2171-2183.

RAUDASKOSKI, Pirkko: *Semiosis at computer media.* In: *Semiotics of the Media. State of the Art, Projects, and Perspectives*. Ed. by Winfried Nöth. Berlin. New York 1997 (Approaches to Semiotics 127), 535-558.

REICHERTZ, Jo: *Metaphern als Mittel der Sinnzuschreibung in der 'Computerwelt'.* In: Werner Holly/Bernd Ulrich Biere (Hrsg.): *Medien im Wandel*. Opladen. Wiesbaden 1998, 173-186.

REID, Elizabeth M.: *Electropolis: Communication and Community on Internet Relay Chat.* Honours Thesis. University of Melbourne/ Department of History 1991. WWW-Ressource. URL (7.6.2000): http://www.uni-koeln.de/themen/cmc/text/reid.91.txt.

RHEINGOLD 1998 = *"Lernen, damit Umzugehen". Howard Rheingold im Gespräch.* In: Stefan Bollmann/Christiane Heibach (Hrsg.): *Kursbuch Internet. Anschlüsse an Wirtschaft und Politik, Wissenschaft und Kultur*. Hamburg 1998.

RICHARDS, Ivor Armstrong: *Die Metapher.* In: Anselm Haverkamp (Hrsg.): *Theorie der Metapher*. Darmstadt 1983 (Wege der Forschung CCCLXXIX), 31-52. [Original: 1936].

RUCKER, Rudy: *Dinosauriermaschinen und die Lust am Hacken.* 1997. Aus dem Englischen übersetzt von Florian Rötzer. WWW-

Ressource. URL (7.6.2000): http://www.heise.de/tp/deutsch/inhalt/co/2235/1.html.

RUNKEHL, Jens/Peter Schlobinski/Torsten Siever: *Sprache und Kommunikation im Internet.* In: *Muttersprache* 2. 1998, 97-109.

RUNKEHL, Jens/Peter Schlobinski/Torsten Siever: *Sprache und Kommunikation im Internet. Überblick und Analysen.* Opladen. Wiesbaden 1998a.

SANDBOTHE, Mike: *Interaktivität - Hypertextualität - Transversalität. Eine medienphilosophische Analyse des Internet.* In: *Mythos Internet*. Hrsg. v. Stefan Münker u. Alexander Roesler. Frankfurt 1997, 56-82.

SANDBOTHE, Mike: *Theatrale Aspekte des Internet.* WWW-Ressource. URL (7.6.2000): http://www.uni-jena.de/ms/theatral.html. [Zuerst in: *Inszenierungsgesellschaft. Ein einführendes Handbuch*. Hrsg. v. Herbert Willems und Martin Junga. Opladen 1998, 583-595. Auch in: *Kommunikation im Wandel. Zur Theatralität der Medien*. Hrsg. v. Udo Göttlich, Jörg-Uwe Nieland und Heribert Schatz. Köln 1998, 209-227].

SASSEN, Claudia: *Phatische Variabilität bei der Initiierung von Internet-Relay-Chat-Dialogen*. In: Caja Thimm (Hrsg.): *Soziales im Netz. Sprache, soziale Beziehungen und Kommunikationskulturen im Internet.* Opladen. Wiesbaden 2000, 89-108.

SAXER, Ulrich: *Der Forschungsgegenstand der Medienwissenschaft.* In: *Medienwissenschaft. Ein Handbuch zur Entwicklung der Medien und Kommunikationsformen*. Hrsg. v. Joachim-Felix Leonhard/Hans-Werner Ludwig/Dietrich Schwarze/Erich Straßner. 1. Teilband. Berlin. New York 1999 (Handbücher zur Sprach- und Kommunikationswissenschaft 15.1), 1-14.

SCHEFLEN, Albert E.: *Die Bedeutung der Körperhaltung in Kommunikationssystemen.* In: Manfred Auwärter/Edit Kirsch/Klaus Schröter (Hrsg.): *Seminar: Kommunikation, Interaktion, Identität*. Frankfurt ^{2}1976, 221-253.

SCHMIDT, Gurly: *Chat-Kommunikation im Internet - eine kommunikative Gattung?* In: Caja Thimm (Hrsg.): *Soziales im Netz. Sprache, soziale Beziehungen und Kommunikationskulturen im Internet.* Opladen. Wiesbaden 2000, 109-129.

SCHMIDT, Susanne/Oliver Diedrich: *Interaktiv im Web. CGI-Programmierung für den Hausgebrauch.* Teil 1. In: c't 24. 1998, 226-235.

SCHMITT, Julia: *Telefonkonferenzen: Gruppengespräche im virtuellen Raum.* Magisterarbeit in der Philosophischen Fakultät II (Sprach- und Literaturwissenschaften) der Friedrich-Alexander-Universität Erlangen-Nürnberg 1999. WWW-Ressource. URL (7.6.2000): http://www.uni-erlangen.de/RRZE/projekte/brzl/doc/schmittma/index.html.

SCHMUNDT, Hilmar: *Die Zukunft des Internets.* In: *konr@d. Der Mensch in der digitalen Welt.* Ausg. Oktober/November 1998, 134-139.

SCHÜTZ, Rüdiger: *Nachts im Cyberspace...* In: *OBST (Osnabrücker Beiträge zur Sprachtheorie)* 50. 1995, 107-115.

SEARLE, John R.: *Sprechakte. Ein sprachphilosophischer Essay.* Frankfurt ^{2}1986 (1971).

SEIDLER, Kai: *Computerfreaks like 2 party. Relay Parties zwischen Virtualität und Realität.* WZB Discussion Paper FS II 94-104. Wissenschaftszentrum Berlin 1994. WWW-Ressource. URL (7.6.2000): http://duplox.wz-berlin.de/texte/rps/.

SIEBER, Peter: *Parlando in Texten. Zur Veränderung kommunikativer Grundmuster in der Schriftlichkeit.* Tübingen 1998 (Reihe Germanistische Linguistik 191).

SINN, Christian: *"Non aliud". Die Entstehung der modernen Virtualitätskonzeption aus dem alten Geist der virtus oder Konsens über den Dissens.* 1998. WWW-Ressource. URL (7.6.2000): http://www. diss.sense.uni-konstanz.de/sinn.htm.

SPECK, Agnes: *Textproduktion im Dialog. Zum Einfluß des Redepartners auf die Textorganisation.* Opladen 1995.

STOLL, Clifford: *Die Wüste Internet. Geisterfahrten auf der Datenautobahn.* Frankfurt 1996 (ND 1998).

STORRER, Angelika: *Schriftverkehr auf der Datenautobahn. Besonderheiten der schriftlichen Kommunikation im Internet.* Erscheint in: Klaus Boehnke (Hrsg.): *Neue Medien im Alltag: Begriffsbestimmungen eines interdisziplinären Forschungsfeldes.* Leverkusen 2000.

TANENBAUM, Andrew S.: *Computernetzwerke.* 3., rev. Aufl. London. Mexiko. New York. Singapur. Toronto 1998.

THIMM, Caja: *Mündlichkeit und Schriftlichkeit im Wandel: Sekundäre Oralität und mediale Kommunikation.* Handreichung zum Habilitationsvortrag am 13. Januar 1999. Heidelberg 1999.

THIMM, Caja (Hrsg.): *Soziales im Netz. Sprache, soziale Beziehungen und Kommunikationskulturen im Internet.* Opladen. Wiesbaden 2000.

TRIMMEL, Michael: *Homo Informaticus – der Mensch als Subsystem des Computers? Thesen und empirische Ergebnisse zu psychologischen Auswirkungen der Mensch-Computer-Interaktion und der Informatisierung der Gesellschaft.* (Nach einer Radiosendung des ORF mit Publikumsbeteiligung im August 1997). WWW-Ressource. URL (7.6.2000): http://mailbox.univie.ac.at/~a5591maa/aa-homo.htm.

VOGELGESANG, Waldemar: *"Ich bin, wen ich spiele." Ludische Identitäten im Netz*. In: Caja Thimm (Hrsg.): *Soziales im Netz. Sprache, soziale Beziehungen und Kommunikationskuldturen im Internet.* Opladen. Wiesbaden 2000, 241-260.

WAGNER, Gerald/Michael Schlese: *Medienspezifische Arten des Sachbezugs: Referenz in computergestützten Kommunikationssystemen.* In: *Zeitschrift für Semiotik* 19/3. 1997, 245-263.

WALDENFELS, Bernhard*: Experimente mit der Wirklichkeit.* In: *Medien – Computer – Realität. Wirklichkeitsvorstellungen und Neue Medien*. Hrsg. v. Sybille Krämer. Frankfurt 1998, 213-243.

WEICHHART, Peter: *Identität und Lebensraum.* In: Dieter Steiner (Hrsg.): *Mensch und Lebensraum. Fragen zu Identität und Wissen*. Opladen 1997, 169-181.

WELSCH, Wolfgang: *'Wirklich'. Bedeutungsvarianten – Modelle – Wirklichkeit und Virtualität.* In: *Medien – Computer – Realität. Wirklichkeitsvorstellungen und Neue Medien*. Hrsg. v. Sybille Krämer. Frankfurt 1998, 169-212.

WERLEN, Benno: *Raum, Körper und Identität. Traditionelle Denkfiguren in sozialgeographischer Reinterpretation.* In: Dieter Steiner (Hrsg.): *Mensch und Lebensraum. Fragen zu Identität und Wissen*. Opladen 1997, 147-168.

WICHTER, Sigurd: *Zur Computerwortschatz-Ausbreitung in die Gemeinsprache. Elemente der vertikalen Sprachgeschichte einer Sache*. Frankfurt 1991 (Germanistische Arbeiten zu Sprache und Kulturgeschichte 17).

WIEGAND, Herbert Ernst: *Was ist eigentlich Fachlexikographie? Mit Hinweisen zum Verhältnis von sprachlichem und enzyklopädischem Wissen.* In: *Deutscher Wortschatz. Lexikologische Studien. Ludwig Erich Schmitt zum 80. Geburtstag von seinen Marburger Schülern*. Hrsg. von Horst Haider Munske,

Peter von Polenz, Oskar Reichmann, Reiner Hildebrandt. Berlin. New York 1988, 729-790.

WIEGAND, Herbert Ernst: *Zur Unterscheidung von semantischen und enzyklopädischen Daten in Fachwörterbüchern*. In: Burkhard Schaeder/Henning Bergenholtz (Hrsg.): *Fachlexikographie. Fachwissen und seine Repräsentation in Wörterbüchern*. Tübingen 1994, 103-132.

WIEGAND, Herbert Ernst: *Mit Wittgenstein über die Wortbedeutung nachdenken. Gebrauch? Regel des Gebrauchs? Ein Etwas im Kopf?* In: *Sprache und Sprachen in den Wissenschaften. Geschichte und Gegenwart. Festschrift für Verlag Walter de Gruyter & Co. anläßlich einer 250jährigen Verlagstradition*. Hrsg. v. Herbert Ernst Wiegand. Berlin. New York 1999, 404-461.

WIEST, Georg: *Medienspezifische Kodes in computergestützten Kommunikationssystemen*. In: *Zeitschrift für Semiotik* 19/3. 1997, 229-244.

WINKLER, Hartmut: *Docuverse. Zur Medientheorie der Computer. Mit einem Interview von Geert Lovink*. Regensburg 1997.

WITTGENSTEIN, Ludwig: *Philosophische Untersuchungen*. In: Ders.: *Tractatus logico-philosophicus. Tagebücher 1914-1916. Philosophische Untersuchungen* (Werkausgabe Bd. 1). Frankfurt [11]1997, 225-580. [Original: Oxford 1953].

WOLFF-PLOTTEGG, Manfred: *Living Spaces - Cyber Spaces*. Vortrag, Global Village International Symposium. Wien 16. 2. 1997. WWW-Ressource. URL (7.6.2000): http://www.baukunst.tu-graz.ac.at/~plottegg/vo970216.htm.

WROBEL, Arne: *Schreiben als Handlung. Überlegungen und Untersuchungen zur Theorie der Textproduktion*. Tübingen 1995 (Reihe Germanistische Linguistik 158).

ZIFONUN, Gisela/Ludger Hoffmann/Bruno Strecker et al.: *Grammatik der deutschen Sprache*. Bd. 1 (3 Bde.). Berlin. New York 1997 (Schriften des Instituts für deutsche Sprache 7.1).

Zeitfracht Medien GmbH
Ferdinand-Jühlke-Straße 7
99095 Erfurt, Deutschland
produktsicherheit@kolibri360.de